古书修辞例

张文治 编

中 华 书 局

图书在版编目(CIP)数据

古书修辞例/张文治编. －北京:中华书局,1996.9
(2007 重印)
　ISBN 978－7－101－01368－9

　Ⅰ.古　Ⅱ.张　Ⅲ.汉语－古代－修辞学　Ⅳ.H141

中国版本图书馆 CIP 数据核字(2006)第 137672 号

书　　名	古书修辞例
编　　者	张文治
责任编辑	王　勉
出版发行	中华书局
	(北京市丰台区太平桥西里38号　100073)
	http://www.zhbc.com.cn
	E-mail:zhbc@zhbc.com.cn
印　　刷	北京瑞古冠中印刷厂
版　　次	1996 年 9 月北京第 1 版
	2007 年 4 月北京第 2 次印刷
规　　格	开本/850×1168 毫米　1/32
	印张 7⅛　插页 2　字数 157 千字
印　　数	5001－8000 册
国际书号	ISBN 978－7－101－01368－9
定　　价	17.00 元

目　次

自　序	1
例　言	1
第一编　修辞总论	1
第二编　改易之例	20
一　通论改易之例	20
二　改易之例之互有得失者	28
三　改易之例之得者(无甚得失者附)	31
四　改易之例之失者	69
第三编　增加之例	87
一　通论增加之例	87
二　增加之例之得者	87
三　增加之例之失者	97
第四编　删节之例	99
一　通论删节之例	99
二　删节之例之得者	101
三　删节之例之失者	114
第五编　摹拟之例	119
一　通论摹拟之例	119
二　摹拟之例之互有得失者	133
三　摹拟之例之得者(无甚得失者附)	137

	四 摹拟之例之失者	179
第六编	**繁简之例**	183
	一 通论繁简之例	183
	二 繁简之例之互有得失者	193
	三 繁简之例之简得繁失者	198
	四 繁简之例之繁得简失者	206
附 录	采用书目及撰述人名氏	213
重印后记		218

自　序

　　二十二年秋,偶与友人论及修辞之事,因言我国古书,虽乏此类专著;然其名言精论,散见旁出,颇堪玩索。至于轶事佳话,多关例证,如世所习知一字之师,三人各记逸马毙犬之类,或随文指点,或因事比较,理无虚陈,言必撝实,若此者尤更仆难数。独惜采辑类次,未见成书,以致究心此学者,苦于取材为艰,论证未广。友人因怂恿予勉为之,予亦素喜涉猎古籍,学为理董之事,遂漫应焉。于佣书之暇,竭两载之力,检阅经史考订之书,旁及历代文评诗话、杂家丛书,都书二百余种,录其关于修辞之文,得七百余则,约十万言,时附评识,类为六编:一曰修辞总论,所以通释其名义与体用。二曰改易之例,三曰增加之例,四曰删节之例,五曰摹拟之例,六曰繁简之例,皆以实例为主,就其所录,稍别得失,藉便循览。而此五编之中,复可部分为二:前三编为就原文施以绳墨,意主创获,其中以改易为根本,而增加与删节则为枝干。后二编为取他文以资比较,迹近因依,其中摹拟与改易相对,只论大体而不及字数;繁简兼与增加删节相对,则斤斤于字数矣。要之,或作或述,互相发明;见仁见智,各有裨补。虽所采诸例,稍觉繁多,不无古人一时会心所到,或有为之言,未必尽无可议,然固不害其为涉猎之资、论证之助,是亦理董古书,而究心修辞者所有事也。编次既竟,因即名之曰《古书修辞例》。其有闻见所限,类别未当,进而教之,是所望于世之博雅君子。

　　民国二十五年三月,常德张文治序于申江客次。

例 言

一 古书之称,有广狭二义:狭义多指经传诸子;广义则凡属旧籍,均得称之。本书从广义。

二 本书所采修辞之例,大都为片言短简,古人已论列其得失者。至于《公》、《谷》二传,辞意多同;《法言》、《中说》,全拟《论语》;以及史家编年,如《两汉纪》、《资治通鉴》之属,莫非节改正史;若此之类,篇卷浩繁。本书意在举例,仅能略及。

三 本书分为六编,大意已具前序。至其中各则,颇有可以兼隶数编者,则斟酌文意之轻重以为隶入之标准。

四 本书编中各则,皆以时代相次。其一例之中,有兼及多人,时代悬绝者,则以文中侧重之人,或年辈最后者之时代为主。

五 本书各则之下,均注书名,其本有篇名及卷数者,亦兼注之。惟同为一书,颇有因版本不同而篇卷以异者,囿于所见,未能详注,阅者谅之。

六 本书各则正文,时有援引典实,事理难明之处,辄就管窥,随手附注;或竟引他人之言,以代说明。

七 本书正文之后,间有附录,取其足资比较,或备参证。近人之作,亦偶采及。惟其论修辞已成专书者,不敢掠美。

八 编者识有未周,力有未逮,且涉猎所及,仓卒成书,抵牾之处,自必甚多。修订增补,俟之异日。

第一编　修辞总论

子曰："君子进德脩业。忠信，所以进德也；脩辞立其诚，所以居业也。"周易乾文言

　　按脩辞二字连称，始见于此。孔颖达曰："脩辞立其诚，所以居业者，辞谓文教，诚谓诚实也；外则脩理文教，内则立其诚实，内外相成，则有功业可居，故云居业也。"孔氏以"脩理文教"释"脩辞"，虽与后世解作"脩饰文辞或言辞"者不同，然后世脩辞之义，实自此引申。惟稽之许书，脩乃修之假借字，而辞亦或云本作词（词，篆亦作䛐）。是则脩辞宜作修辞，或作修词。今以古籍通用，为日已久，势难改归一致。凡所选辑，各从本书，览者以意识之可耳。附录"修""脩""词""辞"四字许氏说解，并段、王、朱三家注释于后，以便参证。

　　修　《说文解字》第九篇上《彡部》云：饰也，从彡，攸声。▲段玉裁注云：修之从彡者，洒刷之也，藻绘之也。修者，治也，引申为凡治之称。▲王筠《说文句读》卷十七《彡部》云：《大学》、《释训》皆说琢磨以自修，是知修身者，去其疵瑕，所以葆其天素，即所以发其英华也。▲朱骏声《说文通训定声·孚部》云：修，从彡，是文饰为本义，芟除为转注；饰从巾，是拭治为本义，文饰为转注。

脩 《说文解字》第四篇下《肉部》云：脯也，从肉，攸声。▲段玉裁注云：经传多假脩为修治字。▲朱骏声《说文通训定声·孚部》云：脩，段脯也，捶而施姜桂干之。假借为修，治也。

词(詞) 《说文解字》第九篇上《司部》云：意内而言外也。从司，从言。▲段玉裁注云：有是意于内，因有是言于外谓之詈。意者，文字之义也；言者，文字之声也；詈者，文字形声之合也。詈与辛部之辞，其义迥别。辞(辭)者，说也，从䛐辛。䛐辛，犹理辜；谓文辞足以排难解纷也。然则辞谓篇章也。詈者，意内而言外，从司言；此谓摹绘物状及发声助语之文字也。积文字而为篇章，积詈而为辞。孟子曰："不以文害辞"，不以詈害辞也。孔子曰："言以足志"，詈之谓也；"文以足言"，辞之谓也。《大行人》"故书汁詈命，郑司农云：'詈当为辞。'"（以上十三字为《周礼·秋官·大行人》"协辞命"句下注语；汁，一本作叶。）此二篆之不可混一也（据此，修辞之辞本作辞）。▲朱骏声《说文通训定声·颐部》云：词，意内而言外也。从司，从言，按从言，司声。《说文》隶《司部》，非。"言以足志，文以足言"，皆谓之词。《说文》盱篆引《诗·板》："词之盱矣。"《周礼·大行人》"故书叶词命"。经传皆以辞为之。（据此，修辞之辞本作词。）

辞(辭) 《说文解字》第十四篇下《辛部》云：讼也，从䛐辛；䛐辛，犹理辜也。▲段玉裁注云：辞，说也，今本说讹讼，《广韵》七"之"所引不误。▲王筠《说文句读》卷二十八云：辞，讼也。《小司寇》"辞听"，《吕刑》"师听五辞"，《大学》"无情者不得尽其辞"，皆用本义。▲朱骏声《说文通训定声·颐部》云：辞，讼也，从䛐辛，会意，犹理罪也。䛐，理也。按分争辨讼谓之辞。《后汉·周纡传》："善为辞案条教。"注："辞案，犹今案牍也。"假借为词。《广韵》引《说文》，说也。《礼记·曲礼》："安定辞。"疏："言语也。"《孟子》："不以文害辞。"注："诗人所歌咏之辞。"《荀子·正名》："辞也者，兼异实之名以论一意也。"注："说事之言辞。"又："辞合于说。"注："成文为辞。'"

子曰："其旨远，其辞文，其言曲而中。"周易系辞下

按孔颖达曰："其旨远者，近道此事，远明彼事，是其旨意深远；若龙战于野，近言龙战，乃远明阴阳斗争，圣人变革，其旨远也。其辞文者，不直言所论之事，乃以义理明之，是其辞文饰也；若黄裳元吉，不直言得中居职，乃云黄裳，是其辞文也。其言曲而中者，变化无恒，不可为体例，其言随物屈曲，而各中其理也。"

子曰："情欲信，辞欲巧。"礼记表记

按孔颖达曰："言君子情貌欲得信实，言辞欲得和顺美巧，不违逆于理，与巧言令色者异。"姚鼐《与管异之书》云："《表记》'辞欲巧'，即《易传》所云'修辞'耳。不可以巧言令色，便讥其失。"袁枚《与韩绍真书》云："盖贵直者，人也；贵曲者，文也。天上有文曲星，无文直星。木之直者无文，木之拳曲盘纡者有文；水之静者无文，水之被风挠激者有文。孔子曰：'情欲信，辞欲巧。'巧，即曲之谓也。"又《与祝芷塘太史书》云："圣人修辞，尚且不避巧字，而况今之为文章者乎？是以春秋时郑国词命，先草创，后讨论，再修饰而润色之，亦不过求巧求人爱而已。"孔姚所释兼指言语，袁则专称文辞。

仲尼曰："志有之：言以足志，文以足言。不言，谁知其志？言之无文，行而不远。晋为伯，郑入陈，非文辞不为功，慎辞也。"左传

襄公二十五年

　　按郑子产使晋,据理陈辞,赵文子云:"其辞顺",晋卒不敢犯,故孔子称之如此。刘勰曰:"辞者,舌端之文,通己于人。"(《文心雕龙·书记》)盖古人所谓辞,多指应对辞命而言。与后世释为文辞者,固有不同;然昌黎《送孟东野序》,历举古来能言能文之士,而不加以分别,且曰:"文辞之于言,又其精者也。"是则言辞与文辞,或述之以口,或写之以笔,其事虽殊,其道仍无二也。

　　　子曰:"辞,达而已矣!"论语卫灵公

　　按司马光曰:"明其足以通意,斯止矣;无事于华藻宏辩也。"朱熹曰:"辞取达意而止,不以富丽为工。"马朱二氏所释,似视达甚浅;苟究其极致,达意而止,亦何易言。苏轼《答谢民师书》,及杨慎《谭苑醍醐》(见本编后),均推论其义颇详。故朱子《语类》亦曰:"辞达而已矣也是难。"知其难而求夫达,此正修辞之急务,华丽与否,盖犹其次也。

附录一　明袁宗道《论文》下一则

　　沧溟(李攀龙)赠王(世贞)序,谓"视古修词,宁失诸理"。夫孔子所云辞达者,正达此理耳;无理,则所达为何物乎?无论《典》、《谟》、《语》、《孟》,即诸子百氏,谁非谈理者。……彼何所见,乃强赖古人失理邪?

附录二　清洪亮吉《晓读书斋初录》卷上一则

　　《论语》:"辞达而已矣。"《集注》:"辞取达意而止,不以富丽为工。"以富丽二字反训达字,于训诂之义殊乖。子夏曰:"富哉言乎!"孔安国旧注:"富,盛也。"《汉书·扬雄传》:

"诗人之赋丽以则,词人之赋丽以淫。"字书:"丽,著也,美也。"是富丽二字训作美盛,并无支离牵率之义,何得以之反对达字乎?且"富哉言乎",《集注》即以为所包者广,而此注语意反若以富丽二字谓不能该括,何前后相反若此乎?绎孔安国旧注云:"凡事莫过于实,不烦文艳。"文艳(以意补)二字,即有分寸。余谓《集注》此条,反不若阮逸之注《文中子》。《文中子·王道篇》:"辞达而已矣。"逸注云:"圣人不烦文,惟达意而已。"语极简括,胜于《集注》。按孔安国之说,刘宝楠释之曰:"辞皆言事,而事自有实,不烦文艳以过于实,故但贵辞达则足也。《仪礼·聘礼记》:'辞无常,孙而说,辞多则史,少则不达。辞苟足以达,义之至也。'是辞不贵多,亦不贵少,皆取达意而止。"据此,则达即繁简适中,事辞相称;犹所谓"初揭《黄庭》,刚到恰好处"也。

子曰:"为命,裨谌草创之,世叔讨论之,行人子羽修饰之,东里子产润色之。"论语宪问

按朱熹曰:"裨谌以下四人,皆郑大夫。……郑国之为辞命,必更此四贤之手而成,详审精密,各尽所长,是以应对诸侯,鲜有败事。"

又按由此可见古人修辞之次第。裨谌等为命事,亦见《左传》襄公三十一年,惟所记与此稍异。参阅《繁简之例编》三《文则》上。

宰我问君子尚辞乎?孔子曰:"君子以理为尚。博而不要,非所察也;繁辞富说,非所听也。唯智者不失理。"孔丛子嘉言

君子曰:"《春秋》之称,微而显,志而晦,婉而成章,尽而不汙,惩恶而劝善,非圣人谁能修之?"左传成公十四年

按孔门论修辞,多指修饰言辞而言,此则专论修饰文辞。

孔子在位听讼,文辞有可与人共者,弗独有也。至于为《春秋》,笔则笔,削则削,子夏之徒不能赞一辞。史记孔子世家

按此语与《左传》"非圣人谁能修之"一节合观,可知修辞见重于孔门,而宣尼之修辞为不可及。

辞无常,孙而悦。辞多则史,少则不达。辞苟足以达,则义之至也。仪礼聘礼记

按郑玄曰:"孙,顺也;史谓策祝。"

又按此亦当为孔门之言,与仲尼辞达之义相合,姑隶于此。

曾子曰:"君子所贵乎道者三,……出辞气,斯远鄙倍矣。"论语泰伯

按朱熹曰:"辞,言语;气,声气也,鄙,凡陋也;倍,与背同,谓背理也。"又曰:"出辞气,斯远鄙倍,是修辞立其诚意思。"

又按曾子语本说君子修辞之效验,然由效验即可得其致力之所在。刘大櫆《论文偶记》云:"人不穷理读书,则出词鄙倍空疏。"据此,则欲出词大远于鄙倍空疏,不可不穷理读书也。

平原君谓公孙龙曰:"公无复与孔子高辨事也!其人理胜于辞,公辞胜于理。辞胜于理,终必受诎。"孔丛子公孙龙

子贡曰:"出言陈辞,身之得失,国之安危也。"《诗》云:"辞之绎矣,民之莫矣。"夫辞者,人之所以自通也。主父偃曰:"人而无辞,安所用之?"昔子产修其辞而赵武致其敬,王孙满明其言而楚庄以惭,苏秦行其说而六国以安,蒯通陈其说而身得以全。夫辞者,乃所以尊君重身安国全性者也。故辞不可不修,而说不可不善。说苑善说

附录 《诗经·大雅·板》一节

辞之辑矣,民之洽矣;辞之怿矣,民之莫矣。(按怿与绎通。毛传云:"辑,和;洽,合;怿,说;莫,定也。"孔颖达曰:"王者若出教令,其辞气之和顺矣,则下民之心相与合聚矣;其辞气之悦美矣,则下民之心皆得安定矣。")

或问:"君子尚辞乎?"曰:"君子事之为尚。事胜辞则伉,辞胜事则赋,事辞称则经。"法言吾子

《易》称:"辩物正言,断辞则备";《书》云:"辞尚体要,弗惟好异";故知正言所以立辩,体要所以成辞;辞成无好异之尤,辩立有断辞之义。文心雕龙征圣

按辩亦作辨。辨物正言二句见《系辞》下,韩康伯曰:"理类辨明,故曰断辞。"辞尚体要二句见《毕命》,孔颖达曰:"言辞尚其体实要约,当不惟好其奇异。"

夫文以行立,行以文传。四教所先,符采相济。励德树声,莫不师圣;而建言修辞,鲜克宗经。是以楚艳汉侈,流弊不还,正末归本,不其懿与!文心雕龙宗经

夫盟之大体,必序危机,奖忠孝,共存亡,戮心力,祈幽灵以取鉴,指九天以为正。感激以立诚,切至以敷辞,此其所同也。然非辞之难,处辞为难。后之君子,宜在殷鉴。忠信可矣,无恃神焉。赞曰:"……立诚在肃,修辞必甘。"文心雕龙祝盟

盖枢机之发,荣辱之主,言之不文,行之不远,则知饰词专对,古之所重也。……若《尚书》载伊尹之训,皋陶之谟,《洛诰》、《康诰》、《牧誓》、《泰誓》是也。周监二代,郁郁乎文,大夫行人,尤重词命,语微婉而多切,言流靡而不淫;若《春秋》载吕相绝秦(成十三),子产献捷(襄二十五),臧孙谏君纳鼎(桓二),魏绛对戮杨干

（襄三），是也。战国虎争，驰说云涌，人持弄丸之辩，家挟飞钳之术。剧谈者以谲诳为宗，利口者以寓言为主。若史载苏秦合纵，张仪连横，范雎反间以相秦，鲁连解纷而全赵是也。逮汉魏已降，周隋而往，世皆尚文，时无专对，运筹画策，自具于表章，献可替否，总归于笔札。宰我子贡之道不行，苏秦张仪之业遂废矣。史通言语

夫所谓文者，必有诸其中，是故君子慎其实。实之美恶，其发于外也不掩，本深而末茂，形大而声宏，行峻而言厉，心醇而气和。昭晰者无疑，优游者有余。体不备，不可以为成人；辞不足，不可以为成文。韩昌黎集卷十五与尉迟生书

按辞贵足，亦修辞意也。

附录　韩愈论辞二则

学古道则欲兼通其辞；通其辞者，本志乎古道者也。题欧阳生哀辞后

愈之所志于古者，不惟其辞之好，好其道焉尔。答李秀才书

凡为文以意为主。……苟意不先立，止以辞彩文句，绕前捧后，是辞愈多而理愈乱。……是以意全胜者，辞愈朴而文愈高；意不胜者，辞愈华而文愈鄙。是意能遣辞，辞不能成意。大抵为文之旨如此。樊川集卷十三答庄充书

文辞，艺也；道德，实也。笃其实而艺者书之，美则爱，爱则传焉，贤者得以学而至之，是为教。故曰："言之无文，行而不远。"周濂溪集卷六通书文辞第二十八

按朱熹注曰："人之才德，偏有长短，其或意中了了，而言不足以发之，则亦不能传于远矣。故孔子曰：'辞达而已矣。'程子亦言：'《西铭》，吾得其意，但无子厚笔力，不能作耳。'正谓此也。"

所谓辞者,犹器之有刻镂绘画也。诚使巧且华,不必适用;诚使适用,亦不必巧且华。要之以适用为本,以刻镂绘画为之容而已。不适用,非所以为器也;不为之容,其亦若是乎否也。然容亦未可已也;勿先之,其可也。王临川集卷七十七上人书

孔子曰:"言之不文,行之不远。"又曰:"辞,达而已矣。"夫言止于达意,则疑若不文,是大不然。求物之妙,如系风捕景,能使是物了然于心者,盖千万人而不一遇也;而况能使了然于口与手乎?是之谓辞达,辞至于能达,则文不可胜用矣。苏东坡集后集卷十四答谢民师书

前后所示著述文字,皆有古作者风力,大略能道意所欲言者。孔子曰:"辞达而已矣。"辞至于能达,止矣,不可以有加矣。苏东坡集续集卷十一与王庠书

辞以意为主,故辞有缓有急,有轻有重,皆生乎意也。"韩宣子曰:'吾浅之为丈夫也'",则其辞缓。"景春曰:'公孙衍张仪,岂不诚大丈夫哉?'"则其辞急。"狼瞫于是乎君子",则其辞轻。"子谓子贱,君子哉若人!"则其辞重。文则上

意,本也;辞,末也。然圣门之论曰:"辞达而已矣";又曰:"质胜文则野。"辞亦岂可少哉?后村题跋卷十三张文学诗卷

修辞立其诚,修其内则为诚,修其外则为巧言。《易》以辞为重:《上系》终于"默而成之",养其诚也;《下系》终于六辞,验其诚不诚也。辞非止语言;今之文,古人所谓辞也。困学纪闻卷一易

按翁元圻注:"魏鹤山《师友雅言》云:'迂叟有言:今人所谓文,古人所谓辞也。古之所谓文,观乎天文以察时变,观乎人文以化成天下,岂辞章之谓哉?'厚斋语实本于温公。"

又按《上系》"默而成之"句下云:"不言而信,存乎德行。"《下系》六辞原文曰:"将叛者其辞惭,中心疑者其辞枝,

吉人之辞寡,躁人之辞多,诬善之人其辞游,失其守者其辞屈。"

修辞者,谨饬其辞也。辞之不可以妄发,则谨饬之;故修辞所以立其诚。诚即上面忠信字。居有守之之意,盖一辞之诚,固是忠信;以一辞之妄间之,则吾之业顿隳,而德亦随之矣。故自其一辞之修,以至于无一辞之不修,则守之如一,而无所作辍,乃居业之义。……上言修业,下言修辞;辞之修,即业之修也。……辞之义有二:发于言则为言辞,发于文则为文辞。文山全集卷十一西涧书院释菜讲义

凡作文字,要随我分限所及,若说得太过了,亦非修辞立诚矣。王阳明全书卷二传习录

辞达而已矣,恐人溺于辞而忘躬行也,浅陋者借之。《易传》、《春秋》,孔子之特笔,其言玩之若近,寻之益远;陈之若肆,研之益深;天下之至文也,岂止达而已哉? 夫意有浅言之而不达,深言之而乃达者;详言之而不达,略言之而乃达者;正言之而不达,旁言之而乃达者;俚言之而不达,雅言之而乃达者。故东周西汉之文最古,而其能道人意中事最彻。今以浅陋为达,是乌知达哉? 夫脱于口谓之言,爻于文谓之辞。《书》曰:"政贵有恒,辞尚体要";以言乎政令之辞也。《仪礼·聘记》曰:"辞多则史,少则不达,辞苟足以达,义之至也";以言乎礼聘之辞也。《左传》曰:"辞之不可以已也如是,非文辞不为功,慎辞哉!"以言乎使命之辞也。记曰:"有其容,则文以君子之辞;遂其辞,则实以君子之德";又曰:"情欲信,辞欲巧";以言乎相接相示之文辞也。凡谓之辞,未有不贵达者,亦未有达而犹贵枝叶者也。夫子恶巧言,而曰辞欲巧,则知辞非言例也。《易》有圣人之道四焉,以言者尚其辞;圣人之情见乎辞;修辞立其诚,所以居业也。韦编三绝,铁镝三折,漆书三灭;曰,

假我数年,若是,我于《易》则彬彬矣,彬彬者,辞达之谓也;《系》终六辞,尽天下之情哉! 文章薪火引明杨慎谭苑醍醐

附录 近人缪钺《辞达篇》一节(《国风半月刊》第五卷第六七合期)

秦攻赵,赵求救于齐,齐索长安君为质,太后不肯。大臣强谏,不听。触詟广思远计,一说而太后诺。(见《国策》。)此浅言不达,深言乃达者也。刘向载泄冶之言曰:"夫上之化下,犹风靡草:东风则草靡而西,西风则草靡而东。在风所由,则草为之靡。"用三十二言而意方显。《论语》曰:"君子之德风,小人之德草,草上之风,必偃。"减泄冶之言半而意亦显。《书》曰:"尔惟风,下民惟草。"复减《论语》九言而意愈显。(说本陈骙《文则》。)此详言不达,略言乃达者也。靖郭君将城薛,客多以谏。靖郭君谓谒者无为客通。齐人以"海大鱼"说之,遂辍城薛。(见《国策》。)此正言不达,旁言乃达者也。景公病疽,在背,欲见不得,问国子,国子曰:"热如火,色如日,大如未熟李也。"公问晏子,晏子曰:"色如苍玉,大如璧。"公曰:"不见君子,不知野人之拙也。"(见《说苑》。)此俚言不达,雅言乃达者也。盖辞之达意,期于密合,如响应声,如影随形。意无恒姿,故辞无定检,俯仰丰约,因宜适变。若谓浅陋为达,岂为知言。

孔子曰:"辞达而已矣。"又曰:"修辞立其诚。"盖辞无不修,而意则主于达。今《易系》、《礼经》、《家语》、《鲁论》、《春秋》之篇存者,抑何尝不工也。扬雄氏避其达,而故晦之,作《法言》;太史公避其晦,故译而达之,作帝王本纪;俱非圣人意也。艺苑卮言卷一

按帝王本纪即指《史记》之《五帝本纪》与夏殷周《本

纪》。参阅《摹拟之例编》—《白苏斋类稿·论文》上。

典谟爻象,此二帝三王之言也;《论语》《孝经》,此夫子之言也。文章在是,性与天道亦不外乎是。故曰:"有德者必有言。"善乎游定夫之言曰:"不能文章,而欲闻性与天道,譬犹筑数仞之墙,而浮埃聚沫以为基,无是理矣。"后之君子,于下学之初,即谈性道,乃以文章为小技而不必用力;然则夫子不曰:"其旨远,其辞文"乎?不曰"言之无文,行而不远"乎?曾子曰:"出辞气,斯远鄙倍矣。"尝见今讲学先生从语录入门者,多不善于修辞。或乃反子贡之言以讥之曰:"夫子之言,性与天道,可得而闻;夫子之文章,不可得而闻也。"日知录卷十九修辞

按黄汝成《日知录集释》云:"钱氏曰:'释子之语录,始于唐;儒家之语录,始于宋。儒其行而释其言,非所以垂教也。君子之出辞气,必远鄙倍。语录行,而儒家有鄙倍之词矣;有德者必有言,语录行,则有德而不必有言矣。'姚刑部曰:'言之无文,行而不远;出辞气不能远鄙,曾子戒之;况于说圣经以教学者遗后世,而杂以鄙言乎?当唐之世,僧徒不通于文,乃书其师语以俚俗,谓之语录。宋世儒者弟子,盖过而效之。然以弟子记先师,惧失其真,犹有取尔也。明世自著书者乃亦效其辞,此何取哉?'"钱氏名大昕,姚刑部名鼐。《集释》引钱姚之言,盖所以证明文辞不可废除修饰之功。

孔子曰:"言之不文,行之不远。"于《易》曰:"修辞立其诚。"立诚以为质,修之而后言可文也。圣人之于文,盖惓惓矣。……文以明道,而繁简、华质、洪纤、夷险、约肆之故,则必有所以然。……孔子曰:"辞达而已矣。"辞之不文,则不可以达意也。魏叔子文集卷八甘健斋轴园稿序

作文贵先立意,不必求异;但须有独到处,便足异人。然既有

好意,须思此意如何方能发得透确,用何陪宾,用何引证,前后当如何位置,一一要合古人法度,文成乃粲然可观。非但如作家信,写塘报,米盐无差,事故日时不错,便足称辞达也。魏叔子文集卷七寄诸子世效世俨手简

或谓:子于言语之道庶几乎? 曰:词气不和平,此大患也。常细求和平工夫,却不在词气上,须要心中不急、不愤、不自是、不好上。日录卷一里言

按此乃合内外心手为一之论,与修辞立诚之意相通。

武叔卿曰:词要音响,听之如敲金戛玉;词要色丽,观之如散锦明珠。然有流弊焉,不可不知也。必侈其词以为富,其究也失之冗;必缛其词以为丽,其究也失之靡。譬之剪彩为花,非不灿烂可观,而生意索然,殊无真趣。又如美女涂脂,反隐本相矣。故说理之词,不可不修;若修之而于理反以隐,则宁质无华可也。达意之词,不可不修;若修之而意反以蔽,则宁拙无巧可也。修词者其审之!

武叔卿曰:词不雕刻则不工,然过于雕刻则伤气;词不敷演则不腴,然过于敷演则伤骨。其辨在毫厘,而远者千里。故昔人不废修词,而亦不尚重修词也。

顾泾阳曰:意与词,相为联属者也;意铸矣,而词不琢,将并其意失之。如奇古之意,而发为腐烂冗杂之词,则观者但觉其腐烂冗杂,而不觉其奇古矣;况意不甚出人,而又无佳句以达之,其为俚鄙可胜言乎? 是作文不可有意无词也。然琢词不可无法:短则欲该,如欧阳公"环滁皆山也"一句,省却许多字面,而意未尝不尽也;长则欲逸,如昌黎公"若驷马驾轻车,就熟路,而王良造父为之先后也",字虽多而逸致动人;余推此类可见。

唐彪曰:词有宜,有忌。其宜者曰轻新,曰秀逸,曰明显,曰老

健,曰典雅,曰润泽,曰流利,曰长短相间,曰奇偶停匀;曰抑扬合节,曰平仄和调;其忌者曰板重,曰粗俚,曰暗晦,曰庸熟,曰凿空,曰涩拗,曰重叠。宜者合一二亦佳,忌者必宜全去。锤炼而后精,不锤炼,未必能精也;淘洗而后洁,不淘洗,未必能洁也。落笔之时于脱稿之后,俱宜润色之!

吴因之曰:或问词调之于文何如?余应之曰:辞者不得已而用之者也。著一分词,便掩一分意。意思到时,只须直写胸臆,家常说话,都是精光闪烁,何以辞为?又袁了凡曰:文有词有理,而理为之主;故理明则词显,理密则词精,理当则辞确。理,譬则主人也;词,譬则奴仆也。未有主人精明而奴仆不从令者。人惟不知穷理,而徒求工于词气之间,故用尽苦心,终不能出人头地。

唐彪曰:文章修词一事,不过以凡有文词,贵乎出之以轻松秀逸,古雅典确,奇偶相参,虚实长短相间;转掉处,以高老雄健佐之;段止势尽处,以抑扬顿挫参之;使意尽而余韵悠然。更得平仄谐和,句调协适,文采粲然可观矣。古人谓不必修词者,非欲废如此之词也;但不欲浮靡雕绘也。古人谓必宜修词,亦止欲词如此也,岂尚浮靡雕绘哉!言虽异而意未尝不一矣。程楷曰:修词无他巧,惟要知换字之法:琐碎字,宜以冠冕字换之;庸俗字,宜以文雅字换之。务令自然,毋使杜撰。此即修词之谓也。若以浮靡之言,反掩文之真意,则可鄙之词也,何以修为?知此,可无疑于人言之不一矣。

唐彪曰:文章有修词琢句,反复求工,而不能尽善,其故何也?以与平仄不相协也。盖平仄乃天然之音节,苟一违之,虽至美之词,亦不佳矣。作文者苟知其理,凡句调有不顺适者,将上下相连数句,或颠倒其文,或增损其字,以调其平仄;平仄一调,而句调无不工矣。以上读书作文谱卷之六修词

沈去矜曰：白描不可近俗，修辞不可太文。生香真色，在离即之间。不特难知，亦难言。古今词论

修辞之功，全在未言之前；但得先一思方出口，便得力矣。颜习斋先生言行录法孔第六

按颜氏之学，重习行不重言辞，此所云"先一思方出口"，亦即"修辞立诚"之意，所以别于浮文之士也。

六经以道传，实以文传。《易》称修辞，《诗》称辞辑，《论语》称为命，至于讨论修饰而未有已，是岂圣人之溺于词章哉？盖以为无形者，道也；形于言谓之文。既已谓之文矣，必使天下人矜尚悦绎，而道始大明。若言之不工，使人听而思卧，则文不足以明道，而适足以蔽道。小仓山房文集卷十虞东先生文集序

附录　袁枚《胡稚威骈体文序》一节

古圣人以文明道，而不讳修词；骈体者，修词之尤工者也。小仓山房文集十一

唐人修词与立诚并用；而宋人或能立诚，不甚修词。圣人论为命，尚且重修饰润色，所谓言之不文，行之不远也。小仓山房文集卷三十五与孙俌之秀才书

意与气相御而为辞，然后有声音节奏高下抗坠之度，反复进退之态，采色之华。惜抱轩集卷六答翁学士书

或曰："旨远辞文，《大传》之训也；辞远鄙倍，贤达之言也；言之不文，行之不远，辞之不可以已也。今曰求工于语言之末者非也，其何以为立言之则欤？"曰："非此之谓也。《易》曰：'修辞立其诚。'诚不必于圣人至诚之极致，始足当于修辞之立也。学者有事于文辞，毋论辞之如何，其持之必有其故，而初非徒为文具者，皆诚也。有其故而修辞以副焉，是其求工于是者，所以求达其诚也。

《易》奇而法，《诗》正而葩；《易》以道阴阳，《诗》以道性情也。其所以修而为奇与葩者，则固以为不如是，则不能以显阴阳之理，与性情之发也。故曰：非求工也。无其实而有其文，即六艺之辞，犹无所取，而况其他哉？"文史通义公言中

夫言所以明理，而文辞则所以载之之器也。虚车徒饰，而主者无闻；故溺于文辞者，不足与言文也。《易》曰："物相杂，故曰文"；又曰："其指远，其辞文"；《书》曰："政贵有恒，辞尚体要"；《诗》曰："辞之辑矣，民之洽矣"；《记》曰："毋剿说，毋雷同，则古昔，称先王；《传》曰："辞达而已矣"；曾子曰："出辞气，斯远鄙倍矣。"经传圣贤之言，未尝不以文为贵也。盖文固所以载理，文不备，则理不明也。且文亦自有其理，妍媸好丑，人见之者，不约而有同然之情，又不关于所载之理者，即文之理也。故文之至者，文辞非其所重尔，非无文辞也。而陋儒不学，猥曰工文则害道；故君子恶乎似之而非者也。文史通义辨似

君子之于言，不径而致也，是以有曲焉；辞不过其意则不鬯，是以有形容焉。述学内篇卷一释三九中

按过其意三字宜善体会，否则失之夸而违立诚之旨。近人黄侃《文心雕龙札记·夸饰篇》评语所述，颇足阐明汪氏文意之所未尽，转录于下，其略云："汉世王充好为辨诘，琐碎米盐，著为《书虚》、《语增》、《儒增》、《艺增》之篇，凡经传饰辞，一概加以抨击。世或喜其谛实，而实不达词言之情。……近世汪中知古人文词有曲，有形容，说祖之充，而不能明其故，以为但欲鬯其意而已，是终不得为明清之言。谨求其故，有五说焉。一曰：言有不能斥其事，则玄言其理也。《书》叙尧之德，钦明以下四十余言，若欲历叙其事，则繁而不杀，数百千言，而仍不能尽，故括以'钦明恭让'，而尧之德可知；表以既睦、昭

明、于变,而尧之所以亲九族,辨百姓,和万邦者可知。此一事也。二曰:言有不能指其数,则浑括其事也。《书》言禹九山刊旅,九川涤原,九泽既陂,此不得历言九州山泽,禹皆毕至;言此,而禹功所被之广可知,历指则反于文为害。此二事也。三曰:言有不能表其精微而假之物象。《易传》曰:'圣人有以见天下之赜,而拟诸形容,象其物宜。'言龙战于野,而阴阳斗争之理寓焉;但言阴阳斗争,义不晰焉。言黄裳元吉,而得中居职之理寓焉;但言得中居职,义不晰也。此三事也。四曰:言有不能断限而模略以为词。曰欲至万年,此非真欲万年;然云欲至某千某百年,则不词也。《诗》曰:'子孙千亿',此亦非谓真能众多如此;然云子孙某百某十人,则亦不词也,此四事也。五曰:言有质而意不显,文而意显者。如云:晏子一狐裘三十年,一裘诚不必经一世之长,然但云,晏子狐裘久而不易,则其久如何不可知,而晏子之俭德不显。如云:积甲与熊耳山齐,甲多诚不能与山比峻;然但云收甲甚多,则其多如何不可知,而光武之武功不著。此五事也。总而言之:文有饰词,可以传难言之意;文有饰词,可以省不急之文;文有饰词,可以摹难传之状;文有饰词,可以得言外之情。古文有饰,拟诸形容,所以求简,非以求繁;降及后世,夸张之文,连篇积卷,非以求简,只以增繁。"

《左传》曰:"言之无文,行之不远。"此何也?古人以简策传事者少,以口耳传事者多,以目治事者少,以口耳治事者多;故同为一言,转相告语,必有愆误。是必寡其词,协其音,以文其言,使人易于记诵,无能增改;且无方言俗语杂于其间,始能达意,始能行远。此孔子于《易》所以著《文言》之篇也。……为文章者,不务协音以成韵,修词以达远,使人易诵易记,而惟以单行之语,纵横恣肆,动辄千言万字，不知此乃古人所谓直言之言，论难之语，非言之有文者也，非孔子之所谓文也。《文言》数百字，几于句句用韵。孔子于此，发明乾坤之蕴，诠释四德之名，几费修词之意，冀达意外之言。（自注："《文言》曰：'修辞立其诚'，《说文》曰：'修，饰也。'词之饰者，乃得为文；不得以词即文也。"）要使远近易诵，古今易传，公卿学士皆能记诵，以通天地万物，以警国家身心。揅经室集三集卷二文言说

作文之法，有已标举于经传之中者，如《易》言"修辞立其诚"，《书》言"辞尚体要"，《诗》言"穆如清风"，《戴礼》言"达而勿多"，《左氏》言"辞之无文，行而不远"，合而观之，作文之本末备举。后人千言万语，恐不能出其范围。退庵随笔卷十九学文

文忌卑弱，然矫卑弱之弊，便易有矜气。矜气从浮从伪出来，运以沉思真气，则无此失矣。真气从诚意来，沉思以朴笔出之，故《易》曰："修辞立其诚。"论文集要卷三曾文正公论文上

文之道可约举经语以明之，曰："辞达而已矣"；"修辞立其诚"；"言近而指远"；"辞尚体要"；"乃言底可绩"；"非先王之法言不敢言"；"易其心而后语"。

《孔丛子》曰："平原君谓公孙龙曰：'公无与孔子高辩事也。其人理胜于辞；公辞胜于理。'"扬子曰："事辞称则经。"

韩昌黎曰："辞不足不可以为成文。"此辞字已包理事于其中。不然，得无《荀子》所谓惠子蔽于辞而不知实者乎？

辞之患不外过与不及：《易·系传》曰："其辞文"，无不及也。《曲礼》曰："不辞费"，无太过也。以上并文概

古之论文者曰：文以意为主，而辞欲能副其意，气欲能举其辞。譬之车然，意为之御，辞为之载，而气则所以行也。濂亭文集卷四答吴至甫书

按文以意为主说,本于范晔《后汉书·自序》。今节录其文如下,云:"常谓情志所托,故当以意为主,以文传意。以意为主,则其旨必见;以文传意,则其词不流。"

附录　近人严复《天演论》译例言二则

译事三难:信、达、雅。求其信已大难矣;顾信矣,不达,虽译犹不译也,则达尚焉。海通已来,象寄之才,随地多有,而任取一书,责其能与于斯二者,则已寡矣。其故在浅尝,一也;偏至,二也;辨之者少,三也。

《易》曰:"修辞立诚。"子曰:"辞达而已。"又曰:"言之无文,行之不远。"三者,乃文章正轨,亦即为译事楷模。故信达而外,求其尔雅,此不仅期以行远已耳。实则精理微言,用汉以前字法句法,则为达易;用近世利俗文字,则求达难。往往抑义就词,毫厘千里。审择于斯二者之间,夫固有所不得已也;岂钓奇哉?

第二编　改易之例

一　通论改易之例

　　世人之著作，不能无病。仆常好人讥弹其文，有不善者，应时改定。昔丁敬礼常作小文，使仆润饰之，仆自以才不过若人，辞不为也。敬礼谓仆："卿何所疑难，文之佳恶，吾自得之；后世谁相知定吾文者邪！"吾常叹此达言，以为美谈。昔尼父之文辞，与人通流；至于制作《春秋》，游夏之徒，乃不能措一辞。过此而言不病者，吾未之见也。文选曹子建与杨德祖书

　　按元刘壎《隐居通议》卷十八曰："曹子建与杨德祖书中语，允为名言。世之露才扬己，强辩护短者，宜味之！夫文章是非，无有定极，人言果当，何吝更改，正不失为己益也。"又敬礼谓仆云云，清何焯《义门读书记·文选·杂文》释之曰："言吾自得润饰之益，后世读者孰知吾文乃赖改定邪！今人多因'相'字误会，失本意矣。改定犹言改正；定亦改也。虞松定五字，义同。"据此，子建文中"相"字，似亦可删也。

　　改章难于造篇，易字艰于代句。……昔张汤拟奏而再却，虞松草表而屡谴，并事理之不明，而词旨之失调也。及倪宽更草，钟会易字，而汉武叹奇，晋景称善者，乃理得而事明，心敏而辞当也。文心雕龙附会

　　按汉武帝时，张汤为廷尉，有疑奏，已再见却矣，掾史莫知所为。倪宽为言其意，掾史因使宽为奏。奏上，即时得可。异

日,汤见,上问曰:"前奏非俗吏所及,谁为之者?"汤言倪宽。上曰:"吾固闻之久矣。"又曹魏时,司马师(后追谥为晋景帝。)命虞松作表,再呈不可。钟会取视,为定五字。松悦服,以呈师。师曰:"不当尔邪!"

韩退之有效玉川子《月蚀》诗。……尝闻叶大经云:"玉川子既作此诗,退之深爱之,但恨其太狂,因削其不合法度者,而取其合者附于篇,其实改之也。"春渚纪闻卷六玉川昌黎月蚀诗

周元公云:"白香山诗似平易,闲观所存遗稿,涂改甚多,竟有终篇不留一字者。"余读公诗云:"旧句时时改,无妨悦性情。"然则元公之言信矣。随园诗话卷六

白乐天每作诗,令一老妪解之,问曰:"解否?"妪曰:解,则录之;不解,又复易之。冷斋夜话卷一老妪解诗

按乐天此事,又见载于宋彭乘《墨客挥犀》中。

张文潜云:"世以乐天诗为得于容易,而未尝于洛中一士人家,见白公诗草数纸,点窜涂抹,及其成篇,殆与初作不侔。"诗人玉屑卷八煅炼

昌黎之文,字句皆古,人悉知为锤炼而成矣。而不知欧公之平易亦是锤炼而成者。即如白香山之诗,老妪能解,可谓平易矣;而张文潜以五百金得其稿本,窜改涂乙,几不存一字,盖其苦心锤炼如此。以此例之,则欧公可知;不特环滁皆山之句数易稿而就也。柳南随笔卷六

欧公每为文既成,必自窜易,至有不留本初一字者。其为文章,则书而傅之屋壁,出入观省之;至于尺牍单简,亦必立稿;其精深如此。每一篇出,士大夫皆传写讽诵,惟睹其浑然天成,莫究斧凿之痕也。修辞鉴衡引吕氏家塾记

按《扪虱新话》云:"欧阳公平昔为文章,每就纸上净讫,

即粘挂斋壁,卧兴看之;屡思屡改,至有终篇不留一字者。"与此所言略同。

旧说:欧阳文忠公虽作一二字小简,亦必属稿,其不轻易如此。然今集中所见,乃明白平易,反若未尝经意者;而自然尔雅,非常人所及。曲洧旧闻卷九

读欧公文,疑其自肺腑流出,而无龂削工夫;及见其草,逮其成篇,与始落笔,十不存五六,乃知为文不可容易。班固云:"急趋无善步",良有以也。曲洧旧闻卷四

予疑毛郑之失既多,然不敢轻为改易者,意其为说不止于传笺,而恨己不得尽见二家之书,未能遍通其旨。夫不尽见其书,而欲折其是非;犹不尽人之辞,而欲断其讼之曲直,其能果于自决乎?其能使之必服乎?居士集卷四十一诗谱补亡后序

东坡云:世之蓄某诗文者多矣,率真伪相半,又多为俗子所改窜,读之使人不平;然亦不足怪,识真者少,盖从古所病。李太白、韩退之、白乐天诗文,皆为庸俗所乱,可为太息!渔隐丛话后集卷二十八东坡三

按以上二则,虽不为修辞而言,然固可为修辞之鉴,以见他人之文实有不当轻为改易者。

李济翁《资暇录》云:"李善注《文选》,有初注,再注,以至五注者。"苏子由注《老子》,亦自言:"晚年于旧注多所改定。"史通通释别本序三首河南王惟俭序

古语云:"大匠不示人以璞。"盖恐人见其斧凿痕迹也。黄鲁直于相国寺得宋子京《唐史》稿一册,归而熟观之,自是文章日进;此无他也,见其窜易字句,与初造意不同,而识其用意故也。曲洧旧闻卷四

吾作诗甚苦,悲吟累日,仅能成篇。初未见可羞处;明日取读,

疵病百出；辄复悲吟累日，反复改正，稍稍有加；数日再读，疵病复出；如此数四，方敢示人，然终不能奇也。唐子西文录

刘器之自言：常作书简，多起稿草，及不作草字，以戒苟且。师友杂志

按文贵改易，自宜起草稿。屈原为古今词人之宗，《史记》称其为宪令，犹必具草，学者可思其故矣。

班孟坚裁《史记》冗语极简健，亦有所改字不若迁者。猗觉寮杂记卷上

赋诗十首，不若改诗一首，少陵有"新诗改罢自长吟"之句；虽少陵之才，亦须改定。诗人玉屑卷八陵阳谓少陵改诗

顷年读禹锡（陈氏）《杜诗补注》，凡余意有所未喻，而未及与君商榷者，后十余年，禹锡示余近本，视前编刓削审定十之七八，或尽改之。偶有一新意，得一新义，则又改之而未已。人皆疑君说新而多变，余独贤君之学进而未止也。后村题跋卷八再跋陈禹锡杜诗补注

词既成，试思前后之意，不相应或有重叠句意。又恐字面粗疏，即为修改；改毕，净写一本，展之几案间，或贴之壁；少顷再观，必有未稳处，又须修改；至来日再观，恐又有未尽善者。如此改之又改，方成无瑕之玉。倘急于脱稿，倦事修择，岂能无病？不惟不能全美，抑且未协音声。作诗者犹且旬锻月炼，况于词乎？词源卷下制曲

凡静卧宜想头流转，思未周处，病之根也。数改求稳，一悟得纯，子美所谓"新诗改罢自长吟"也。四溟诗话卷三

按项斯《病中怀人诗》云："枕上用心静，惟应改旧诗"；又欧阳文忠作文有三上，其一曰枕上；皆足与谢语相参证。

诗不厌改，贵乎精也。唐人改之，自是唐语；宋人改之，自是宋语；格调不同故尔。省悟可超脱，岂徒斲削而已？四溟诗话卷二

前明越卓凡其杰，贵阳人，官终河南巡抚，著有《蓟门》、《白门》、《横栅》、《知非》、《屡非》诸集。其诗将及万首，《屡非》为最后定之本。其改诗五言云："夏日永多闲，就松恣午睡；鸟惊残梦醒，起受轻风吹。偶见昔吟诗，虚心一检视；读未及篇终，惭怖几无地。芜荒略能刊，深奥殊未至。不知当时心，何以亦得意？间有心所会，今至不可易；此带性灵来，百中无一二。恨少同调人，披肝勤指示；从今誓改弦，误期力捐弃。不敢怨微长，虽贤犹责备；点窜尽全篇，不留初一字。"读书法汇

字有不老不驯不雅必不可用者，亦有改句中他字而此字即老即雅驯者。魏伯子文集卷四与子弟论文

善改文者，有移花接木之妙，如上下段本不相干，稍为贯串，便成一气，是也。有改头易面之妙，如倒置前后，改易字句，便另成一种格调，是也。有脱胎换骨之法，如原本说寒，将要紧处改换，翻成说热，是也。深味此法，于自己作文亦增多少境界矣。日录卷二杂说

《史记》为太史公未成之书，使太史公而在，当必更有改定。魏叔子文集卷八八大家文钞选序

桐城方文，字尔止，考诗甚严，见同辈作，即一字未妥，必推敲以定。人嗤之曰"改而止"。柳南随笔卷一

先兄平庵识高学博，时人罕当其意，席间作诗，或为之更一二字，即喜动颜色。江右魏叔子，当今文章巨公，或指其未安处，援笔立改。皆予所目击者。盖虚受益，满招损，心虚而后学进；学愈进，心愈虚。虚心者，为学之门，亦为学之验也。秋星阁诗话

按魏世杰撰《魏叔子文集凡例》云："家叔父诗文好人弹射，又每自刮磨。客游诸作，皆主人代为流布，朝脱于手，暮登于木；或先削板以待草成；后有改定，辄就板划削"云云。可为叔子虚怀改文之一证。

诗稳而后示人，然不稳而示人，犹可改也；今人诗尚未稳，辄付梓，付梓则播之通国，不可复改，深足惜也。原其付梓之意，本因好名，若诗果佳，斯得名矣；苟诗未稳，兼多谬戾，人将指摘非笑，何名之可得？虽谓之不好名，可也。予每谓今日好名者寡，正谓此耳。诗稳而后示人，此乃真好名者也。必欲求稳，则愈知诗之不可不改也。秋星阁诗话

学诗有八字诀，曰：多读，多讲，多作，多改而已。……若作而不改，尤为不可。作诗安能落笔便好，能改则瑕可为瑜，瓦砾可为珠玉。子美云："新诗改罢自长吟"，子美诗圣，犹以改而后工，下此可知矣。昔人谓作诗如食胡桃宣栗，剥三层皮，方有佳味。作而不改，是食刺栗与青皮胡桃也。秋星阁诗话

余尝得佳句，喜极；及至诗成时，却改到不见好处方歇手；乃知古人为了章法，涂抹佳句至多也。而庵诗话

贺裳曰：王次回《疑雨》诸集，见者沁入肝脾。或云：次回词不多作，善改旧词，有加毫颊上之技。然旧词本有自然而然之妙，改后失之透露，失之猥鄙，不如不改之为愈也。古今词话词品卷下改词

为文须千斟万酌，以求一是；再三更改，无伤也。然改而善者十之七，改而谬者亦十之三，乖隔晦拙，反走荆棘丛中去；要不可以废改，是学人一片苦心也。燮作词四十年，屡改屡蹶者，不可胜数。今兹刻本，颇多仍旧。而此中之酸甜苦辣备尝而有获者亦多矣。世间为父兄者，见其子弟之文疏松爽豁便喜；见其拗涩晦拙便忧。吾愿少宽岁月以待之，必有屈曲达心，沈著痛快之妙。天下岂有速成而能好者乎？板桥全集词钞自序

千招不来，仓猝忽至。十年矜宠，一朝捐弃。人贵知足，惟学不然。人工不竭，天巧不传。知一重非，进一重境。亦有生金，一铸而定。续诗品勇改

《遣兴》诗云:"爱好由来落笔难,一诗千改始心安。阿婆还是初笄女,头未梳成不许看。"小仓山房诗集卷三十三

改诗难于作诗,何也?作诗兴会所至,容易成篇;改诗则兴会已过,大局已定,有一二字于心不安,千力万气,求易不得,竟有隔一两月于无意中得之者。刘彦和所谓富于万篇,窘于一字,真甘苦之言。荀子曰:"人有失针者,寻之不得,忽而得之,非目加明也,眸而得之也。"所谓眸者,偶睨及之也。唐人句云:"尽日觅不得,有时还自来",即眸而得之之谓也。随园诗话卷二

方望溪删改八家文,屈悔翁改杜诗,人以为妄。余以为八家少陵复生,必有低首俯心而遵其改者;必有反复辨论而不遵其改者。随园诗话卷一

姚鼐……在扬州,与歙县吴殿麟居最久,有所作,以示殿麟;殿麟所不可,辄窜易至数四,必得当乃已。国朝先正事略文苑传

或曰:古人辞命,草创加以修润;后世诗文,亦有一字之师。如所重在意,而辞非所计;譬如庙堂行礼,虽不计其绅佩,而绅佩敝裂,不中制度,亦岂可行邪? 答曰:此就文论文,别自为一道也。就文论文,先师有辞达之训,曾子有鄙悖之戒。圣门设科,文学言语并存,说辞亦贵有善为者。古人文辞,未尝不求工也;而非所论于此疆彼界,争论文必己出,以矜私耳。自魏晋以还,论文亦自有专家矣。乐府改旧什之铿锵,《文选》裁前人之篇什,并主声情色采,非同著述科也。会昌制集之序,郑亚削义山之腴;元和月蚀之歌,韩公擢玉川之怪。或存原款,以归其人;或改标题,以入己集。虽论文末技,有精焉者,所得既深,亦不复较量于彼我字句之琐也。文史通义答问

或曰:前人之文,不能尽善,后人不从而点窜以示法,亦可为之欤? 答曰:难言之矣。著述改窜前人,其意别有所主,故无伤也。

论文改窜前人，文心不同，亦如人面，未可以己所见，遽谓胜前人也。刘氏《史通》，著黜烦之篇（按即指《点烦篇》）矣。左马以降，并有涂改；人或讥其知史不知文也。然刘有所为而为之，得失犹可互见。若夫专事论文，则宜慎矣。今古聪敏智慧，亦自难穷。今人所见，未必尽不如古。大约无心偶会，则收点金之功；有意更张，必多画墁之诮。盖文贵于天机自呈，不欲人事为穿凿耳。文史通义答问

别有辞人点窜，略仿史删，（因袭成文，稍加点窜，惟史家义例有然。诗文集中，本无此例。间有同此例者，大有神奇臭腐之别，不可不辨。）凤困荆墟，悲迷阳于南国；（《庄子》改《凤兮》歌）鹿鸣苹野，诵宵雅于东山。（魏武用小雅诗）女萝薜荔，陌上演山鬼之辞；绮纨流黄，狭邪袭妇艳之故。（乐府《陌上桑》与《三妇艳》之辞也。）梁人改《陇头》之歌，（增减古辞为之。）韩公删《月蚀》之句。（删改卢仝之句。）岂为义取断章，不异宾筵奏赋。（歌古人诗见己意也。）以至河分冈势，乃联春草青痕；（宋诗僧用唐句。）积雨空林，爰入水田白鹭。譬之古方今效，神加减于刀圭；赵壁汉师，变旌旗于节度。艺林自有雅裁，条举难穷其数者也。文史通义言公下

文辞非古人所重，草创讨论，修饰润色，固已合众力而为辞矣；期于尽善，不期于矜私也。丁敬礼使曹子建润色其文，以谓后世谁知定吾文者，是有意于欺世也。存其文，而兼存与定之善否，是使后世读一人之文而获两善之益焉，所补岂不大乎？文史通义说林

附录一　近人陈衍《石遗室诗话》二则

苏堪（郑孝胥号）为诗，一成则不改。在天津时与余书，所谓骨头有生所具，任其支离突兀也。陈弢庵（名宝琛）则必改而后成，过后遂不能改；谓结构心思，已打断矣。卷一

昔魏丁敬礼尝求人定其文。唐牛奇章文字，尝被刘梦得

涂窜殆尽；厥后二人相见，欢好如故相识。陈弢庵诗成，必与余兄弟商榷再四，虽不尽舍己从人，固今之丁敬礼也。郑苏堪有诗稿一卷，为余少时所嗤点，或窃以献诸苏堪，苏堪鄙其人，转以告余，又今之奇章公矣。卷十二

附录二　近人王葆心《古文词通义·宜虚心勇改以博进境》一节

《林下偶谈》谓前辈为文，虽或为流俗嗤点，然不肯辄轻改，盖意趣规模已定，轻重抑扬已不苟，难于迁就投合也。欧公作范公碑，其子尧夫不乐，欲删改，公不从；又作尹师鲁铭文，或以为不尽然，公怒，至遗书他人，深数责之。荆公作钱公辅母铭，钱欲有所增损，公答之甚详，曰："鄙文自有意义，不可改也。"东坡作王晋卿《墨绘堂记》，王嫌所引非美事，请改之，坡云："不使则已，使即不当改。"水心作汪勃墓志，汪之孙不乐，请改，水心不从。请益力，终不从。方望溪为孙征君传，至贻书孙以宁，自述义法，引欧之志尹，韩之志李元宾自解，乞其勿易。程若韩乞志于望溪，于其文欲有所增，望溪复书，请其置此而别求能者。……此皆自信之深，以不改见其非苟，其例多属纪事之文，缀文者宜知之。（按王氏原文甚长，多论文宜勇改之事例，今皆从略；惟此节论文有勇于不改者，言若奇而义甚正，故附录之。）

二　改易之例之互有得失者

《旧唐书》列传之文，高下不等，……芜杂不伦，至有市井俗语，亦一概阑入，绝不检点。……子京力矫其弊，宁简毋冗，宁僻毋俗，于《旧书》各传，无一篇不改窜易换。大约事多而文省，语短而

意长,过《旧书》远甚。……《朝野佥载》记李畲母事,有御史禄米不出脚钱之说;《新书·列女传》记畲母事,则改脚钱曰车庸,《王铁传》又曰脚直,此皆避俗就雅之法。《通鉴》裴度讨蔡,临行谓宪宗曰:"臣若灭贼,则朝天有期;贼在,则归阙无日。"《新书》则云:"贼未授首,臣无还期",较《通鉴》更为简劲。此可见其炼字炼句之工也。特其过求简净,有时或不免晦涩者。《旧唐书》武后阅骆宾王檄,至一抔之土二句,叹曰:"有此才而不用,宰相罪也。"《新书》则述后语曰:"宰相安得失此人?"《旧书》杨师道妻前夫之子赵节《新书》改为师道妻异姓子,虽似避俗,然不如前夫之子为易晓;况前夫三字亦有所本。《魏书·长孙稚传》以后妻罗前夫女妻陈兴恩,则未为无典也。而异姓子三字转不典。《通鉴》董昌将僭号,谓人曰:"谶云:'兔子上金床',我生太岁在卯,明年复在卯,二月卯日卯时,吾称帝之秋也。"《新书》改云:"我生于卯,明年岁旅其次,二月朔之明日,皆卯也,我以其时当即位。"语虽稍文,然不是武人语;且又遗却卯时矣。又《通鉴》宦官杨复恭与假子守亮书曰:"吾披荆榛立寿王,既得位,乃废定策国老,有如此负心门生天子?"《新书》改云:"奈负心门生何?"则更颓弱无味矣。……至其造语用字,尤多新奇者;今略摘于左:《太子瑛传》,李林甫数称寿王美以揠妃意。(揠谓迎合也。时武惠妃擅宠,寿王,其子也。李林甫欲倾太子而立寿王,故云揠也。)《诸公主传》,懿宗女卫国公主卒,许群臣祭,以金贝火之,民取煨以汰宝。(谓取灰炼出金宝也。《通鉴》谓取庭祭之灰汰其金。)《柴绍传》,唐兵与桑显和战,绍绕其背败之。(谓绕出贼后也。)《范君璋传》,衿肘变生。(谓变生肘腋也。)《李迥秀传》,挠意谐媚。(谓曲意阿附也。)《裴矩传》,池酒林胾。(即酒池肉林也。)《宇文士及传》,通谆勤。(即通殷勤也。)《萧瑀传》,亡不旋跬。(即不旋踵也。)《萧廪传》,

厉止夜行。(即禁止夜行也。)《李峤传》,无所嫁非。(谓无所委罪也。)《苏颋传》,朝鼎夕砧。(谓迅速伏诛也。)《张说传》,逭暑,(谓避暑也。)祈陈哀到。(谓陈情切至也。)《李甘传》,啮疽刳胝。(谓孝子吮痈割股也。)《李朝传》,胖然无避屈。(谓泰然无所顾也。)《裴胄传》,蔓劲峭诋。(谓株蔓以劲且丑诋也。)《王翃传》,良金厚革。(谓坚甲利兵也。)《康承训传》,瘢痕士。(谓创残之兵也。)《孔巢父传》,铲迹民伍。(谓晦迹于编氓内也。)《藩镇传·序》,肷髀相依。《李正己传》,辅牙相依。(皆谓互为唇齿也。)《李宝臣传》,嫁急热为表里。(言急难相救也。)《李载义传》,挟痕邮人。(谓鞭责邮人成疮也。)《李正己传》,矢液流离。(谓溲溺俱下也。)《藩镇传赞》,引妖就暝。(即谓即聋从昧也。)《吴兢传》,不殊如带。(谓不绝如带也。)《李光弼传》,摅贼本根。(谓拔其本根也。)《李嗣业传》,以长柯斧堵进。(谓军士列如堵兢进也。《通鉴》云:军士执长刀如墙而进。)《马璘传》,漂血丹渠。(谓血流满沟皆赤也。)《房琯传》,十年不谐际人事。(谓不交涉世务也。)《史思明传》,筑城未堞。(谓以泥涂衅也。)此皆极意避俗,戛戛独造者,未免好奇之过;然尚多新辟可喜。至其好用叵字代不可二字;如《桑道茂传》福寿叵涯,《薛颐传》卒叵之测,《张巡传》时人叵知,《贾悚传》叵耐何,《安禄山传》叵可忍;又《承天皇帝传》以没奈何为末奈何,《李泌传》以率尔为帅尔,此则徒以新巧避陈俗,未免同卉犬筱骖(唐徐彦伯为文,好变易字面,以凤阁为鹓闱,龙门为虬户,金谷为铣溪,玉山为琼岳,乌狗为卉犬,竹马为筱骖,月兔为阴魄,风牛为飙犊。)之诮矣。子京于《郑余庆传》谓其奏议好用古语,如仰给县官马万蹄,有司不晓何语,时人讥其不适时;何以子京明讥之而又自袭之也? 陔余丛考卷十一新唐书文笔

王右丞诗:"进水定侵香案湿";魏禹卿辨云:"定水进侵。"又

"桃源面面绝风尘",陈可一辨云:"桃源西面,正对柳市南头";邓泰素尝云:曾见古本唐诗"满树枇杷冬着青","满树"作"满寺";"二水中分白鹭洲","二水"作"一水"。"云想衣裳花想容",蔡端明书作"叶想衣裳";刘后村以为笔误;或云,叶字正与牡丹稳贴。愚意"云"字更趣。杜裳《华清宫诗》:"行江尽南数十程,晓风残月入华清;朝元阁上西风急,都入长杨作雨声。"连用二"风"字,瞿宗吉诗话云:向见善本,作"晓乘残月入华清",殊妙。坚瓠补集卷二诗字辨

周长卿(元)曰:古人好词,即一字未易弹改,子瞻"绿水人家绕",别本"绕"作"晓",为《古今词话》所赏;愚谓绕字虽平,然是实境,晓字无归著,试通咏全章便见。少游"斜阳暮",后人妄肆批评,托名山谷,《淮海集》辨之详矣。又有人亲在郴州见石刻,是"斜阳树",树字甚佳,犹未若暮字。至苕溪渔隐记耆卿"鳌山彩结",结改作缔,益佳;不知何佳也。若子瞻"低绣户",低改窥则善矣。词苑丛谈卷一

三　改易之例之得者(无甚得失者附)

夏四月辛卯夜,恒星不见;夜中星霣如雨。……如雨者何?如雨省,非雨也。非雨则曷为谓之如雨?不修《春秋》曰:"雨星,不及地尺而复",君子修之曰:"星霣如雨。"公羊传庄公七年

　　按君子谓孔子。《论衡・艺增篇》云:"夫星陨(同霣)或时至地,或时不能,丈尺之数难审也。史记(谓未修之《春秋》)言尺,亦以太甚矣。夫地有楼台山陵,安得言尺?孔子言如雨,得其实矣。"

孔子修《春秋》,鲁史旧文不可见,故无从参校圣人笔削之处。今以《汲冢纪年》书考之,其书鲁隐公及邾庄公盟姑蔑,即《春秋》

"公及邾仪父盟于蔑"也。书晋献公会虞师伐虢,灭下阳,即《春秋》"虞师晋师灭夏阳"也。据此,可见当时国史,其文法大概本与《春秋》相似,孔子特酌易数字,以寓褒贬耳。杜预所谓推此可以知古者国史策书之常也,而孔子删订《春秋》之处,亦即此可见。又鲁庄公七年,星霣如雨。《公羊传》谓原本乃"雨星不及地尺而复",孔子修《春秋》,改曰:"星霣如雨",是亦可见圣人改削之迹。陔余丛考卷二春秋底本

孔子侍坐于季孙,季孙之宰通曰:"君使人假马,其与之乎?"孔子曰:"吾闻君取于臣谓之取,不曰假。"季孙悟,告宰通曰:"今以往,君有取谓之取,无曰假!"孔子曰:"正假马之言,而君臣之义定矣。"韩诗外传卷五

志云:"《史记》成公十六年,公会诸侯于周。"案成公者,即鲁侯也。班氏凡说鲁之某公,皆以《春秋》为冠。何则?《春秋》者,鲁史之号,言《春秋》则知公是鲁君,今引《史记》居先,成公在下,书非鲁史,而公舍鲁名,胶柱不移,守株何甚!史通汉书五行志错误

按《史记》二字,易以《春秋》可也。又刘氏摘举《五行志》错误甚繁,此特录其一例;至此条之误,尚不止此。浦起龙《通释》言之颇详,然不在修辞范围之内,故从省。

《大聚篇》:"水性归下,农民归利。"念孙案:此本作"水性归下,民性归利"。"民性"与"水性"对文,"民"字总承上文士农商贾而言,非专指农民而言。今本作"农民"者,即涉上"农民归之"而误。《玉海》六十引此,正作"民性归利"。读书杂志逸周书

《赵世家》:"故礼也不必一道,而便国不必古。"念孙案:此当依《赵策》作:"理世不必一道,(今本《赵策》理亦讹作礼;姚本云:一作理。)而便国不必法古。"理世,治世也;不必法古,即承上文"何古之法"而言。《商君传》云:"治世不一道,便国不法古。"今

本"理世"讹作"礼也",(隶书"世""也"相似。)古上又脱法字,则文不成义。读书杂志史记

《齐策》:"大冠若箕,修剑拄颐,攻狄不能下,垒枯邱。"……念孙案:此当从《说苑》,作"攻狄不下,垒于梧邱"于文为顺,于义为长。(今本《说苑》作"攻狄不能下","能"字亦后人据《齐策》加之。一本引《说苑》无"能"字者是。)《北堂书钞》引《策》文正与《说苑》同。今《策》文作"攻狄不能下","能"字因上文"将军攻狄不能下"而误衍耳。读书杂志战国策

《性恶篇》曰:"今人之性,生而有好利焉,顺是,故争夺生而辞让亡焉;生而有疾恶焉,顺是,故残贼生而忠信亡焉;生而有耳目之欲,有好声色焉,顺是,故淫乱生而文理亡焉。然则从人之性,顺人之情,必出于争夺,合于犯分乱理而归于暴。故必有师法之化,礼义之道,然后出于辞让,合于文理而归于治。"俞樾曰:犯分当作犯文,此本以文理相对。上文曰:"顺是故淫乱生而礼义文理亡焉",下文曰:"合于文理而归于治",并其证也。合于犯文乱理,与合于文理正相对成义。今作犯分,则与下文不合矣。当由后人习闻犯分,罕闻犯文,而误改之耳。诸子平议荀子

按以上王俞二氏改字,本属校订范围;然由此亦颇可领悟修辞之功。故摘举数则以示例。

《高祖纪》云:"父老皆曰,平生所闻刘季诸珍怪当贵。"珍字不安。《汉书》改为奇,是矣。潭南遗老集史记辨惑

太公家令云:"高祖虽子,人主也。"是时未有"高祖"号,刘子玄辨之,诚中其病。《汉书》改为"皇帝",是矣。潭南遗老集史记辨惑

《张耳陈余列传》:"今王事高祖甚恭。"此与下"高祖"二字俱误,当从《汉书》作"皇帝"。义门读书记史记

按《朱子语类》云:"《史记》亦疑当时不曾删改脱稿,《高

祖纪》记太公处称高祖,此样处甚多。高祖未崩,安得高祖之号?《汉书》尽改之矣。"黄本骥《痴学》卷四《读史笔得》云:"《史记》家令说太上皇曰:'高祖虽子,人主也。'又张敖曰:'秋毫,皆高祖力也。'夫易名之典,加于身后,高祖现存,遽呼以谥,此史公载笔之疏处。班书改曰'皇帝虽子,人主也。''秋毫,皆帝力也。'最为精审。"又云:"《左传》称'陈桓公方有宠于王',出自石碏之口,及《史记·田氏世家》'归乎田成子',出自齐人之歌,皆有所未喻。"可与上二则参证。

汉淮南厉王死,民作歌以讽文帝曰:"一尺布,尚可缝;一斗粟,尚可舂;兄弟二人不相容。"此《史》《汉》所书也。高诱作《鸿烈解》序,及许叔重注文,其辞乃云:"一尺缯,好童童;一升粟,饱蓬蓬;兄弟二人不相容。"殊为不同,后人但引尺布斗粟之喻耳。容斋续笔卷七淮南王

按高许所引歌,好童童,饱蓬蓬,为方俗形容之言;疑为本辞。尚可缝,尚可舂,其语较雅正,而意尤明白,盖《史》《汉》所润色也。

司马迁《自序传》云:"为太史七年,而遭李陵之祸,幽于缧绁,乃喟然而叹曰,'是予之罪也,身废不用矣'!"自叙如此,何其略哉!夫云遭李陵之祸,幽于缧绁者,乍似同陵陷没以置于刑;又似为陵所间获罪于国,遂令读者难得而详。赖班固载其与任安书,书中具述被刑所以;倘无此录,何以克明其事者乎?史通杂说上

按浦起龙曰:"七年而遭句,若刊云'七年而以讼李陵获罪',则事由便明。"浦氏所改甚是,可以正子长史笔之率。

《汉书》载子长与任少卿书,历说自古述作,皆因患而起,末云:"不韦迁蜀,世传《吕览》。"案吕氏之修撰也,广招俊客,比迹春陵,共集异闻,拟书荀孟,思刊一字,购以千金,则当时宣布,为日久

矣,岂以迁蜀之后方始传乎?且必以身既流移,书方见重,则又非关作者本因发愤著书之义也;而辄引以自喻,岂其伦乎!若要多举故事,成其博学,何不云:"虞卿穷愁,著书八篇";而曰"不韦迁蜀,世传《吕览》"?斯盖识有不该,思之未审耳。史通杂说篇上

汉武帝元朔三年诏曰:"夫刑罚所以防奸也,内长文所以见爱也,以百姓之未洽于教化,朕嘉与士大夫日新厥业,祗而不懈,其赦天下!"内长文之语了不可解。张晏曰:"长文,长文德也。"师古曰:"诏言有文德者,即亲内而崇长之,所以见仁爱之道;见谓显示也。"颜氏之说,虽比张晏为详;然终不能服人意。许少伊右丞言:往读江南旧本,乃以内为而,文为史,传写之误,容或有此,而其义通矣。近见一士人言:前辈校正本,乃以内为而,长为肆,文为赦,所以见爱于其下,文尤为贯穿;但改字太多,不知果有所据否。欧阳公云:"读书有不通,因改易本文而傅会之,最为解经者之弊。"此言盖讥郑氏也。近世学者多或不免于此。南窗纪录

按据最后说,诏文前二句当作:"夫刑罚所以防奸也,而肆赦所以见爱也。"王念孙《读书杂志》曰:"内长文作'而肆赦',虽无明据,而于上下文义甚合。下文云:'其赦天下!'可证也。'而'与'内','肆'与'长','赦'与'文'皆字形相近而误。"

又按宋嘉定间刘昌诗《芦浦笔记》卷二云:"鲁氏(子明)《自备》载章子厚家藏古本《汉书》,'内长文'乃'而肆赦'。盖而讹为内,肆赦皆缺偏傍,而为长文。诏云:'其赦天下',意甚明白。"

赞曰:"二班怀文,裁成帝坟。"李贤注云:沈约《宋书》曰:"初谢俨作此赞云:'裁成典坟',以示范晔,晔改为'帝坟'。"后汉书班彪传并注

吴雄之葬,医巫皆言族灭。此亦文之病也。彼"巫医"何预葬事,亦谓之"墓师"可也。珩璜新论

按吴雄为后汉顺帝时人,少时葬母,不择地,不问时日,医巫皆言当族灭而雄不顾。详见《后汉书·郭躬传》。宋刘敞谓"卜葬何关医事,明衍"。与孔氏说可相参证。

左太冲《招隐诗》:"白云停阴冈。""云"字当从宋本作"雪"为更佳。义门读书记文选

潘岳《西征赋》:"匪祸降之自天。"何义门编修移为"降祸",遂觉意与句法增重。援鹑堂笔记卷四十四方东树按语

庾阐始作《扬都赋》,道温庾云:"温挺义之标,庾作民之望。方响则金声,比德则玉亮。"庾公闻赋成求看,兼赠贶之。阐更改望为俊,以亮为润云。世说新语卷二文学

按庾公名亮,阐改亮为润,所以避讳;俊则与润相协也。

古辞:"鸡鸣高树巅,狗吠深宫中;(见《宋书·乐志》三)陶渊明《归田园诗》二句仿此,唯改高为桑,宫为巷。困学纪闻卷十八评诗

按全祖望云:"改'巷'字句便佳。"

陶渊明《归去来辞》云:"既窈窕以寻壑",《晋书》《南史》并作"穷"。援鹑堂笔记卷三十九文选三

按方东树曰:"作穷者是,寻字常语,无力。"

自魏梁和好,书下纸每云:"想彼境内宁静,此率土安和";梁后使其书乃去彼字,自称犹著此,欲示无外之意。收定报书云:"想境内清宴,今万国安和。"梁人复书,依以为体。北齐书魏收传

嵩,开元初权中书舍人,崔琳、王丘、齐澣以嵩少学术,不以辈行许也。独姚崇称其远到。帝欲相苏颋,尝夜密召嵩草诏,其词曰:"国之瑰宝。"帝曰:"朕不欲斥其父名,卿当为刊削",沉思久之,乃曰:"国之珍宝。"唐诗纪事卷十四萧嵩

按颋父名瑰。

《漫叟诗话》云:"桃花细逐杨花落,黄鸟时兼白鸟飞。"李商老云:尝见徐师川,说,一士大夫家,有老杜墨迹,其初云:"桃花欲共杨花语",自以淡墨改三字,乃知古人字不厌改也。不然,何以有日锻月炼之语? <u>渔隐丛话前集卷八杜少陵三</u>

"中兴诸将收山东,捷书夜报清昼同。"夜字从王介甫,谓捷书昼夜至也。旧作日,今不取。<u>诗话总龟后集卷十八正讹门引杜诗正异</u>

"树枝有鸟乱栖时,暝色无人独归客。"栖字从一作。正文作鸣,今不取。言乱栖,则鸣可知矣。<u>诗话总龟后集卷十八正讹门引杜诗正异</u>

  按《义门读书记》云,当作鸣字,盖日已暝,但闻鸣噪,而知枝间皆鸟也。作栖则复"有"字,(言与有字意犯复)亦是死句;下暝色二字接得不生动矣。说颇成理,存参。

杜诗:"大家东征逐子回。"刘须溪曰:"逐字不佳。"余思之,杜诗无一字无来处,所以佳;此逐字无来处,所以不佳也,今称人之母随子就养曰逐子,可乎?然亦未有他好字易之,近有语余以将字易之。《诗》云:"不遑将母",盖反言见义。……为文富于万篇,贫于一字,其难如此。古乐府有"一母将九雏"之句,则"将"字甚惬当,试与知者订之。<u>丹铅总录卷二十六璅语类</u>

颜延年《赭白马赋》:"戒出豕之败驾,惕飞鸟之跱衡。""出"字不如"突"字。杜子美诗:"大家东征逐子回","逐"字不如"将"字。白居易诗:"千呼万唤始出来","始"字不如"才"字。诗文有作者未工,而后人改定者胜,如此类多有之。使作者复生,亦必心服也。<u>丹铅总录卷十八诗话类赋用字</u>

晁以道家,有宋子京手书杜少陵诗一卷,如"握节汉臣归",乃是"秃节汉臣归";"新炊间黄粱",乃是"新炊闻黄粱"。以道跋云:"前辈见书自多,不如晚生少年但以印本为正也。"不知宋氏家

藏为何本,使得尽见之,想其所补亦多矣。竹坡诗话卷二

按《义门读书记》云:"宋子京书作'闻黄粱',非常生动。"

杜诗善本胜者,如"把君诗过目",作"把君诗过日";"愁对寒云雪满山",作"愁对寒云白满山";"关山同一照",作"关山同一点";"娟娟戏蝶过闲幔",作"娟娟戏蝶过开幔";"曾闪朱旗北斗闲",作"曾闪朱旗北斗殷";"只缘贫病人须弃",作"不知贫病关何事";"握节汉臣回",作"秃节汉臣回";"新炊间黄粱",作"新炊闻黄粱"。艺苑卮言卷四

史思明本不识文字,忽然好吟诗;每就一章,必驿宣示,皆可绝倒。尝欲以樱桃赐其子朝义及周贽,以彩笺敕左右书之,曰:"樱桃一笼子,一半赤,一半黄,一半与怀王,一半与周贽。"小吏龙谭进曰:"请改为一半与周贽,一半与怀王,则声韵相协。"思明曰:"韵是何物,岂可以我儿在周贽之下?"安禄山事迹卷下

按此事近人尝述之以诮白话诗之不协韵。盖倒文趁韵,苟无悖于事理,实为旧诗修词之一法。思明诗既不佳,而乃徒争无谓之名分于字句先后之间;不成其为诗,第足以发众人之一噱耳。

又按《安禄山事迹》载有史思明《题石榴诗》云:"三月四月红花里,五月六月瓶子里,作刀割破,六七千个赤男女。"并云:"郡国传写,置之邮亭。"此与樱桃诗,并贻笑千古也。

安禄山败,史思明继逆,至东都,遇樱桃熟,其子在河北,欲寄遗之,因作诗同去,诗云:"樱桃一笼子,半已赤,半已黄,一半与怀王,一半与周至。"诗成,左右赞美,皆曰:"明公此诗大佳;若能言一半周至,一半怀王,即与黄字声势稍稳。"思明大怒,曰:"我儿岂可居周至下!"……思明子伪封怀王,周至即其傅也。太平广记四百九

十五杂录类引芝田录

　　按宋叶梦得《避暑录话》亦载此事,惟文字稍异,史思明误作安禄山。今从略。

　　《唐音遗响》所载任翻《题台州寺壁》诗曰:"前峰月照一江水,僧在翠微开竹房。"既去,有观者取笔改一字为半字。翻行数十里,乃得半字,亟回欲易之,则见所改字,因叹曰:"台州有人。"闻之王古直云。怀麓堂诗话

　　《诗话类编》:……唐高适官两浙观察使,过杭之清风岭,题诗云:"绝顶秋风已自凉,鹤翻松露滴衣裳。前山月落一江水,僧在翠微开竹房。"至台州,事竣,复登僧房,欲改为半江。僧言:"月前有一官过此,称诗佳矣,但一字不如半字。"适惊闻何人,僧曰:"义乌骆宾王也。"勿论二人之世远不相及,此诗乃晚唐任翻《巾子山寺诗》,非达夫作。……香祖笔记卷五

　　诗在与人商论,深求其疵而去之。等闲一字放过则不可,殆近法家,难以言恕矣。故谓之诗律。东坡云:"敢将诗律斗深严。"予亦云:"诗律伤严近寡恩。"大凡立意之初,必有难易二涂,学者不能强所劣,往往舍难而趋易;文章罕工,每坐此也。作诗自有稳当字,第思之未到耳。皎然以诗名于唐,有僧袖诗谒之,然指其《御沟》诗云:"此波涵圣泽,'波'字未妥,当改。"僧怫然作色而去。僧亦能诗者也。然度其去必复来,乃取笔作"中"字掌中,握之以待。僧果复来云:"欲更为'中'字,如何?"然展手示之,遂定交。要当如此乃是。唐子西文录

　　按《唐诗纪事》以此事为王贞白与贯休事,见后。

　　耿沨《赠田家翁诗》:"蚕屋朝寒闭,田家昼雨闲",此写出村居景象;但上句语拙,朝昼二字合掌,若作"田家闲昼雨,蚕屋闭春寒",亦是王孟手段。四溟诗话卷一

按即仍耿句,但改朝为春亦佳。

《林下诗谈》:贞元中,周存性喜放生,尝放一鲤鱼,因戏为诗,极佳,陆贽称之。结句云:"倘若成龙去,还施润物功";后入试,试题为"白云向空尽",诗既成,苦于无结;忽忆鲤鱼诗,因改"成"字为"从"字云:"倘若从龙去,还施润物功";主司大赏,遂得通籍。坚瓠七集卷一放生获隽

《史记》言四皓定太子事云:"留侯本招此四人之力。"当作"本留侯"。石庆数马事云:"犹然如此。"当作"然犹"。《通鉴》称苻坚喜王猛诛诸豪强云:"吾始今知天下之有法。"当作"今始"。郭从谨言于唐明皇云:"草野之臣,必知有今日。"当作"知必"。德宗闻李泌补戍卒之说云:"如此天下复无事矣。"当作"无复"。权德舆论光武封子密事云:"反乃爵以通侯。"当作"乃反"。滹南遗老集谬误杂辨

予客长安,蓝田水坏一墓,得退之自书《薛助教志》石,校印本殊不同;印本"挟一矢",石本乃"指一矢"为妙语。……又得退之《李元宾墓铭》,段季展书,校印本,无友人博陵崔宏礼卖马葬国东门之外七里之事;又印本铭云:"已乎元宾,文高乎当世,行过乎古人,竟何为哉?"石本乃"意何为哉"!益叹石本之语妙。欧阳氏已下好韩氏学者,皆未见之也。闻见后录卷十四

按《滹南遗老集·文辨》尝引《闻见后录》云云而论之曰:"予谓'指'字太做造,不若'挟'之自然。'意'字尤无义理,亦只当作'竟'。邵氏之许,殊未当也。茆荆产云:'碑本盖初作时遂刻之。中间或有未安;他日自加点定,未可知也。若初本不同,当择其善者取之,不必专以石刻为正。'此说尽矣。"其言亦颇成理。参阅后《归田琐记》记《赤壁赋》字异同所附姚鼐说。

"嗟盘之乐兮,乐且无殃",樊本作殃,方氏从洪校石本作央。朱子曰:"作殃于义为得。"愚按作央者是,作殃非也。《楚辞·离骚经》:"时亦犹其未央。"王注曰:"央,尽也。"《九歌》:"烂昭兮未央。"注曰:"央,已也。"尽与已同义,然则无央犹言无已也,无尽也。朱子未达古语,故从作殃之本耳。俞楼杂纂卷二十六读昌黎先生集

《潮州刺史谢上表》:"瞻望宸极,魂神飞去。"旧注:"去或作迭,非是。"愚按:魂神飞去,语意殊轻,与通体不称。疑本作魂神飞佚。佚与逸通,飞佚即飞逸也。迭即佚字之误。其《贺册尊号表》曰:"瞻望宸极,心魂飞扬。"飞逸飞扬,语意正相近。俞楼杂纂卷二十六读昌黎先生集

贾岛(字浪仙)……初赴名场日,常轻于先辈;以八百举子所业,悉不如己,自是往往独语,傍若无人。或闹市高吟,或长衢啸傲。忽一日于驴上吟得"鸟宿池中树,僧敲月下门",初欲著"推"字,或欲著"敲"字,炼之未定,遂于驴上作推字手势,又作敲字手势,不觉行半坊,过者讶之,岛似不见。时韩吏部(愈)权京尹,意气清严,威镇紫陌,经第三对呵唱,岛但手势未已;俄为官者推下驴,拥至尹前,岛方觉悟,顾问,欲责之。岛具对:"偶得一联,吟其一字未定,神游诗府,致冲大官,非敢取尤,希垂玉鉴!"韩立马良久思之,谓岛曰:"作'敲'字佳矣。"遂与岛并辔语笑,同入府署,共论诗道不厌,因与岛为布衣之交。鉴戒录八贾忤旨

按此事宋以来人多喜述之,其辞互有详略,而大旨无异。今选三则,以资比较。并录贾岛《题李凝幽居》诗全首于后,其辞云:"闲居少邻并,草径入荒园。鸟宿池边(一本作中)树,僧敲月下门。过桥分野色,移石动云根,暂去还来此,幽期不负言。"

贾岛初赴举在京师,一日于驴上得句云:"鸟宿池中树,僧敲

月下门。"又欲作推字,炼之未定,于驴上吟哦,引手作推敲之势,观者讶之。时韩退之权京兆尹,车骑方出,岛不觉行至第三节,尚为手势未已;俄为左右拥至尹前,岛具对所得诗句,推字与敲字未定,神游象外,不知回避。退之立马久之,谓岛曰:"敲字佳。"遂并辔而归,共论诗道,留连累日,因与岛为布衣之交。诗话总龟卷十一苦吟门引唐宋遗史

贾岛赴举至京,骑驴赋诗,得"僧推月下门"之句,欲改推为敲,引手作推敲之势,未决,不觉冲大尹韩愈,乃具言。愈曰:"敲字佳矣。"遂并辔论诗久之。唐诗纪事卷四十贾岛

附录一　清王夫之《姜斋诗话》一则

僧敲月下门,只是妄想揣摩,如说他人梦;纵令形容酷似,何尝毫发关心。知然者以其沉吟推敲二字,就他作想也。若即景会心,则或推或敲,必居其一;因景因情,自然灵妙;何劳拟议哉?"长河落日圆",初无定景;"隔水问樵夫",初非想得,则禅家所谓现量也。

附录二　宋阮一阅《诗话总龟后集》卷二十四《用字门》引《丹扬集》一则

贾岛携新文诗谒韩愈云:"青竹未生翼,一步万里道;安得西北风,身愿变蓬草!"可见急于求师;愈赠诗云:"家住幽都远,未诚气先感;来寻吾何能,无殊嗜昌歜。"可见谦于授业。此皆岛未儒服之时也。洎愈教岛为文,遂弃浮屠,举进士。《摭言》载岛初赴名场,于驴上得"鸟宿池中树,僧敲月下门";遇权京尹韩吏部呵喝而不觉,洎拥至马前,曰:"欲作敲字,又欲作推字;神游诗府,致冲大官。"愈曰:"作敲字佳矣。"

是时岛识韩已久矣,使未相识,愈岂肯教其作敲字耶?

刘梦得《儆舟》云:"晋宣尸居魏臣怠。"阎按:"《晋宣帝纪》,李胜来候疾,退告曹爽曰:'司马公尸居余气,形神已离,不足虑也',故爽等不为设备。"何云:"晋宣于时,亦魏臣也,韩柳必无此。"全云:"马懿尸居曹爽怠。"困学纪闻卷十七评文并注

按阎名若璩,何名焯,全名祖望。全改刘诗晋宣为马懿,魏臣为曹爽,于辞乃顺。

鲁直诗有题扇"草色青青柳色黄"一首,唐人贾至赵嘏诗中皆有之,山谷盖偶书扇上耳。至诗中作"吹愁去",嘏诗中作"吹愁却","却"字为是。盖唐人语,犹云吹却愁也。老学庵笔记卷四

崔护《题城南》诗,其始曰:"去年今日此门中,人面桃花相映红。人面不知何处去,桃花依旧笑春风。"后以其意未全,语未工,改第三句曰:"人面只今何处在?"至今所传此两本,唯《本事诗》作"只今何处在"。唐人工诗,大率多如此,虽有两今字,不恤也;取其意为主耳。后人以其有两"今"字,只多行前篇。梦溪笔谈卷十四艺文一

按《诗话总龟》卷五《评论门》亦载此事而无后三语;惟"至今所传此两本"句之"此"作"有",较适。

《陈辅之诗话》云:《旧唐史》柳公权应制联句:"薰风自南来,殿阁生微凉。"然当暑居广殿高阁,南风之来,不止微凉而已。《新史》易曰:"殿楠生余凉。"盖屈楠丛橡,受风劲快,此两字有功于修词也。渔隐丛话前集卷三十八东坡一

秀水李竹懒(日华)曰:江为诗:"竹影横斜水清浅,桂香浮动月黄昏";林君复改二字为疏影暗香以咏梅,遂成千古绝调;所谓点铁成金也。寒厅诗话

上书郑谷《雪诗》为扇赐禁近,"乱飘僧舍茶烟湿",改云"轻飘

僧舍茶烟湿";云禁中讳危乱字,宫中皆不敢道着。晁氏客语

按宋绍熙间周辉《清波杂志》卷二载此事,以"上"为哲宗。并云:表章所用字,有合回互处,若危乱倾覆之类。苏明允作《权书》,欧阳公大奇之,为改中所用"崩""乱"十余字,奏于朝。与此事正相似。又按欧改苏《权书》中"崩""乱"字事,亦见《孙公谈圃》卷上。

贞白,唐末大播诗名,《御沟》为卷首,云:"一派御沟水,绿槐相荫清。此波涵帝泽,无处濯尘缨。鸟道来虽险,龙池到自平。朝宗心本切,愿向急流倾。"自谓冠绝无瑕,呈僧贯休。休曰:"甚好,只是剩一字。"贞白扬袂而去。休曰:"此公思敏",书一字于掌中。逡巡,贞白回,忻然曰:"已得一字,云:'此中涵帝泽。'"休将掌中字示之,正同。唐诗纪事卷六十七王贞白

按《诗话总龟》卷十一《雅什门》下引《青琐后集》,亦载此事,惟贞白作正白。又《渔隐丛话》前集卷八《杜少陵》三引《唐子西语录》谓为唐僧与皎然事,《郡阁雅谈》则云为王贞白与贯休事,并按云:"二说不同,未知孰是。"参阅前《唐子西文录》。

李建州频与方处士干为吟友。频有《题四皓庙诗》,自言奇绝,云:"东西南北人,高迹此(一作自)相亲。天下已归汉,山中犹避秦。龙楼曾作客,鹤氅不为臣。独有千年后,青青庙木春。"示于干。笑而言:善则善矣,然内有二字未稳。"作"字太粗而难换,"为"字甚不当。干闻率土之滨,莫非王臣,请改作"称"字。频降伏,而且惭悔前言之失,……遂拜为一字之师。葆光录卷一

僧齐己往袁州谒郑谷,献诗曰:"高名喧省闼,雅颂出吾唐。叠巘供秋望,飞云到夕阳。自封修药院,别下着僧床。几话中朝事,久离鸳鹭行。"谷览之云:"请改一字,方得相见。"经数日再谒,

称已改得,诗云:"别扫着僧床。"谷嘉赏,结为诗友。诗话总龟卷十一苦吟门引郡阁雅谈

张迥少年苦吟,未有所得,梦五色云自天而下,取一团吞之,遂精雅道,有寄远诗曰:"锦字凭谁达?闲庭草又枯。夜长灯影灭,天远雁声孤,蝉鬓凋将尽,虬髯白也无?几回愁不语,因看朔方图。"携卷谒己,(僧齐己)点头吟讽无斁,为改"虬髯黑在无",迥遂拜作一字师。诗话总龟卷六评论门引郡阁雅谈

　　按《鼠璞》卷上引《南唐野史》亦载此事,而文较简。张迥之"迥"或作"逈",未知孰是。

初授(张灿)监察御史命词云:"前件官澄之不清,挠之不浊",……冯瀛王(道)于官告上改一字云:"澄之必清。"……曰:"此官已有清白,岂合言澄之不清乎?"洛阳搢绅旧闻记卷五张大监正直

杨大年为学士时,草答契丹书云:"邻壤交欢",进草既入,真宗自注其侧曰:"朽壤""鼠壤""粪壤"。大年遽改为"邻境"。归田录卷一

附录　清袁枚《随园诗话》卷四一则

诗文用字,有意同而字面整碎不同,……杨文公撰宋主与契丹书,有"邻壤交欢"四字。真宗用笔旁抹此云:"鼠壤""粪壤"。杨公改邻壤为"境",真宗乃悦。此改碎为整也。

《陈辅之诗话》云:萧楚才知溧阳县时,张乖崖作牧,一日,召食,见公几案有一绝云:"独恨太平无一事,江南闲杀老尚书。"萧改"恨"作"幸"字。公出视稿,曰:"谁改吾诗?"左右以实对。萧曰:"与公全身。公功高位重,奸人侧目之秋;且天下一统,公独恨太平何也!"公曰:"萧,弟一字之师也。"渔隐丛话前集卷二十五张乖崖

　　按《鼠璞》卷上引《陈辅之诗话》载此事,较略。

范文正公守桐庐,始于钓台建严先生祠堂,自为记;……其歌词云:"云山苍苍,江水泱泱,先生之德,山高水长。"既成,以示南丰李泰伯;泰伯读之,三叹味不已,起而言曰:"公之文一出,必将名世,某妄意辄易一字,以成盛美。"公瞿然握手扣之。答曰:"云山江水之语,于义甚大,于词甚溥,而'德'字承之,乃似趑趄;拟换作'风'字如何?"公凝坐颔首,殆欲下拜。容斋五笔卷五严先生祠堂记

按《宋史·儒林传》:李觏,字泰伯,南城人。与范文正公同时。著有《盱江集》。当即此人。此云南丰人,似误。趑趄,促小貌。又按袁枚《随园诗话》尝述此事而断之曰:"此改死为活也。"近人来裕恂《汉文典》云:"文之不善,由于字之不当,其法在改。昔范文正作《严先生祠堂记》,李太伯在坐间,曰:'先生之德,不如以风字代之。'盖太伯因上有贪夫廉,懦夫立。故悟到《孟子》伯夷之风。"

范文正有采茶歌,天下共传。蔡君谟谓希文:"公歌脍炙人口,有少未完;盖公才气豪杰,失于少思。"希文曰:"何以言之?"谟曰:"昔茶句云:'黄金碾畔绿尘飞,碧玉瓯中翠涛起。'今茶之绝品,其色贵白;翠绿乃茶之下者耳。"希文曰:"君善鉴茶者也,此中吾语之病也。公意如何?"君谟曰:"欲革公诗二字,非敢有加焉。"公曰:"革何字?"君谟曰:"翠绿二字。可云'黄金碾畔玉尘飞,碧玉瓯中素涛起'。"希文曰:"善!"又见君谟之精茶,希文之伏于义。诗话总龟卷八评论门四引青琐集

欧公文字,亦多是修改到妙处,顷有人买—作见得他《醉翁亭记》稿,初说滁州四面有山,凡数十字;末后改定,只曰"环滁皆山也"五字而已。朱子语类论文

按《语类》本条上曰:"作文自有稳字,古之能文者,才用便用着这样字;如今不免去修改。"

欧阳文忠公《樊侯庙灾记》真稿,旧存余家,其中改窜数处:如"立军功"三字,稿但曰"起家";"平生"曰"生平";"振目"曰"瞋目";"勇力"曰"威武";"雄武"曰"英勇";"生能万人敌,死不能庇一躬",曰"生能聋喑哑叱咤之主,死不能保束草附土之形";"有司"曰"残暴";后"喑呜叱咤"四字无,第曰"使风驰电击,凭此咆哮",凡定二十三字,书亦遒劲。枫窗小牍卷下

百工治器,必几经转换,而后器成;我辈作文,亦必几经删润,而后文成。其理一也。闻欧阳文忠作《昼锦堂记》,原稿首两句是仕宦至将相,富贵归故乡,再四改订,乃添两"而"字。作《醉翁亭记》,原稿起处有数十字,粘之卧内,到后来只得环滁皆山也五字。其平生为文都是如此。甚至有不存原稿一字者。近闻吾乡朱梅崖先生每一文成,必粘稿于壁,逐日熟视,辄去十余字,旬日以后,至万无可去,而后脱稿示人,皆后学所当取法也。退庵随笔卷十九学文

附录 宋黎靖德《朱子语类·论文》上一则

钦夫文字不甚改,改后往往反不好。亚夫曰:"欧公文字愈改愈好。"曰:"亦有改不尽处。如《五代史·宦者传》末句云:然不可不戒。当时必有载张承业等事在此,故曰:'然不可不戒。'后既不欲载之于此,而移之于后,则此句当偶忘削去故也。"

刘辉小赋有"内积安行之德,盖禀于天"。公以"积"近于"学",改为"蕴"。人莫不以公为知言。梦溪笔谈卷九艺文

按刘煇为刘几之易名,宋嘉祐中士人。公谓欧阳修。

东坡有曰:"诗赋有以一字见工拙",诚哉是言!尝记前辈说:欧公柄文衡,出《尧舜性仁赋》,取刘煇天下第一。首联句曰:"世陶极治之风,虽稽于古;内积安行之德,盖秉于天。"刘来谒谢,颇

自矜。公虽喜之，而嫌其"积"字不是性，为改作"蕴"。刘顿骇服。
示儿编卷八赋以一字见工夫

按煇与辉通。尧舜性仁之"仁"字，疑为"之"字之误。

夏英公辞奉使表略云："顷岁先人，没于行阵；春初母氏，始弃孤遗。义不戴天，难下单于之拜；哀深陟岵，忍闻《禁侏》之音。"不拜单于，用郑众事。而《公羊》谓夷乐曰《禁侏》。此生事对熟事格也。后永叔作《归田录》，改云："义不戴天，难下穹庐之拜；情深陟岵，忍闻夷乐之声。"四六话卷上

按改《禁侏》为夷乐，是改生为熟。夏英公，名竦。永叔，欧阳修之字。

欧阳修《岘山亭记》云："岘山临汉上，望之隐然，盖诸山之小者；而其名特著于荆州者，岂非以其人哉？其人谓谁，羊祜叔子、杜预元凯是已。方晋与吴以兵争，常倚荆州以为重，而二子相继于此，遂以平吴而成晋业，其功烈已盖于当世矣。……"注曰："欧公此文，神韵缥缈，如所谓吸风饮露，蝉蜕尘壒者，绝世之文也。而其人谓谁二句，则实近俗调，为文之颣。刘海峰欲删此二句，而易下'二子相继于此'为'羊叔子、杜元凯相继于此'。"古文辞类纂杂记类四

欧公在政府日，台官以闱阃诬讪之。公上章力乞辨明。神宗手赐公曰："……前日见卿文字，要辨明，遂自引过。今日已令降出，仍出榜朝堂，使中外知其虚妄。事理既明，人疑亦塞，卿宜直起视事如初，毋恤前言！"又涂去"塞"字，改作"释"字。宸翰今藏公家。独醒杂志卷八

《西清诗话》云：二宋俱为晏元献殊门下士，兄弟虽甚贵显，为文必手抄寄公，恳求雕润。尝见景文寄公书曰："莒公兄赴镇圃田同游西池作诗云：'长杨猎罢寒熊吼，太一波闲瑞鹄飞'，语意惊（疑当作警）绝，因作一联云：'白雪久残梁复道，黄头闲守汉楼

船',仍注'空'字于'闲'之傍,批云:二字未定,更望指示。"晏公书其尾曰:"空优于闲,且见虽有船不御之意;又字好语健。"盖前辈务求博约,情实纯至,盖如此也。渔隐丛话前集卷二十六宋莒公

《河间王孝恭传》,《旧书》孝恭破降萧铣,高祖大悦,使画工图其貌而视之。案孝恭乃高祖从子,岂不相识,而欲图其貌乎?《新书》则云:"诏图破铣之状以进。"二十二史札记卷十八新书改旧书文义处

《长孙顺德传》,《旧书》顺德坐事免,发疾,太宗鄙之曰:"顺德无慷慨之节,多儿女之情。今有疾,何足问也!"语殊无来历。《新书》谓顺德因丧女感疾,帝谓其无刚气,以儿女牵爱。二十二史札记卷十八新书改旧书文义处

《马总传》:"李师道平,析郓曹濮等为一道,除总节度,赐号天平军。长庆初,刘总上幽镇地,诏总徙天平,而召总还,将大用之。会总卒,穆宗以郓人附赖总,复召还镇。"上云"诏总徙天平",刘总也。下云"诏总还",马总也。又云"会总卒",刘总也。又云"郓人附赖总",马总也。此于人之宾主,字之繁省,皆有所不当。当云"诏徙天平"而去"总"字,于其下则云"会刘总卒",于文无加,而义明矣。日知录卷二十六

> 按依顾改当作"……刘总上幽镇地,诏徙天平,而召总(马总)还,将大用之。会刘总卒,穆宗以郓人附赖总,复召还镇。"盖传为马总作,仅书其名可也;于刘总则应兼书其姓。《马总传》见《新唐书》卷一百六十三。

吾乡有孟渎河,通大江,唐元和中常州刺史孟简所浚,州人德之,因名孟渎。今考《新唐书》本传:"州有孟渎久淤,简治导,溉田凡四千顷。"书法非是。当云:"州北有渎久淤,简治导,溉田凡四千顷,州人遂名为孟渎,"方得其实。盖汉《沟洫志》称郑渠、白渠,事后称之,即其例也。晓读书斋初录卷下

荆公素轻沈文通,以为寡学,故赠之诗曰:"翛然一榻枕书卧,直到日斜骑马归。"及作文通墓志,遂云:"公虽不常读书。"或规之曰:"渠乃状元,此语得无过乎?"乃改"读书"作"视书"。老学庵笔记卷一

王荆公绝句云:"京口瓜洲一水间,钟山只隔数重山。春风又绿江南岸,明月何时照我还?"吴中士人家藏其草,初云:"又到江南岸";圈去"到"字,注曰不好;改为"过",复圈去而改为"入";旋改为"满";凡如是十许字,始定为"绿"。容斋续笔卷八诗词改字

按今《临川集》载有《宝觉宿龙华院三绝》一题,题下注旧有诗云云,即此绝句;惟第三句"又绿"作"自绿"。

王荆公晚年诗律尤精严,……尝与叶致远诸人和头字韵诗,往反数四,其末篇有云:"名誉子真矜谷口,事功新息困壶头。"以谷口对壶头,其精切如此。后数日,复取本追改云:"岂爱京师传谷口,但知乡里胜壶头。"今集中两本并存。石林诗话卷上

"风定花犹舞,鸟鸣山更幽。"世传荆公改舞字作落字,其语颇工;然"风定花犹落",乃梁谢贞八岁时所作《春日闲居》诗也。从舅王筠奇之曰:"追步惠连矣。"彦周诗话

王荆公……尝读杜荀鹤《雪诗》云:"江湖不见飞禽影,岩谷惟闻折竹声。"改云,宜作"禽飞影","竹折声"。又王仲至试馆职诗云:"日斜奏罢长杨赋,闲拂尘埃看画墙。"公为改云:"奏赋长杨罢",云:如此语健。扪虱新话卷二

诗云:"壁门金阙倚天开,五见宫花落石槐。明日扁舟沧海去,却将云气望蓬莱。"此刘贡父诗也,自馆中出知曹州时作。旧云"云表",荆公改作"云气"。诗话总龟卷八评论门四引直方诗话

王中至召至馆中,试罢,作一绝题于壁云:"古木森森白玉堂,长年来此试文章。日斜奏赋长杨罢,闲拂尘埃看画墙"旧云,"奏

罢长杨赋",亦荆公所改。诗话总龟卷八评论门四引直方诗话

附录 《随园诗话》卷六一则

王荆公矫糅造作,不止施之政事也。王仲圭"日斜秦罢长杨赋,闲拂尘埃看画墙。"句最浑成。荆公改为"奏赋长杨罢",以为如是乃健。刘贡父"明日扁舟沧海去,却从云里望蓬莱。"荆公改"云里"为"云气",几乎文理不通。唐刘威诗曰:"遥知杨柳是门处,似隔芙蓉无路通。"荆公改为"漫漫芙蓉难觅路,萧萧杨柳独知门。"苏子卿咏梅云:"只应花是雪,不悟有香来。"荆公改为"遥知不是雪,为有暗香来。"活者死矣,灵者笨矣。(按诸书所载人名诗句,文字间有异同,皆仍所据原本,以存真相。)

舒王在钟山,有客自黄州来。公曰:"东坡近日有何妙语?"客曰:"东坡宿于临皋亭,醉梦而起,作《成都圣像藏记》千有余言,点定才一两字;有写本,适留舟中。"公遣人取而至,时月出东南,林影在地,公展卷读于风檐,喜见眉须,曰:"子瞻,人中龙也,然有一字未稳。"客曰:"愿闻之。"公曰:"日胜日贫,不若曰如人善博,日胜日负耳。"东坡闻之,拊掌大笑,亦以公为知言。冷斋夜话卷五

王文公居钟山,有客自黄州来,公曰:"东坡近日有何作?"对曰:"东坡宿临皋亭,醉梦中而起,作《宗相藏记》千余言,才点定一二字而已;有墨本,适留舟中。"公遣健步往取,时月出东方,林影在地,公展读于风檐,喜见须眉,曰:"子瞻,人中龙也,然有一字未稳。"客请愿闻之。公曰:"日胜日负,不若日胜日贫耳。"东坡闻之,抚掌大笑,以公为知言。童蒙训

按此云当改负为贫,与《冷斋夜话》所述改贫为负正相反,考《渔隐丛话》前集卷三十八引《冷斋夜话》则与此同,必

有一误。今节录《东坡集续集》卷十二《胜相院经藏记》原文如后,以待览者之自决,其辞云:"如人善博,日胜日负,自云是巧,不知是业。"

又按《清波杂志》卷九云:"苏东坡云:'如人善博,日胜日负。'王荆公改作'日胜日贫'。坡之孙符云:'元本乃月胜日贫。'"并附此备参。

王荆公编《百家诗选》,从宋次道借本中间有"暝色赴春愁",次道改赴字作起字。荆公复定为赴字,以语次道曰:"若是起字,人谁不能到。"次道以为然。石林诗话卷中

按《渔隐丛话》前集卷三十六亦引《石林诗话》,且载《钟山语录》云:若下起字,即小儿言语。与此意同。

苕溪渔隐曰:王驾《晴景》云:"雨前初见花间蕊,雨后兼无叶底花;蛱蝶飞来过墙去,应疑春色在邻家。"此《唐百家诗选》中诗也。余因阅荆公《临川集》,亦有此诗云:"雨来未见花间蕊,雨后全无叶底花;蜂蝶纷纷过墙去,却疑春色在邻家。"《诗选》是荆公所选,想爱此诗,因为改七字,使一篇语工而意足,了无镵斧之迹,真削镶手也。渔隐丛话后集卷二十五半山老人

《张子正蒙》云:"冰之融结,海不得而与焉。"伊川改为"不得而有焉"。晁氏客语

蜀中石刻东坡文字稿,其改窜处甚多,玩味之可发学者文思。今具注二篇于此:《乞校正陆贽奏议上进札子》"学问日新"下云:"而臣等才有限而道无穷",于臣字上涂去"而"字。"窃以人臣之献忠",改作"纳忠"。"方多传于古人",改作"古贤";又涂去"贤"字,复注"人"字。"智如子房,而学则过",改"学"字作"文"。"但其不幸,所事暗君";改"所事暗君"作"仕不遇时"。"德宗以苛察为明",改作"以苛刻为能","以猜忌为术,而贽劝之以推诚;好用

兵，而贽以消兵为先；好聚财，而贽以散财为急"。后于逐句首皆添注"德宗"二字。"治民驭将之方"，先写"驭兵"二字，涂去，注作"治民"。"改过以应天变"，改作"天道"。"远小人以除民害"，改作"去小人"。"以陛下圣明，若得贽在左右，则此八年之久，可致三代之隆"，自若字以下十八字并涂去，改云："必喜赞议论，但使圣贤之相契，即如臣主之同时。""昔汉文闻颇牧之贤"改"汉文闻"三字作"冯唐论"。"取其奏议，编写进呈"，涂去"编"字，却注"稍加校正，缮"五字。"臣等无任区区爱君忧国感恩思报之心"。改云："臣等不胜区区之意。"《获鬼章告裕陵文》自"孰知耘耔之劳"而下云："昔汉武命将出师，而呼韩来廷，效于甘露；宪宗厉精讲武，而河隍恢复，见于大中"；后乃悉涂去不用。"犷彼西羌"，改作"憬彼西戎"。"号称右臂"，改作"古称"。"非爱尺寸之疆"，改作"非贪"。自"不以贼遗子孙"而下云："施于冲人，坐守成算，而董毡之臣阿里骨，外服王爵，中藏祸心，与将鬼章首犯南川"，后乃自"与将"而上二十六字并涂去，改云："而西蕃首领鬼章，首犯南川。""爰敕诸将"，改作"申命诸将"。"盖酬未报之恩"，改作"争酬"。"生擒鬼章"，改作"生获"。其下一联初云："报谷吉之冤，远同强汉；雪渭水之耻，尚陋有唐"；亦皆涂去，乃用此二事，别作一联云："顿利成擒，初无渭水之耻；郅支授首，聊报谷吉之冤。"末句"务在服近而柔远"，改作"来远"。_{梁溪漫志卷六}

东坡作温公制词云："执德不回，常用社稷为悦；以勤死事，坐致股肱或亏。"或问坡曰："温公岂曹操之徒耶？"坡愕然问其所以？答曰："社稷岂所可悦者？"坡笑改曰："用安社稷为悦。"_{高斋漫录}

东坡初欲为富郑公神道碑，久之，未有意思。一日昼寝，梦伟丈夫称是寇莱公来访己，语久之。既寤，下笔，首叙述景德澶渊之功，以及庆历议和，顷刻而就。以示张文潜，文潜曰："有一字未甚安,请试言之。盖碑之末初曰:'公之勋在史官,德在生民,天子虚己听公,西戎北狄,视公进退,以为轻重,然一赵济能摇之。'窃谓'能'不若'敢'也。"东坡大以为然,即更定焉。却扫编下

张文潜见《富郑公神道碑》,至论赵济处,曰:"公文固奇,欲加一字可否?"遂改云:"及英宗神宗之世,公老矣,功在史官,德在生民,北敌西戎,视公进退,以为中国轻重,而一赵济敢摇之。"一字固文字关钮也。步里客谈下

按今《东坡集》卷三十七《富郑公神道碑》原文云:"及英宗神宗之世,公已老矣,勋在史官,德在生民;天子虚己听公;西戎北狄,视公进退,以为中国轻重;然一赵济敢摇之。惟神宗日月之明,知公愈深;公虽请老,有大政必手诏访问。"按富公名弼,神宗时,以议新法不便,为赵济所劾,致仕归。

东坡……作《唐韩文公庙碑》,可谓发扬蹈厉。然"作书诋佛讥君王"一句,大有语病,君王岂可讥耶!《诗》三百篇只有刺而无讥,如刺者,与讥字义不同。《诗》注云:"风刺,谓譬喻,不斥言也。"若改"讥"字作"规"君王,取《沔水》规宣王之义,岂不善哉!学斋占毕卷一

东坡《超然台记》云:"美恶之辨战乎中,去取之择交乎前";不若云:"美恶之辨交乎前,去取之择战乎中"也。"子由闻而赋之,且名其台曰超然";不须"其台"字,但作"名之"可也。滹南遗老集文辨

《喜雨亭记》后段云:"归之太守,太守不有;归之天子,天子曰不然;归之太空,太空冥冥。"慎庵曰:"天子曰不然",当作"天子曰否";盖上下皆用韵,而此句独不然也。广阳杂记卷二

刘梦得曰:"于窃铁而知心目之可乱,于掇蜂而知父子之可间,于拾煤而知圣贤之可疑。"东坡辩策问奏札引之,而改掇蜂一

句云："于投杼而知母子之可疑,于拾煤而知圣贤之可惑。"困学纪闻卷二十杂识

苏东坡《定惠院寓居月夜偶出诗》,翁覃溪云:尝见此诗初脱稿纸本真迹,在富春董诰侍郎家,前篇不辞青春二句,原在一枝亚之下;清诗独吟二句,原在年年谢之下;以笔墨钩转,从今本也。江云句涂抱岭二字,改有态;不惜句,惜字涂,改辞字。后篇十五年前真一梦,全涂去,改云忆昔扁舟泝巴峡;长桅亚长字未涂,旁写高字;白发句涂莫吾二字,改宁少;自怜老境更贪生,全涂去,改云至今归计负云山;老境向闲如食蔗,涂向字,改安字,又涂去,改清字;食字不涂,旁改啖字;幽居□□已心甘句,全涂去,改云饥寒未至且安居;往事已空句,涂往事二字,改忧患。又与今本异者,次篇落帆樊口作武口;长江滚滚空自流,作长江衮衮流不尽。读书法汇

按苏氏原诗,见《东坡集》卷十一,今照录于下云:"幽人无事不出门,偶逐东风转良夜;参差玉宇飞木末,缭绕香烟来月下。江云有态清自媚,竹露无声浩如泻;已惊弱柳万丝垂,尚有残梅一枝亚。清诗独吟还自和,白酒已尽谁能借;不辞青春忽忽过,但恐欢意年年谢。自知醉耳爱松风,会拣霜林结茅舍;浮浮大甑长炊玉,溜溜小糟如压蔗,饮中真味老更浓,醉里狂言醒可怕。但当谢客对妻子,倒冠落佩从嘲骂。"又次韵前篇云:"去年花落在徐州,对月酾歌美清夜;今年黄州见花发,小院闭门风露下。万事如花不可期,余年似酒那禁泻。忆昔还乡泝巴峡,落帆樊口高桅亚;长江衮衮空自流,白发纷纷宁少借。竟无五亩继沮溺,空有千篇陵鲍谢。至今归计负云山,未免孤衾怜客舍。少年辛苦真食蓼,老景清闲如啖蔗。饥寒未至且安居,忧患已空犹梦怕。穿花踏月饮村酒,免使醉归官长骂。"

东坡作蜗牛诗云:"中弱不胜触,外坚聊自郭。升高不知疲,竟作粘壁枯。"改云:"腥液(一作涎)不满壳,聊足以自濡。升高不知回,竟作粘壁枯。"余亦以为改者胜。诗话总龟卷九评论门五引直方诗话

邁尝于欧阳文忠公诸孙望之处得东坡先生数诗稿,其和欧叔弼诗,"渊明为小邑"。继圈去"为"字,改作"求"字,又连涂"小邑"二字,作"县令"字,又三改乃成今句。至"胡椒铢两多,安用八百斛?"初云"胡椒亦安用,乃贮八百斛"。若如初语,未免后人疵议,又知虽大手笔,不以一时笔快为定,而惮屡改也。春渚纪闻卷七

按东坡原诗见《东坡集・后集》卷一,题作"欧阳叔弼见访,诵陶渊明事,叹其绝识;叔弼既去,感慨不已,而赋此诗"。今录其辞于此曰:"渊明求县令,本缘食不足。束带向督邮,小屈未为辱。翻然赋《归去》,岂不念穷独?重以五斗米,折腰营口腹。云何元相国,万钟不满欲?胡椒铢两多,安用八百斛?以此杀其身,何翅抵鹊玉。往者不可悔,吾其反自烛。"

《东皋杂录》云:鲁直《嘲小德》有"学语春莺啭,书窗秋雁斜"。后改曰:"学语啭春鸟,涂窗行暮鸦。"以是知诗文不厌改也。渔隐丛话后集卷三十一山谷上

老杜云:"新诗改罢自长吟。"文字频改,工夫自出。近世欧公作文,先贴于壁,时加窜定,有终篇不留一字者。鲁直长年,多改定前作,此可见大略。如《宗室挽诗》云:"天网恢中夏,宾筵禁列侯";后乃改云:"属举左官律,不通宗室侯";此工夫自不同矣。诗人玉屑卷八欧公引吕氏童蒙训

梵志曰:"城外土馒头,馅草在城里。一人吃一个,莫嫌没滋味。"鲁直曰:"既是馅草,何缘更知滋味?"易之曰:"预先著酒浇,且图有滋味。"冷斋夜话卷十读传灯录

按《学津讨源》本《冷斋夜话》述此事多误字,今参《诗话

总龟后集》卷四十三《释氏门》引《山谷王梵志》改正之。

黄鲁直送张漠河东漕使诗云:"紫参可撅宜包贡,青铁无多莫铸钱。"时范忠宣帅太原,方论冶多铸广,故物重为弊。其子子夷亦能诗,尝云:"当易'无'字作'虽',乃可。"鸡肋编卷上

黄鲁直诗:"归燕略无三月事,高蝉正用一枝鸣。""用"字初曰"抱",又改曰"占",曰"在",曰"带",曰"要",至"用"字始定,予闻于钱伸仲大夫如此。今豫章所刻本乃作"残蝉犹占一枝鸣"。容斋续笔卷八诗词改字

向巨原云:元不伐家有鲁直所书东坡《念奴娇》,与今人歌不同者数处:如"浪淘尽"为"浪声沉","周郎赤壁"为"孙吴赤壁",乱石"穿空"为"崩云",惊涛"拍岸"为"掠岸","多情应笑我早生华发",为"多情应是笑我生华发",人生"如梦"为"如寄"。……容斋续笔卷八诗词改字

元祐中祫享,诏南京张安道陪祠,安道因苏子由托某撰辞免及谢得请表,余撰去。后见张公表到,悉用余文,……独表内有一句云:"邪正昭明",改之云:"民物阜安",意不欲斥人为邪也。明道杂志

郑毅夫(獬)与滕达道(甫)俱有声场屋,廷试《圜丘象天赋》,滕赋首曰:"大礼必简,圜丘自然。"自谓人莫能及。郑但倒一字曰:"礼大必简,丘圜自然。"滕闻之大服,果居其次云。援鹑堂笔记卷四十四文史

> 按方东树曰:"此宋人识见,盖沿轻巧之习,不如滕句自然浑朴重厚。"存参。

诗人造语用字,有着意道处,往往颇露风骨;如滕元发《月波楼诗》:"野色更无山隔断,天光直与水相连",是也。只一直字,便是着力道处,不惟语稍峥嵘,亦兼近俗。何不云"野色更无山隔

断,天光自与水相连",为微有蕴藉。竹坡诗话卷二

政和间,西夏国书误用本朝庙讳,中书舍人潘兑作诏曰:"乃于边鄙之文,犯我祖宗之讳。"张公商英时为宰相,令兑修改。兑又曰:"乃于为文,犯我国讳。"张公乃自为改云:"至于为文,有失恭慎。"时皆服其得体。高斋漫录

苕溪渔隐曰:汪彦章自吴兴移守临川,曾言甫以诗迓之云:"白玉堂中曾草诏,水精宫里近题诗";先以示子苍,子苍为改两字:"白玉堂深曾草诏,水精宫冷近题诗";迥然与前不侔,盖句中有眼也。渔隐丛话后集卷三十四韩子苍

"独恨太平无一事,江南闲却老尚书",萧宰易"恨"为"幸"。"云山苍苍,江水泱泱,先生之德,山高水长",李泰伯易"德"为"风"。"日斜奏罢长杨赋",半山易为"奏赋长杨罢"。"白玉堂中曾草诏,水晶宫里近题诗",韩子苍易为"堂深""宫冷"。晁无咎试交趾进象表云,"备法驾之前陈",周益公易"陈"为"驱"。古词云:"春归也,只消戴一朵荼蘼。"宇文元质易"戴"为"更",皆一字师也。随隐漫录卷四

按张端义《贵耳集》卷上亦载周益公改晁无咎文事,并云:"陈"字不切,"驱"字象上有用。

许□□作哲宗哀册云:"攀灵舆而增痛",上皇改"攀"为"抚","痛"为"怆"。鸡肋编卷中

按上皇指徽宗,徽宗为哲宗之异母弟。

汪内相劝主上听政表云:"汉家之厄十世,知光武之中兴;献公之子九人,念重耳之独在。"盖佳语也。或曰:若移上句为下句,则善不可加矣。说郛卷二隐窟杂志

陈去非草义阳朱丞相起复制云:"眷予次辅,方宅大忧。"有以"宅忧"为言者,令綦处厚贴麻,去非待罪。綦改云:"方服私艰。"

梁溪漫志卷五

按去非名与义,朱丞相名胜非。《书·说命》上:"王宅忧。"宅忧本为帝王居丧之辞,私艰则人臣所通用;君主时代,例当分别禁忌也。

西湖游幸,淳熙间,一日御舟经断桥,桥旁有小酒肆,颇雅洁,中设素屏,书《松入风》一词于上。光尧注目称赏久之,宣问何人所作,乃太学生俞国宝醉笔也。上笑曰:"此词甚好,但末句未免儒酸",因为改定云:"明日重扶残醉",则迥不同矣。即日命解褐。绝妙好词续钞

按光尧,宋高宗之尊号。俞国宝原词略云:"一春长费买花钱,日日醉湖边,……明日重携残酒,来寻陌上花钿。"

上于文字,尤欲得体,一览便见是非。必大草太上辞尊号第一诰,其末云:"怡神闲燕,何力之有?"上曰:"此虽道太上语,毕竟自此起草送去,何力之句,不能无嫌。"必大遂改作"无累于物";盖用上意至到如此。淳熙玉堂杂纪卷上

按上指孝宗,太上即高宗也。

三高亭,天下绝景也;石湖老仙一记,亦天下奇笔也。余尝见当时手稿,揩摩抉剔,如洗玉浣锦,前辈作文,不惮于改如此。……原文:又嘱郡人石湖范氏(成大)为之识,"识"改"辞"。传曰,不有君子,其能国乎?"传曰"改"噫"。高三君之风,而尚论其所以去,为世道计者,"尚论"改"迹"。"故援小山故事作歌",改"故效小山作歌"。齐东野语卷十六

按石湖,范成大之别号也。

举南轩诗云:"卧听急雨打芭蕉。"先生曰:"此句不响。"曰:"不若作'卧闻急雨到芭蕉'。"又言:"南轩文字极易成,尝见其腿上起草,顷刻便就。"朱子语类论文下

按南轩为张栻别号。朱子言其文字极易成云云,盖暗讽其不肯深思而多改也。

王允文为彭子寿所知,尝介之于杨诚斋,示以所作《虞雍公碑》,有"谅彼高宗"之语;先生引《诗》"谅彼武王"正之。诚斋谢曰:"一字之师也。"<small>宋元学案槐堂诸儒王允文</small>

孙仲益(觌)作上梁文,云:"老蟾驾月,上千岩紫翠之间;一鸟呼风,啸万木丹青之表。"周茂振曰:"既呼,又啸",易"啸"为"响"。<small>诚斋诗话</small>

康伯可予之题慧力寺招风亭六言云:"天涯芳草尽绿,路旁柳絮争飞,啼鸟一声春晚,落花满地人归。"予尝以语王德升。德升曰:造语固佳,尚有病。如"芳草"、"柳絮",未经点化;"啼鸟一声"、"落花满地",几乎犯重。不如各更一字,作"烟草"、"风絮"、"幽鸟"、"残花",则一诗无可议者。<small>独醒杂志卷六</small>

"便可披襟度郁蒸"。"度"字又曰"扫",不如扫字奇健。"便可"二字少意思;"披襟"与"郁蒸"是众人语;扫字是自家语;最要下得妥当。韩退之所谓"六字寻常一字奇"是也。<small>藏海诗话</small>

《高斋诗话》曰:山谷尝云:"杜荀鹤诗'举世尽从愁里老',正好对韩退之诗'谁人肯向死前休'?"仆考荀鹤诗元有是对,其诗曰:"南来北去二三年,年去年来两鬓斑。举世尽从愁里老,谁人肯向死前闲?"退之易"闲"字为"休"字耳。退之在前,荀鹤用其语。仆谓"谁人肯向死前休",与"谁人肯向死前闲"二句,皆当理;然岂可诬举世之人尽从愁里老邪? 盖有春风和气中过一生者,但不多耳。不若曰:"浮世多从忙里老。"<small>野客丛书卷七杜荀鹤句</small>

苕溪渔隐曰:张仲宗有《渔家傲》一词云:"钓笠披云青嶂绕,绿蓑雨细春江渺,白鸟飞来风满棹;收纶了,渔童拍手樵青笑。明月太虚同一照,浮家泛宅忘昏晓,醉眼冷看城市闹;烟波老,谁能认得闲烦恼?"余往岁在钱塘,与仲宗从游甚久,仲宗手写此词相示云:"旧所作也。"其词第二句元是"撅头雨细春江渺"。余谓仲宗曰:"撅头虽是船名,今以雨衬之,语晦而病。"因为改作"绿蓑雨细"。仲宗笑以为然。_{渔隐丛话后集卷三十九长短句}

先臣……承旨令述太乙宫明禋祈晴设醮青词云:"我将我享,爰有事于明堂;载祷载祈,肃致忱于楚帝。"上自改为"上帝"。楚,邦昌逆号也。凡代王言,不可不谨。_{随隐漫录卷三}

　　按先臣,作者谓其父陈郁;上,谓宋理宗;邦昌,即受金册立为楚帝之张邦昌也。

曩者吴叔经郯在湖南漕试,以本经诗义取解魁。次名陈尹赋文帝前席贾谊,破题云:"文帝好问,贾生力陈,忘其势之前席,重所言之过人。"叔经先生改"势"字作"分"。陈大钦服。……又陈季陆在福州考较,出皇极统三德五事赋,魁者破题云:"极有所会,理无或遗。统三德与五事,贯一中于百为。"季陆先生极喜辟初两句,只嫌第四句不是贯百为于一中,似乎倒置,改"贯"字作"寓",较有意思。_{萤雪丛说卷下赋以一字见工拙}

赵天乐《冷泉夜坐》诗云:"楼钟晴更响,池水夜如深",后改"更"为"听",改"如"为"观"。《病起》诗云:"朝客偶知承送药,野僧相保为持经";后改"承"作"亲",改"为"作"密"。二联改此四字,精神顿异,真如光弼入子仪军矣。_{诗人玉屑卷十九赵天乐}

《尧山堂外纪》曰……有王昭仪清惠者,题《满江红》于驿壁,传播中原。文文山读至卒章,"愿嫦娥相顾肯从容,随圆缺"。乃曰:"惜哉!夫人于此少商量矣。"为之代作二首,有云:"算妾身不愿似天家,金瓯缺。"_{古今词话词话卷上}

先人晓畅音律,有《寄闲集》,旁缀音谱,刊行于世。每作一词,必使歌者按之;稍有不协,随时改正。曾赋《瑞鹤仙》一词云:

"卷帘人睡起,放燕子归来,商量春事,芳菲又无几。减风光,都在卖花声里,吟边眼底,被嫩绿移红换紫。甚等闲,半委东风,半委小桥流水。还是苔痕渐雨,竹影留云,做晴犹未。繁华迤逦西湖上,多少歌吹。粉蝶儿,扑定花心不去,闲了寻香两翅,那知人一点新愁,寸心万里。"此词按之歌谱,声字皆协。惟扑字稍有不协,遂改为守字,乃协。始知雅词协音,虽一字亦不放过,信乎协音之不易也。又作《惜花春起早》云:"琐窗深。"深字意不协;改为幽字,又不协;再改为明字,歌之始协。此三字皆平声,胡为如是?盖五音有唇齿喉舌鼻,所以有轻清重浊之分,故平声字可为上入者此也。听者不知宛转迁就之声,以为合律,不详一定不易之谱,则曰失律。矧歌者岂特忘其律,抑且忘其声字矣。述词之人,若只依旧本之不可歌者,一字填一字,而不知以讹传讹,徒费思索。当以可歌者为工,虽有小疵,亦庶几耳。_{词源卷下音谱}

萧闲《乐善堂赏荷词》云:"胭脂肤瘦薰沉水,翡翠盘高走夜光",世多称之。此句诚佳,然莲体实肥,不宜言"瘦"。予友彭子升尝易"腻"字,此似差胜。_{滹南遗老集诗话}

按金蔡松年别号萧闲老人。"胭脂"等十四字二句,为其《鹧鸪天》词中语。

书传中多有"自今以来"之语,此亦疵病。盖由昔至今而"来"则顺,由今至后者言"往",可也。_{滹南遗老集文辨}

按王氏改"来"为"往"是也。惟第三句"而来",似应改作"曰来"为顺。

张橘轩与元遗山为斯文骨肉,张云:"富贵倘来良有命,才名如此岂长贫!"元改"倘来"为"逼人","此"为"子"。又云:"半篙溪水夜来雨,一树早梅何处春?"元曰:"佳则佳矣,而有未安。既曰'一树',乌得云'何处'?不如通作一句,改'一树'为'几点'。"

壬辰北渡,寄遗山诗:"万里相逢真是梦,百年垂老更何乡?"元改"里"为"死","垂"为"归",如光弼临军;旗帜不易,一号令之,而精采百倍。庶斋老学丛谈卷三

古人有一字之师,昔人谓如光弼临军,旗帜不易,一号令之,而百倍精采。张橘轩诗:"半篙流水夜来雨,一树早梅何处春。"元遗山曰:"佳则佳矣,而有未安。既曰'一树',乌得为'何处'?不如改'一树'为'几点',便觉飞动。"又虞道园尝以诗诣赵松雪,有"山连阁道晨留辇,野散周庐夜属橐"之句。赵曰:"美则美矣,若改'山'为'天','野'为'星',则尤美。"又萨天锡诗:"地湿厌闻天竺雨,月明来听景阳钟。"道园见之曰:"诗信佳矣,但有一字不稳;'闻'与'听'字义同,盍改'闻'作'看',唐人'林下老僧来看雨',又有所出矣。"古人论诗,一字不苟如此。寒厅诗话

元萨天锡尝有诗云:"地湿厌闻天竺雨,月明来听景阳钟。"虞学士见之,谓曰:"诗固好,但'闻''听'字意重耳。"萨当时自负能诗,意虞以先辈故少之云尔。后至南台,见马伯庸论诗,因诵前作。马亦如虞公所云,欲改之。二人构思数日,竟不获。未几,萨以事至临川,谒虞公,席间首及前事。公曰:"此易事。唐人诗有云:'林下老僧来看雨。'宜改作'地湿厌看天竺雨',音调更差胜。"萨大服而去。山樵暇语卷六

按施闰章《蠖斋诗话》亦载此事,而辞略异。

博士,(钱宰)吴越武肃王十四世孙。孝陵命撰帝王庙乐章,称旨。每进见,辄赐坐侍食,尝赋早朝绝句云:"四鼓鼕鼕起著衣,午门朝见尚嫌迟。何时得遂田园乐,睡到人间饭熟时?"明日,文华宴毕,帝谕曰:"昨日好诗,朕曷尝'嫌'汝,何不改作'忧'字?"静志居诗话卷三钱宰

"残雪未消双凤阙,新春先入五侯家",晚唐张螾诗也。孟熙

(刘绩字)易"残"以"霁",易"新春"以"春风",攘为己作,遂以此得名,人或少之。然"竹影横斜水清浅,桂香浮动月黄昏",非江为诗乎?林君复易"疏""暗"二字,竟成千古名句。所云一字之师,与生吞活剥者有别也。静志居诗话卷六刘绩

杨文襄一清……在政府咏元宵,有"爱看冰轮明似镜"之句,世庙(即明世宗)以其类中秋,易以"爱看金莲明似月"。静志居诗话卷一明世宗

孙太初《收菊花贮枕》诗云:"呼童收落英,晨起晞清露。满囊剩贮秋,寒香散庭户。夜来梦东篱,枕上得佳句。"好个题目,唐人未之有也。前五句清雅,惜末句殊无深意。若更为"陶潜宛相遇",则清而纯矣。四溟诗话卷四

予初赋《侠客行》曰:"笑上胡姬买酒楼,赌场赢得锦貂裘。酒酣更欲呼鹰去,掷下黄金不掉头。"此结亦如爆竹而无余音,遂更之曰:"天寒饮罢酒家楼,掷下黄金不掉头。走马西川射猛虎,晚来风雪满貂裘。"子美《少年行》与前首相类,因拟之曰:"独过酒肆据胡床,指点银瓶索酒尝。连盏鲸吞不辞醉,直驱白马赴长杨。"四溟诗话卷一

> 按《四溟诗话》卷一前云:"凡起句当如爆竹,骤响易彻;结句当如撞钟,清音有余。"

僧处默《胜果寺诗》:"到江吴地尽,隔岸越山多。"陈后山炼成一句:"吴越到江分。"或谓简妙胜默作,此"到"字未稳,若改为"吴越一江分",天然之句也。四溟诗话卷一

南濠都先生穆,少尝学诗沈石田先生之门,石田问近有何得意作?南濠以节妇诗首联为对。诗云:"白发贞心在,青灯泪眼枯。"石田曰:"诗则佳矣;有一字未稳。"南濠茫然避席请教。石田曰:"尔不读《礼经》云:'寡妇不夜哭',何不以灯字为春字。"南濠不

觉悦服。夷白斋诗话

附录　清宋长白《柳亭诗话》卷三《一字师》一则

曹子建好人讥弹其文,有不善者,应时改定。老杜云:"新诗改罢自长吟";韦庄曰:"卧看南山改旧诗。"不可不知也。张迥《寄远诗》:"蝉鬓凋将尽,虬髭白也无?"齐己改为"虬髭黑在无?"此改二字者。齐己《早梅诗》:"前村深雪里,昨夜数枝开。"郑谷曰:"数枝,非早也;未若'一枝'。"李频《四皓诗》:"龙楼曾作客,鹤氅不为臣。"方干以"称"字易"为"字。王贞白《御沟诗》:"此波涵圣泽,无处濯尘缨。"贯休改"波"作"中"。萧楚材知溧阳,张乖崖作牧,有诗曰:"独恨太平无一事,江南闲杀老尚书。"萧改"恨"作"幸"。王平甫《甘露寺诗》:"平地风烟飞白鸟,半空云木卷苍藤。"苏长公以"横"字易"飞"字。萨天锡《龙翔寺诗》:"地湿厌闻天竺雨,月明来听景阳钟。"虞道园以"看"字易"闻"字。都穆节妇诗:"白发贞心在,青灯泪眼枯。"沈石田以"春"字易"灯"字。此皆一字之师,点铁成金者,不止推敲已也。(按此则所举诸例多分见以前各则,可检阅参证。)

翰林崔来凤子五岁,甚聪慧,善属对。曾有送桃枣者,急欲取之,父曰:"汝能作此二果破题则许。"答曰:"有食其内,而弃其外者,有食其外而弃其内者。"一日,谓父曰:"我亦出一破题。"指炕为题。父故效其体而为之曰:"有所以眠乎人者,有所以烘乎人者。"曰:"教父亲做官哩,眠烘二字忒俗,我替你改之,作卧字暖字。"戒庵漫笔卷二五岁破题

汪钝翁撰睢州《汤烈妇旌门颂》序云:"睢州诸生汤某妻赵氏,值明末李自成之乱"云云,是未善,当云:"故明睢州诸生汤某妻赵

氏,值李自成之乱",于辞为顺。盖突起似现在之人,下句补出值明末李自成,文气亦近滞也。文史通义古文公式

按钝翁名琬,据其《睢州汤烈妇旌门颂序》言,知作于顺治十七年,去明亡未久,而汤某之子方官侍讲于清廷;疑汤某正为现在之人,如依章氏称汤某为明诸生,恐亦为事理所不许。章氏之改,尚难轻从,然其意可择取焉。

又按章氏此论,亦见其所作《丙辰札记》。

《苏州府志·杂记》引顾丹五笔记云:"乾隆辛未南巡,有湖南老人汤云程来接驾,年一百四十岁,皇上先赐匾额云:'花甲重周。'又赐云:'古稀再庆。'"郎潜纪闻卷四

按"古稀再庆"切合老人之年龄,较先赐匾额文为胜。

尹文端公论诗最细,有差半个字之说。如唐人"夜琴知欲雨,晚簟觉新秋"。"新秋"二字,现成语也。"欲雨"二字,以"欲"字起"雨"字,非现成语也。差半个字矣。以此类推,名流多犯此病,必云:"晚簟恰宜秋","宜"字方对"欲"字。随园诗话卷二

按清人某(偶忘其名)《樵隐诗话》云:"诗有更一字而觉佳者。余曾有句云:'一路飞花绕锦衣',友人为更'绕'字为'扑'字,余深叹服。盖绕字不响,而扑字响也。故古人论诗有半个字之说。"与随园记尹文端论诗之意正相合。

诗得一字之师,如红炉点雪,乐不可言。余祝尹文端公寿云:"休夸与佛同生日,转恐恩荣佛尚差。"公嫌"恩"字与佛不切,应改"光"字。咏落花云:"无言独自下空山。"邱浩亭云:"空山是落叶,非落花也。"应改"春"字。送黄宫保巡边云:"秋色玉门凉。"蒋心余云:"'门'字不响,应改'关'字。"赠乐清张令云:"我惭灵运称山贼",刘霞裳云:"'称'字不亮,应改'呼'字。"凡此类,余从谏如流,不待其辞之毕也。随园诗话卷四

人言黄鹤楼无佳对,惟鲁亮侪观察一联云:"到来径欲凌风去,吟罢还思借笛吹。"差胜。鲁星村曰:"'凌风'二字,改'乘云'二字,更佳。"随园诗话卷十四

《居易录》载周中丞(自注:即吾邑〔萧山〕石公先生)说,明万历中,浙江某提学试士于鄞,谒圣庙毕,坐明伦堂,顾阶砌古槐荫极浓郁,出一联令诸生属对云:"绿槐夹砌,午阴匝地扫难开。"杨昆阜庶子应声对曰:"红杏出墙,春色满园关不住。"提学击节叹曰:"子必状元及第。"已果中甲辰会状两元。(自注:杨讳守勤。慈溪籍。)会稽章实斋先生(自注:名学诚,乾隆戊戌进士,官国子监典籍)。深于古文法律。端履偶以此条质之。先生曰:"说部记载,无关文义,然亦不可草草。如云试士于鄞,鄞字当作宁波;以杨慈溪籍,若仅试鄞士,则杨不得与矣。且提学校士,试宁波阖属,非仅试鄞也。杨昆阜庶子下,当增'时尚为诸生'五字,不然,竟似庶子对提学言矣。有是理乎? 会状两元,当省作'状元'二字。上云'子必状元及第',下云'会状两元',则会字从何杂出耶?"先君闻之,戒端履曰:"妆辈作文,当刻刻如此留心,自然精审不苟矣。"重论文斋笔录卷十

近人四六体格,以孔巽轩检讨为最正。检讨尝言,骈体文……第一取音节近古。庾(信)文:"落花与芝盖齐飞,杨柳共春旗一色",……若删去"与""共"字,便成俗响。陈其年:"四围皆王母灵禽,一片悉嫦娥宝树",此调殊恶。在古人宁以两"之"易"灵""宝"二字也。退庵随笔卷十九学文

附录一　近人陈衍《石遗室诗话》卷八一则

故人李次玉之子拔可,曾为海藏掌书记,居汉口,旬日必过江至余寓中,堂有二小诗云:"石遗小隐藤为屋,无闷幽栖

竹满庭。"……余谓"小隐"当改"小住","幽栖"当改"新居",以余与太夷在武昌,不得为隐为幽栖也。

附录二 《华国月刊》第一卷第十一期《文话》一则

冯昭适者,慈溪儒家子,弱冠攻学甚苦。今年来上海,为章太炎先生授幼子读。一日,出文质先生,则其乡人张原炜记父轶事,而同里张美翊为之点定者也。先生曰:"记述琐事,期于达而止。"略加点窜,辞简而意开豁,洵大匠之能事也。备录之,以为承学矩矱焉。《先府君轶事》:"先府君终岁客授。生计纤屑,一不以过问。一日,客居思啖鱼,见河干泊渔舟,亟自携器往就之。渔者权其器,故抑衡示增益,欲以德府君。凡称物,必先权其器,谓之约;已乃纳物其中,物逾其重者衡多振,其约则反是。府君误以为诳已也,强渔者扬使上。渔者为譬解之百端,良久乃省。其阔达类如此。"此事至琐屑,然叙次颇不易。屡与诸友相商榷,苦不能达。惟蹇叟先生有以教我! 张原炜记。其二:"先府君好读书,终岁客授于外;家人生产一不以过问。一日,家居思食鱼,见河干泊渔舟,亟自携筐就之。凡入市称物,必先权储物之器,已乃纳物其中加减之,准物之轻重以计值,无或爽者。渔者见府君,欲以德府君;先权其筐,抑其悬使之下;既纳鱼于筐,则扬之使上。告府君重若干,值若干。府君大诧异,谓:'称物宜平,汝先抑之后扬之何也? 其诳我耶?'渔者答曰:'抑之使筐之重,扬之则求鱼之轻,意以厚公。非概施之人。'且为之譬解之百端。府君良久乃省,既而曰:'汝毋然! 称物宜平。汝厚我,得勿薄于人耶?'卒令平之,给以值,渔人欢谢而去。乡人见之,咸叹谓:'长者! 长者!'其阔达多类此。"(张美翊)其三:"先府君好读书,未尝知家人生产。一日,思食鱼,亟携筐趣渔舟泊所。渔者欲以德府君,先权其筐,抑其悬使下;既纳鱼于筐,则扬之使上;已而减筐之重以计值。告府君,重若干,值若干。府君大诧,谓:'称物宜平,汝先抑之,后扬之,其诳我耶?'渔者答曰:'抑之使筐之重,扬之则求鱼之轻,意以厚公。'且为之譬解百端。府君良久乃省,其性遗物多类此。"(章太炎先生改定本)

四　改易之例之失者

《左氏》:华督遇孔父妻,目逆而送之。其言甚文。《史记》乃曰:"目而观之",不成语矣。服虔曰:"目者,极视,睛不转也。"殆是妄说。淖南遗老集史记辨惑

令尹子瑕言蹶由于楚子曰:"彼何罪,谚所谓室于怒市于色者,楚之谓矣。"注云:"蹶由,吴王弟。五年,灵王(楚子)执之以归。言灵王怒吴子而执其弟,犹人忿于室家而作色于市人。"《校勘记》云:"谚所谓'室于怒市于色者',《石经》初刻作'怒于室而色于市者',后刊改。案《战国策》云:语云:'怒于室者色于市',与《石经》初刻同。……"左传昭公十九年并注与校勘记

按室于怒市于色,倒文成句,或古谚固有之;然究不可为法。论文仍当以《石经》初刻及《战国策》文为明畅。又《鹤林玉露》云,诗文有反言之者,如《左氏传》曰:"室于怒,市于色",曾南丰曰:"室于议,涂于叹"是。按此实曾氏摹古之过也。

《左氏》曰:"吴王赐子胥死。子胥将死,曰:'树吾墓槚,槚可材也,吴其亡乎。'"此言时之不久耳。《史记》则云"树吾墓上以梓,令可为器"。吾不知何意也。淖南遗老集史记辨惑

鼓瑟不难,难于调弦;作文不难,难于炼句。《檀弓》之文,炼句益工,参之《家语》,其妙睹矣。

遇负杖入保者息。《家语》曰:遇人入保负杖者息。

皆死焉,《家语》曰:命敌死焉。

比御而不入。《家语》曰:可御而处内。

南宫绦之妻之姑之丧。《家语》曰:南宫绦之妻,孔子之兄女,丧其姑。

予恶夫涕之无从也。《家语》曰:吾恶夫涕而无以将之。

仲子亦犹行古之道也。《家语》曰:仲子亦犹行古人之道。

夫子为弗闻也者而过之。《家语》曰:夫子为之隐佯不闻以过之。

遂命覆醢。《家语》曰:遂令左右皆覆醢。

死不如速朽之愈也。《家语》曰:死不如朽之速愈。

若魂气则无不之也。《家语》曰:若魂气则无所不之。_{文则下}

按上皆《家语》改《檀弓》文之失者。

贾谊《过秦论》上云:"诸侯恐惧,会盟而谋弱秦。……尝以十倍之地,百万之众。叩关而攻秦。秦人开关延敌,九国之师,逡巡遁逃而不敢进。秦无亡矢遗镞之费,而天下诸侯已困矣。""叩关"句下,注曰:"《汉书》作'仰关',《史记》作'叩'。鼐按对下开关字,作叩为当;师古乃讥作叩字是流俗本,非也。"_{古文辞类纂论辨类一}

按《史记》作"叩关",《汉书》改"叩"为"仰",姚氏以为当仍《史记》,此可见《汉书》于不当改处而改之失也。

《淮南厉王传》,《史记》高帝过赵,赵王献美人,帝幸之,有身。会贯高等谋反,帝令尽捕赵王家属系之。美人亦在系中,告吏曰:

"得幸上有身。"吏以闻,上方怒,未理。及美人生厉王,即自杀。吏奉厉王诣上,上令吕后母之。《汉书》叙事亦同。而改美人告吏曰:"得幸上有子。"案是时厉王尚未生也,何得先言"有子"?《史记》以为"有身",较稳。二十二史札记卷一史汉互有得失

公曰:"夫刘备,人杰也。今不击,必为后患。"孙盛《魏氏春秋》云:答诸将曰:"刘备,人杰也。将生忧寡人。"臣松之以为史之记言,既多润色;故前所述,有非实者矣。后之作者,又生意改之;于失实也,不亦弥远乎?凡孙盛制书,多用《左氏》以易旧文,如此者非一。嗟夫,后之学者,将何取信哉?且魏武方以天下励志,而用夫差分死之言,尤非其类。三国志魏志武帝并注

按《左传》襄公二十年云;越围吴,夫差曰:"句践将生忧寡人,寡人死之不得矣。"

案裴景仁《秦记》,称苻坚方食,抚盘而诟;王邵《齐志》,述洛干感恩,脱帽而谢。及彦鸾(崔鸿)撰以新史,重规(李百药)删其旧录,乃易"抚盘"以"推案",变"脱帽"为"免冠"。夫近世通无案食,胡俗不施冠冕;直以事不类古,改从雅言,欲令学者何以考时俗之不同,察古今之有异?史通叙事

蔡宽夫诗话云:"采菊东篱下,悠然见南山。"此其闲远自得之意,直若超然邈出宇宙之外。俗本多以"见"字为"望"字,若尔,便有褰裳濡足之态矣。乃知一字之误,害理有如是者。渊明集世既多本,校之不胜其异,有一字而数十字(疑作本)不同者,不可概举。若"只鸡招近局",或以"局"为"属";虽于理似不通,然恐是当时语。"我土日以广",或以"土"为"志",于义亦两通,未甚相远。若此等类,纵误不过一字之失;如"见"与"望",则并其全篇佳意败之。此校书者不可不谨也。渔隐丛话前集卷三五柳先生上

《鸡肋编》云:诗以一字论工拙,如"身轻一鸟过","身轻一鸟

下","过"与"下",与"疾",与"落",每变而每不及,易较也。如鲁直之言,犹碔砆之于美玉是也;然此犹在工拙精粗之间,其致思未失也。记在广陵日见东坡云:"陶渊明意不在诗,诗以寄其意耳。""采菊东篱下,悠然望南山",则既采菊,又望山,意尽于此,无余蕴矣,非渊明意也。"采菊东篱下,悠然见南山",则本自采菊,无意望山,适举首而见之,故悠然忘情,趣闲而景远";此未可于文字精粗间求之,以比碔砆美玉,不类。渔隐丛话前集卷三五柳先生上

陶渊明《杂诗》:"采菊东篱下,悠然见南山。"往时校定《文选》,改作"悠然望南山",则上下句意,全不相属,遂非佳作。梦溪续笔谈

近世人轻以意改书,鄙浅之人,好恶多同,故从而和之者众,遂使古书日就讹舛,深可忿疾。孔子曰:"吾犹及史之阙文也。"自予少时,见前辈皆不敢轻改书,故蜀本大字书皆善本。蜀本《庄子》云:"用志不分,乃疑于神。"此与《易》"阴疑于阳",《礼》"使人疑汝于夫子"同。今四方本皆作"凝"。陶潜诗:"采菊东篱下,悠然见南山。"采菊之次,偶然见山,初不用意,而境与意会,故可喜也。今皆作"望南山"。杜子美云:"白鸥没浩荡,万里谁能驯",盖灭没于烟波间耳。而宋敏求谓余云:"鸥不解没",改作波字。二诗改此两字,便觉一篇神气索然也。东坡志林

按东坡论《庄子》"乃疑于神"句,亦略见《东坡续集》卷五《与潘彦明书》。

附录 宋王楙《野客丛书·白鸥波浩荡》一节

仆谓善为诗者,但形容浑涵气象,初不露圭角。玩味白鸥波浩荡主语,有以见沧浪不尽之意。且沧浪之中见一白鸥,其浩荡之意可想,又何待言其出没邪?改此一字,反觉意局。更

与识者参之!

史传中间有不避俗语者,以其文之则失真也。齐后主欲杀斛律光,使力士刘桃枝自后扑之,不倒。《通鉴》改为"不仆",仆亦倒也,然扑字下便不宜用。潭南遗老集文辨

万历间人,多好改窜古书,人心之邪,风气之变,自此而始。且如骆宾王为徐敬业讨武氏檄,本出《旧唐书》,其曰"伪临朝武氏者",敬业起兵在光宅元年九月,武氏但临朝而未革命也。近刻古文,改作伪周武氏,不察檄中所云:"包藏祸心,睥睨神器",乃是未篡之时,故有是言。(原注:越六年,天授元年九月,始改国号曰周。)其时废中宗为庐陵王,而立相王为皇帝,故曰:"君之爱子,幽之于别宫"也。不知其人,不论其世,而辄改其文,缪种流传,至今未已。又近日盛行《诗归》一书,尤为妄诞。魏文帝《短歌行》:"长吟永叹,思我圣考。"圣考,谓其父武帝也。改为"圣老",评之曰:"圣老字奇!"《旧唐书》李泌对肃宗曰:"天后有四子,长曰太子宏,监国,而仁明孝悌。后方图称制,乃鸩杀之,以雍王贤为太子。贤自知不免,与二弟日侍于父母之侧,不敢明言。乃作《黄台瓜辞》,令乐工歌之,冀天后悟而哀愍,其辞曰:'种瓜黄台下,瓜熟子离离,一折使瓜好,再折使瓜稀,三折犹尚可,四摘抱蔓归。'而太子贤终为天后所逐,死于黔中。"其言四摘者,以况四子也。以为非四之所能尽,而改为摘绝,此皆不考古而肆臆之说,岂非小人而无忌惮者哉? 日知录卷十八改书

《黄鹤楼诗》:"昔人已乘黄鹤去,此地空余黄鹤楼;黄鹤一去不复反,白云千载空悠悠。"昔仙人以橘皮画鹤,醉乘而去,楼正以此得名。崔诗三句连用三黄鹤,四句乃用白云对之。后之俗人病其不对,改句首"黄鹤"为"白云",作双起双承之体,诗之板陋,固不必言;而本事指黄鹤,则已乘白云,何所指哉? 魏伯子文集卷四偶书二

杜子美《游龙门奉先寺诗》曰:"天阙象纬逼,云卧衣裳冷。"此寺在洛阳之龙门。按韦述《东都记》,龙门号双阙,以与大内对,屹若天阙然。此诗天阙,指龙门也。后人谓其属对不切,改为天关;王介甫改为天阅;蔡兴宗又谓世传古本作天窥,引《庄子》用管窥天为证。以余观之,皆臆说也。且"天阙象纬逼,云卧衣裳冷",乃此寺中即事耳。以彼天阙之高,则势逼象纬;以我云卧之幽,则冷侵衣裳;语自浑成,何必屑屑较琐碎,失大体哉?庚溪诗话卷上

杜"秃节汉臣归",今本作"握节"。右丞"节旄秃尽海西头",今本作"空尽"。俗士无知,妄肆改窜每如此。笔乘卷一

《渔隐丛话》云:"杜子美诗:'野航恰受两三人',航当作艇,航是大舟。"仆谓渔隐盖见左思赋:"长鲸吞航";子美诗:"已具浮天航";乐天诗:"野艇容三人";故有是说。不知"航"亦有小者,《诗》所谓"一苇杭(通航)之",岂大舟也?"秋水才添四五尺,野航恰受两三人",其稳贴如此;不应改也。野客丛书卷二十六野航

陈舍人从易……偶得杜集旧本,文多脱误。至《送蔡都尉诗》云:"身轻一鸟□。"其下脱一字,陈公因与数客各用一字补之:或云"疾",或云"落",或云"起",或云"下",或云"度",莫能定。其后得一善本,乃是"身轻一鸟过"。陈公叹服,以为虽一字,诸君亦不能到也。六一诗话

按唐子西《文录》云:"东坡作《病鹤诗》,'尝写三尺长胫瘦躯',缺其一字,使任德翁辈下之,凡数字,东坡徐出其稿,盖'阁'字也。此字既出,俨然如见病鹤矣。"一字工夫,足见学力;然亦在平日握笔时锻炼纯熟致之耳。

有点金成铁者:少陵有句云:"昨夜月同行";陈无己则云:"勤勤有月与同归。"少陵云:"暗飞萤自照";陈则曰:"飞萤光失照。"少陵云:"文章千古事";陈则云:"文章平日事。"少陵云:"乾坤一

腐儒";陈则云:"乾坤着腐儒。"……一览可见。艺苑卮言卷四

诗之浅深,有在一两字内见者:如康节手抄少陵《蓝田崔氏诗》,至"明年此会知谁健,醉把茱萸仔细看"。"醉"字误书"好"字,一时咸称善。不知一字之间,风气顿殊,妍丑迥别矣。野鸿诗的

杜诗:"关山同一点。"点字绝妙,东坡亦极爱之,作《洞仙歌》云:"一点明月窥人",用其语也;《赤壁赋》云:"山高月小",用其意也。今书坊本改"点"作"照",语意索然。丹铅总录卷二十诗话关山一点

同一乐器,瑟曰鼓,琴曰操。同一著述,文曰作,诗曰吟;可知音节之不可不讲。然音节一事,难以言传。少陵"群山万壑赴荆门",使改"群"字为"千"字,便不入调。王昌龄"不斩楼兰更不还",使改"更"字为"终"字,又不入调。字义一也,而差之毫厘,失以千里,其他可以类推。随园诗话补遗卷一

右裴晋公撰《李西平神道碑》,以较江浙闽《唐文粹》本,大率传写胶谬,且经改易,不能遍举。姑言其甚者:"乾元初,立功成都,邦人咸服,具以状闻。"而诸本尽作"具状以闻",何俗弱也!益公跋题裴晋公撰李西平神道碑

欧公跋《盘谷序》曰:"盘谷在孟州济源县,贞元中,县令刻石于其侧,令姓崔名浃,今已磨灭。……"仆家有鲁直所校石本,与今刊本差异:"隐者之所盘旋",无"旋"字。"有人李愿居之",非"友"字。"道古今以誉盛德",非"而"字。"利泽施于人",非"於"字。"惟适所安",非"之"字。"弗可幸致也","处污秽弗羞","呵禁弗祥",皆非"不"字。"大丈夫之遇知于主,用力于当世之为也",无"上"字与"所"字。"盘之土,可以稼",非"维子之稼"。"盘之泉,可濯而湘",非"可濯可沿",又无"喜有赏,怒有刑",六字。大率如此。野客丛书卷二十六盘谷序

按俞樾《俞楼杂纂》卷二十六曰:"愚按此文上云:'友人李愿居之',下云:'昌黎韩愈闻其言而壮之',两文若不相蒙,前人已有疑之者矣。读朱子《考异》,乃知'友人'为'有人'之误。上言'有人李愿',下言'昌黎韩愈',文法相配。……后人不达,改作'友人',大非其旨矣。"

韩文:"步有新船",不知者改"步"为"涉",谬矣。南方谓水际曰"步",音义与"浦"通。韩退之《孔戣墓志》:"蕃舶至步,有下碇之税。"柳子厚《铁炉步志》云:"江之浒,凡舟可縻而上下曰步。" _{丹铅总录卷十四订讹类}

按欧阳修《集古录跋尾》卷八《唐韩愈罗池庙碑》云:"今世传《昌黎先生集》载此碑文多同;惟集本步有新船为涉。……当以碑为是。"

《漫叟诗话》云:诗中有一字,人以私意窜易,遂失古人一篇之意:若"相公亲破蔡州来",今"亲"字改作"新"字是也。苕溪渔隐曰:《酬王二十舍人雪中见寄》云:"三日柴门拥不开,阶庭平满白皑皑;今朝蹋作琼瑶迹,为有诗从凤沼来。"今"从"字改作"仙"字,则失诗题见寄之意也。_{渔隐丛话前集卷十八韩吏部下}

《竹坡诗话》:"柳子厚《别弟宗一诗》云:'零落残红倍黯然,双垂别泪越江边。一身去国六千里,万死投荒十二年。桂岭瘴来云似墨,洞庭春尽水如天。欲知此后相思梦,长在荆门郢树烟。''烟'字只当用'边'字,盖前有'江边'故耳。不然,当改云:'欲知此后相思处,望断荆门郢树烟。'如此,却似稳当。"予谓非是,既云梦中,则梦境迷离,何所不可到?甚言相思之情耳。一改"边"字,肤浅无味;若易以"处"字,"望断"字,又太直,不成诗矣。_{秋窗随笔}

刘泾巨济收许浑手书诗:"湘潭云尽暮烟出。"今本"烟"作"山",细思之,烟字为胜。_{丹铅总录卷十三订讹类湘潭云尽暮烟出}

按胡应麟《艺林学山》五云:"山字胜,烟字非也。云尽而山出。语意自然。易以烟。不赘乎?观下句对'巴蜀雪消春水来',气脉可见。即烟字果浑手书,吾弗许也。"

刘禹锡诗曰:"旧时王谢堂前燕,飞入寻常百姓家。"妙处全在"旧"字及"寻常"字。四溟云:"或有易之者曰:'王谢堂前燕,今飞百姓家。'点金成铁矣。"谢公(名榛,自号四溟山人。)又拟之曰:"王谢豪华春草里,堂前燕子落谁家?"尤属恶劣。历代诗话考索

元微之《连昌宫词》云:"长官清平太守好,拣选皆言由相公。"此谓姚宋作相;能荐贤用人也。下句接云:"开元之末姚宋死,朝廷渐渐由妃子。"言任女谒,由宰相不得其人,则庙谟颠倒。"由相公"与"由妃子"相应。今人选唐诗,改"相公"为"至公",非也。乐天《长恨歌》,节节蝉联,《琵琶行》处处截断,中云:"水泉冷涩弦疑绝,疑绝不通声暂歇,别有幽愁暗恨生,此时无声胜有声。"此作一断,下接云:"银瓶乍破水浆迸,铁骑突出刀枪鸣",于无声之后,忽然有声,则乍破突出始字字有力。今有改作"此时无声复有声"。则语意庸近,而云校自宋本,今传宋本《长庆集》不如此。过庭录卷十六近人妄改元白诗

杜牧之作范阳卢秀才墓志曰:"生年二十,未知古有人曰周公孔夫子者。"盖谓世虽农夫卒伍,下至臧获,皆能言"孔夫子",而卢生犹不知,所以甚言其不学也。若曰"周公孔子",则失其指矣。老学庵笔记卷二

"千里莺啼绿映红,水村山郭酒旗风。南朝四百八十寺,多少楼台烟雨中。"此杜牧《江南春》诗也。升庵谓"千"应作"十",盖千里已听不着,看不见矣。何所云莺啼绿映红邪?余谓即作十里,亦未必尽听得着,看得见。题云《江南春》,江南方广千里,千里之中,而莺啼绿映红焉,水村山郭,无处无酒旗,四百八十寺楼台,多

在烟雨中也。此诗之意。意既广,不得专指一处,故总而命曰《江南春》。诗家善立题者也。历代诗话考索

古人用字之法极妙;曾见善本《樊川集》"杜诗韩笔愁来读",笔字何等灵活;俗本刻作"杜诗韩籍愁来读",神韵顿损。一瓢诗话

陆龟蒙《宫人斜》诗云:"草着愁烟似不春",便有坟墓凄凉之意。俗本作"草树愁烟似不春"。千百年眼

古人诗句,不知其用意用事,妄改一字,便不佳。孟蜀牛峤《杨柳枝词》:"吴王宫里色偏深,一簇烟条万缕金;不忿钱塘苏小小,引郎松下结同心。"按古乐府《小小歌》有云:"妾乘油壁车,郎乘青骢马;何处结同心?西陵松柏下。"牛诗此意咏柳而贬松,唐人所谓尊题格也。后人改"松下"作"枝下",语意索然矣。丹铅总录卷十三订讹类古诗后人妄改

按胡应麟《丹铅新录》云:"用修此意自佳,然不如枝字本色,一涉松字,便着议论。知乐府体者可与语。"存参。

艺祖(宋太祖)微时《日诗》云:"欲出未出光辣挞,千山万山如火发;须臾走向天上来,逐却残星赶却月。"国史润色之,乃云:"未离海峤千山黑,才到天心万国明。"文气卑弱,大不如原作辞志慷慨,规模远大,凛凛乎已有千万世帝王气象也。藏一话腴

按《庚溪诗话》载宋太祖咏月诗云:"未离海底千山暗,才到天中万国明。"又咏初《日诗》云:"太阳初出光赫赫,千山万山如火发。一轮顷刻上天衢,逐退群星与残月。"又《隐居通议》卷十一载宋太祖咏日出之诗曰:"欲出未出红刺刺,千山万山如火发。须臾拥出大金盆,赶退残星逐却月。"诗中文字,与陈氏所记俱微异。

魏野处士,陕人,字仲先,……诗有"烧叶炉中无宿火,读书窗下有残灯"。仲先既没,集其诗者嫌焚叶贫寒太甚,故改"叶"为

"药"。不惟坏此一字，乃并一句亦无气味，所谓求益反损也。续诗话

按王观国《学林》卷八《改字》条亦载"烧叶"改"烧药"事，惟称诗为杜荀鹤作，恐误。

炀帝见李密瞻视异常，谓宇文述曰："勿令宿卫。"而《新史》但云"无入卫"！乃是面戒密也。杨素问密曰："何处书生耽学若此？"《新史》减处字，便别却本意。素谓诸子曰："吾观李密识度，汝等不及。"《新史》云："非若等辈。"意亦不明。滹南遗老集新唐书辨

李勣姊病，勣亲为煮粥，火燎其须，其姊止之。勣曰："姊老，勣亦老，虽欲久为姊煮粥，其可得乎？"《新史》改之曰："虽欲数进粥，尚几何？"殊不如旧史。只一进字，亦别却本意。滹南遗老集新唐书辨

"疾雷不及掩耳"，此兵家成言，初非偶语，古今文士未有改之者。宋子京于《李靖传》乃易"疾雷"为"震霆"，易"掩"为"塞"，不惟失真，且其理亦不安矣。雷以其疾，故不及掩耳，而何取于震？掩且不及，复何暇塞哉？此所谓欲益反弊者也。滹南遗老集新唐书辨

附录 《宋稗类钞》卷五一则

宋景文修唐史，好以艰深之辞文浅易之说，欧公思所以讽之，一日，大书其壁曰："宵寐非祯，札闼洪休。"宋见之曰："非'夜梦不祥，题门大吉'耶？何必求异如此？"欧公曰："《李靖传》云：'震霆无暇掩聪'，亦是类也。"宋惭而退。

《旧史》李揆试进士，设经史于庭，而引贡士谓之曰："大国选士，但务得才。经籍在此，请恣寻检。"而《新书》改云："可尽所欲言。"尽言何关寻检事？滹南遗老集新唐书辨

姚崇汰僧伪滥者，《旧史》但云"还俗"。而子京云"发而农"。

此何等语！且万二千人，岂无归异业者，而悉为农乎？此可以一笑也。浔南遗老集新唐书辨

《旧史》云："玄宗闻颜真卿抗贼事。喜谓左右曰：'朕不识颜真卿形状何如，所为得如此！'"《通鉴》改为"作何状"，此亦无伤。至《新书》乃云"何如人"，则是总言其性行也。浔南遗老集新唐书辨

李晟与张延赏有隙，谓人曰："文士难犯，虽修睦乎外，而蓄怨于内。"《新史》改为"儒者"。儒者与文士自别，止当从旧。浔南遗老集新唐书辨

《王焘传》云："母有疾，弥年不废带。"古今但言不解带耳，废字何义也！浔南遗老集新唐书辨

裴子余举明经，累补鄠县尉，时同列李朝隐程行谌皆以文法著称，子余独以词学知名。或问陈崇业曰："子余与朝隐行谌优劣？"崇业曰："譬如春兰秋菊，俱不可废也。"《新史》改云"兰菊异芬，胡可废者？"不如旧语多矣。且异芬字何从得之哉？浔南遗老集新唐书辨

王性之铚，博洽士也，尝语吾：宋景文公作《唐书》，尚才语，遂多易前人之言，非不佳也。至若张汉阳传，前史载武后问狄仁杰："朕欲得一好汉。"顾是语虽勿文，宁不见当时吐属有英气耶！景文则易之曰："安得一奇士用之？"此固雅驯矣，然失其所谓英气者！吾不能答。铁围山丛谈卷三

按张汉阳即张柬之。《旧唐书》卷八十九《狄仁杰传》云："则天尝问仁杰曰：'朕要一好汉任使，有乎？'仁杰曰：'荆州长史张柬之，其人虽老，真宰相才也。'"又《新唐书》卷一百二十《张柬之传》云："武后谓狄仁杰曰：'安得一奇士用之？'仁杰曰：'荆州长史张柬之，虽老，宰相材也。'"

武后问狄仁杰曰："朕要一好汉任使，有乎？"仁杰乃荐张柬之。《通鉴》改"好汉"为"佳士"，《新史》复作"奇士"。好汉字诚

为涉俗,然佳士不足以当之,矧曰奇乎？宁存本语,可也。_{溽南遗老集新唐书辨}

按旧史"好汉"二字,孙之翰《唐史论断》作"好人",《复斋漫录》引《新史》作"奇男子",意各不同,皆不如《旧史》原文为得实。

附录　宋胡仔《苕溪渔隐丛话后集》卷二十六《东坡》一引《复斋漫录》一则

送顾子敦诗："人间一好汉,谁是张长史？"《旧史》"张柬之为荆州长史,则天问狄仁杰曰：'安得一好汉用之？'狄因荐柬之。"《新史》易"好汉"为"奇男子"。

《唐俭传》,《旧书》俭劝高祖起兵,高祖曰："天下已乱,言私则图存,言公则拯溺,吾将思之。"《新书》改云："丧乱方剡,私当图存,公欲拯溺者,吾当为公思之。"是竟以公指俭矣。_{二十二史札记卷十八新书改旧书文义处}

《李光弼传》,《旧书》光弼命荔非元礼出劲卒于羊马城以拒贼。《新书》谓遣元礼战羊马,贼大溃。羊马城去城字,但云战羊马,成何语耶？_{二十二史札记卷十八新书改旧书文义处}

宋景文修《唐书》,韩文公传全载其《进学解》、《谏佛骨表》、《潮州谢上表》、《祝鳄鱼文》,皆不甚润色,而但换《进学解》数字,颇不如本意。元云："招诸生立馆下",改"招"字为"召"。既言先生入学,则诸生在前,招而诲之足矣,何召之为？"障百川而东之",改"障"字为"停",本言川流横溃,故障之使东；若以为停,于义甚浅。改"跋前疐后"为"疐后"。韩公本用狼跋诗语,非疐也。其他以"爬罗剔抉"为"杷罗","焚膏油"为"烧",以"取败几时"为"其败"。……_{容斋五笔卷五唐书载韩柳文}

《五代史》:汉王章不喜文士,尝语人曰:"此辈与一把算子,未知颠倒,何益于国?"算子本俗语,欧公据其言书之,殊有古意。温公《通鉴》改作"授之握算,不知纵横",不如欧史矣。鹤林玉露卷二

《泷冈阡表》:"回顾乳者剑汝而立于旁。""剑",今本作"抱"。按抱字是不知者妄改。郑氏《曲礼》注:"剑,谓挟之于旁",《洪容斋随笔》五卷辨之甚明。义门读书记欧阳文忠公文

按《居士集》卷二十五《泷冈阡表》正文作"剑",注云:"一作抱。"《居士外集》卷十二《先君墓表》(旧注:此乃《泷冈表》初稿,其后删润颇多,题曰《泷冈阡表》。)只作"抱",无注。当系初作"抱",后改为"剑"也。

苏仲虎言:有以澄心纸东坡书者,令仲虎取京师印本《东坡集》诵其中诗即书之,至"边城岁暮多风雪,强压香醪与君别"。东坡阁笔,怒目仲虎云:"汝便道香醪!"仲虎惊惧久之,方觉印本误以"春醪"为"香醪"也。闻见后录卷十九

《词品》曰:东坡词:"玉如纤手嗅梅花",俗刻改为王奴。孙夫人词:"日边消息空沉沉",俗刻改为耳边,败人佳思。或云:讹于亥豕,所以书贵旧本。古今词话词品卷下改词

西施姓施,其所居在西,故曰西施。《寰宇记》有东施家、西施家,故云东家丑妇效颦西家美妇,有自来矣。东坡诗曰:"他年一舸鸱夷去,应记侬家旧住西。"刊本"住"字改易"姓"字,传写误谬,不可不知也。山樵暇语卷四

苏文忠有自书《赤壁赋》本,今三希堂已为摹刻。朱子云:"盈虚者'如代',今多误作'如彼',尝见东坡手写本作'代'。"乃今三希堂所刻,则仍作"如彼",岂朱子所见又别一本耶?然三希堂本"而吾与子之所共适","共适"作"共食",又不可解。归田琐记卷三文衡山书赤壁赋册

按姚鼐《与鲁习之书》云:"往时王禹卿在扬州,为鼐书一文入石,舛误之字,不复镌改。余谓'此那得通'?禹卿笑曰:'君自有集与后人证明耳。'又苏公自书《赤壁赋》,'与子之所共适','适'误作'食',亦不注改。良以自有文集足取正之故,此皆石本不逮集之说也。"

王平甫之"春残叶密花枝少,睡起茶亲酒盏疏"。而或改"亲"字为"多",一字之误,清浊辽隔。前贤诗文,为人所改,如此类多矣。学林卷八改字

附录　宋胡仔《苕溪渔隐丛话后集》卷二十五《半山老人》引《艺苑雌黄》一则

僧惠洪《冷斋夜话》载介甫诗云:"春残叶密花枝少,睡起茶多酒盏疏","多"字当作"亲",世俗传写之误。洪之意盖欲以"少"对"密",以"疏"对"亲"。予作荆南教官,与江朝宗汇者同僚,偶论及此;江云,惠洪多妄诞,殊不晓古人诗格,此一联以"密"字对"疏"字,以"多"字对"少"字,正交股用之,所谓蹉对法也。(按睡起多口渴思茶,故云茶亲。若云茶多,殊无意味。固当以亲字为妥,江说非。)

黄词……云:"杯行到手莫留残,不道月明人散。"谓思相离之忧,则不得不尽,而俗士改为"留连",遂使两句相失。正如论诗云:"一方明月可中庭","可"不如"满"也。后山诗话

今日校《谯国集》,句中时有与昔时所见不同者,必是痛遭俗人改易耳。如《病起》一诗云:"病来久不上层台(谓宣城叠嶂双溪也),窗有蜘蛛径有苔;多少山茶梅子树,未开齐待主人来。"此篇最为奇绝。今乃改云:"为报园花莫惆怅,故教太守及春来。"非特意脉不伦,然亦是何等语!竹坡诗话卷三

按周必大《二老堂诗话》引此文云:"余谓紫芝论俗子改易张文潜诗是也。"

范元实《诗眼》曰:予诵少游词"杜鹃声里斜阳暮",山谷曰:"既云斜阳,又云暮,即重出也",欲改"斜阳"为"帘栊"。予曰:"既云孤馆闭春寒,似无帘栊。"山谷曰:"亭传虽未必有帘栊,有亦无害。"予曰:"此词本写牢落之状,若云帘栊,恐损初意。"山谷曰:"极难得好字,当徐思之。"宝祐间,外舅王君仲芳随宦至郴阳,亲见其石刻,乃"杜鹃声里斜阳树"。一时传录者以"树"字与英宗庙讳同音,故易以"暮"。盖其词一经元祐名公品题,虽有知者,莫敢改也。外舅每为人言,而为之永叹。_{日损斋笔记}

按宋英宗名曙。又《野客丛书》有"少游斜阳暮"一则,可参阅。

周紫芝有《竹坡诗话》行世,秦桧尝爱其诗云:"秋声归草木,寒色上衣裘。"今郡志作"到衣裘",止更一字,风韵迥别。_{蠓斋诗话}

"野性终期老一村,全胜白发傍朱门。"使"傍朱门"则不类,若改"白发"为"微禄",则稍近之矣。评:若改"白发",则上句"老"字亦当改矣。_{藏海诗话}

按白发与上句老字正相应;人至白发,犹傍朱门,其为"微禄"可知。改之反失浅露。

董若雨说《栋花矶随笔》载朱文公祝融峰诗云:"我来万里驾长风,绝壑层云许荡胸。浊酒三杯豪气发,朗吟飞下祝融峰。"有校者曰:"下当作上。"余案头无朱文公集,未知孰是;然以愚见论之,作"下"者殊胜。盖既御风而行,则抟扶摇而上,背负苍天,视祝融峰转在下矣。故云"飞下祝融峰"也。若作"上",则与芒鞋藜杖攀援而上者何异?一字之分。仙凡顿别矣。_{春在堂随笔卷九}

开禧用兵,韩侂胄欲以叶适直学士院草诏,适谢不能。既而卫泾被命草诏云:"一日纵敌,遂贻数世之忧;百年为墟,谁任诸人之责。"泾见适举似,误"为墟"为"成墟"。他日周南至,适告以"泾文字,近颇长进;然'成墟'字可疑"。南愕然曰:"本为墟字,何改也!"适方知南实代作。困学纪闻卷十九评文引宋吴子良荆溪林下偶谈

近时闽中书肆刊书,往往擅加改易;其类甚多,不能悉纪,今姑取一二言之:睦州,宣和中始改为严州,今所刊《元丰九域志》,乃径易睦州为岩州。又《广韵》桐字下注云:"桐庐县在严州。"然易去旧字,殊失本书之旨,将来谬乱诗传,疑误后学,皆由此也!云谷杂记卷四

"出岭同谁出?归乡如此归。"(被执南安军作)"如此归"三字最有深味,今缪者误刊作"如不归",则意味索然矣。隐居通议卷十二文丞相采薇歌

附录　宋周紫芝《竹坡诗话》卷一一则

有作陶渊明诗跋尾者言,渊明《读山海经》诗,有"形夭无千岁,猛志固常在"之句,竟莫晓其意。后读《山海经》云:"刑天,兽名也,好衔干戚而舞";乃知五字皆错。形夭乃是刑天,无千岁乃是舞干戚耳。如此,乃与下句协。传书误谬如此,不可不察也。

《西河诗话》载,曹能始先生得家信诗:"骤惊函半损,幸露语平安",以为佳句。一客谓"露"字不如"剩"字之当。大抵"平安"注函外,损余曰剩,若内露,必不巧值此字矣。人以为敏。余独谓不然。"剩"字与"半"字不相叫应。函不过半损,则剩者正多,不止平安二字。幸露语平安,正是偶然触露,所以羁旅之情,为之惊喜耳。若曰不必巧值,则又何以知其必不巧值邪?随园诗话卷三

诗不可不改,不可多改;不改则心浮,多改则机窒,要像初拓

《黄庭》,刚到恰好处。孔子曰:"中庸不可能也",此境最难。予最爱方扶南《滕王阁》诗云:"阁外青山阁下江,阁中无主自开窗。春风欲拓滕王帖,蝴蝶入帘飞一双。"叹为绝调。后见其子某云:"翁晚年嫌为少作,删去矣。"予大惊,卒不解其故。桐城吴某告予曰:"扶南三改《周瑜墓诗》,而愈改愈谬,其少作云:'大帝君臣同骨肉,小乔夫婿是英雄。'可谓工矣。中年改云:'大帝誓师江水绿,小乔卸甲晚妆红。'已觉牵强。晚年又改云:'小乔妆罢胭脂湿,大帝谋成翡翠通。'真乃不成文理。岂非朱子所谓三则私意起而反惑哉!"扶南与方敏恪公为族兄。敏恪寄信,苦劝其勿改少作,而扶南不从。方知存几句好诗,亦须福分。随园诗话卷三

凡例原文云:"方志为国史要删。"语本明白。要删犹云删要,以备用尔。语出《史记》,初非深僻;而签改为"要典",则是国史反藉方志为重,事理失实,而语亦费解矣。文征《二圣祠记》,上云:"立化像前",下云:"食顷复活。"化即死也,故字书死字从化字之半,其文亦自明白。今签立化句云:"有误否?"则下文复活无根。文史通义卷八复崔荆州书

附录　近人丁福保《全汉三国晋南北朝诗·绪言》五《误字之宜改者》

汉武帝《李夫人歌》,见于《汉书》、《艺文类聚》、《乐府诗集》,"偏何姗姗其来迟"!偏皆不作翩。《古诗纪》、《诗镜》、《古诗选》、《古诗源》等,皆误作翩字。

第三编　增加之例

一　通论增加之例

思赡者善敷。……善敷者辞殊而意显。……辞敷而言重,则芜秽而非赡。文心雕龙镕裁

凫胫虽短,续之则悲;史文虽约,增之反累。加减前哲,岂容易哉？史通叙事

贞元中,杜黄裳知举,试《珠还合浦赋》,进士林藻赋成,凭几假寐,梦人谓之曰:"君赋甚佳,但恨未叙珠去来之意耳。"藻寤,视其草,乃足四句。其年擢第谢恩,黄裳谓曰:"唯林生叙珠去来之意,若有神助。"困学纪闻卷十七评文翁注引黄璞名士传

夏竦,字子乔,幼学于姚铉。铉使为《水赋》,限以万字;竦作三千字示铉,铉怒不视,曰:"汝何不于水之前后左右广言之？"竦益之得六千字,铉喜曰:"可教矣！"宋稗类钞卷五

二　增加之例之得者

昔穆王欲肆其心,周行天下,将皆必有车辙马迹焉。《校勘记》云:案《家语》作"昔周穆王",李善注《赭白马赋》引无"昔"字,有"周"字。陈树华云:"疑作'昔周穆王',盖楚亦有穆王;子华对楚子言,故加周字;此非引者以意增改也。"左传昭公十二年并校勘记

按以文义言,当从陈说增"周"字;惟传文下句"周行"之"周"字似当避,据疏语可改为"游"。

《礼记·檀弓》,子贡曰:"泰山其颓,则吾将安仰?梁木其坏,哲人其萎,则吾将安仿?"吾郡刘尚书美中家有古本《礼记》,"木梁其坏"之下,有"则吾将安仗"五字。鹤林玉露卷十一

按《困学纪闻》卷五《礼记》篇,亦述刘美中所藏古本《礼记》多"则吾将安仗"一句,其辞大略相同。翁注引《钦定礼记义疏》云:"谢枋得曰:'刘尚书美中家藏《礼记》,梁木其坏下,有则吾将安仗五字。'今案《家语》及高丽本,皆有此五字,应从之。"

附录　王引之《经义述闻·礼记》一则

"泰山其颓,则吾将安仰;梁木其坏,哲人其萎,则吾将安放。"引之谨案:"哲人其萎"四字,乃后人据《家语》增入,非《礼记》原文也。上文"泰山其颓乎?梁木其坏乎?哲人其萎乎?"郑注曰:"泰山,众山所仰;梁木,众木所放。(《正义》曰:"放,依也。")哲人,亦众人所仰放也。以上二句喻之。"是"哲人其萎",兼有"无所仰"之义,非但"无所放"也。若如今本,以"哲人其萎"专属之"吾将安放",则郑必不如此注矣。盖郑本作:"泰山其颓,则吾将安仰;梁木其坏,则吾将安放";而无"哲人其萎"四字。"泰山其颓,则吾将安仰",正谓哲人其萎,则吾将安仰也;"梁木其坏,则吾将安放",正谓哲人其萎,则吾将安放也。文见于此,意通于彼,不必更言"哲人其萎"矣。且下文"夫子殆将病",即是"哲人其萎"也。王肃作《家语》,乃妄改其文曰:"梁木其坏,则吾将安杖;喆人其萎,则吾将安放。"(见《终记》篇)后人据此,遂增"哲人其萎"四字于"则吾将安放"之上,而文义参差矣。哲人为人所"仰放",何得但言"放"耶?孔仲达不能厘正,而云:"子贡意在匆遽,不暇句句

别言,故直引'梁木''哲人',总云'吾将安放'。"此曲说也。

子贡曰:"贫而无谄,富而无骄,何如?"子曰:"可也;未若贫而乐,富而好礼者也。"《校勘记》云:皇本高丽本"乐"下有"道"字,唐《石经》本道字旁添。案唐《石经》旁添字多不足据,此道字独与古合。考《史记·仲尼弟子列传》、《文选·幽愤》诗注引此文并有道字;又下二节孔注及皇邢两疏,亦有道字;俱足为古本有道字之证。论语学而并校勘记

按贫而乐,何氏集解引郑曰:"乐谓志于道,不以贫为忧苦";亦足证原文当有"道"字。乐道好礼,不特于文为偶,而于义乃备;阮校增道字是也。

附录一 宋王楙《野客丛书》卷十二《古人引用经子语》一则

古人引用经子语,不纯用其言,往往随意增减。……如范晔曰:"孔子称贫而无谄,富而无骄,未若贫而乐道,富而好礼者也。"……或者谓范晔举孔子称贫而乐道,富而好礼,恐《论语》中脱一道字,仆考《前汉》引此语,初无道字,而《礼记·坊记》则曰:"贫而好乐,富而好礼。"

附录二 宋孙奕《示儿编》卷四《贫而乐》一则

子曰:"可也,未若贫而乐,富而好礼者也",较之《史记·仲尼弟子传》、后汉《东平王论》,皆曰:"贫而乐道",多一道字,必是脱文。

"其未得之也,患得之;既得之,患失之。"按《家语》"其未得之也,患不得之;既得之,患失之"。比《论语》多一"不"字,辞意甚明。示儿编卷六患得患失

按今本《家语·在厄篇》曰:"其未得也,患弗得之;既得之,又恐失之。"与孙氏所引稍异。

《语》云:"其未得之,患得之;既得之,患失之。"子瞻解云:"患得之,当作患不得之。"及观退之《王承福传》云:"其贤于世之患不得之而患失之以济其生之欲者",乃知古本如此,今本偶脱一字耳。笔乘续集卷三

《中庸》第二章:"小人之中庸也,小人而无忌惮也。"盖承上句仲尼曰:"君子中庸,小人反中庸",而脱简缺一"反"字。故朱文公《章句》注云:"王肃本作小人之反中庸也,程子亦以为然,今从之。"盖小人之所以反中庸者,以其有小人之心,而又无所忌惮也。当增一"反"字为正。《大学》末章:"彼为善之小人之使为国家,菑害并至,虽有善者,亦无如之何矣。"朱文公《章句》云:"彼为善之,此句上疑有阙文误字。"今以文理推之,当是脱一"不"字。盖指为不善之小人也。何以知之?《大学》第六章:"小人闲居为不善,无所不至,见君子而后厌然,掩其不善,而著其善。"《大学》本章:"彼为不善之小人",是盖复第六章小人为不善之辞;亦犹中庸小人之反中庸也,所以复上句小人反中庸之语耳。学斋占毕卷一大学中庸言小人各有阙文一字

《瘕儆篇》:"无虎傅翼,将飞入邑,择人而食。"念孙案:《韩子·难势篇》引此,"虎"上有"为"字,而今本脱之,则文义不明。李善注《东京赋》引此,亦有"为"字。读书杂志逸周书

《法仪》曰:"是以天欲人相爱相利,而不欲人相恶相贼也。"念孙案:是以下有知字,而今本脱之,则文义不明。上文曰:"奚以知天之欲人相爱相利,而不欲人之相恶相贼也?""奚以知"正与"是以知"相应。读书杂志墨子

《屈原传》:"秦昭王欲与怀王会,怀王稚子子兰劝王行,奈何

绝秦欢。"少"曰"字。潯南遗老集史记辨惑

《齐策》:"楚有祠者,赐其舍人卮酒。"念孙案:卮上当有"一"字。以酒仅一卮,故下文云:"数人饮之不足,一人饮之有余"也。若无一字,则文义不明。《艺文类聚·杂器物部》、《鳞介部》,《太平御览·器物部》,及《后汉书·袁绍传》注引此,并作"酒一卮"。《史记·楚世家》作"一卮酒"。读书杂志战国策

《陈胜项籍列传》:"兼韩魏燕赵宋卫中山之众",念孙案:《史记·秦始皇纪》,"燕"下有"楚齐"二字,是也。下文言"九国之师",又云:"陈涉之位,不齿于齐楚燕赵韩魏宋卫中山之君",是其证。今本《汉书》及《史记·陈涉世家》、《贾子》、《文选》,并脱"齐楚"二字。读书杂志汉书

《汉高帝纪》:"吾以布衣提三尺,取天下。"谓三尺剑也。《杜周传》:"三尺安出哉?"谓以三尺竹简书法律也。王充《论衡》凡引高帝语却皆有"剑"字。作文而好用歇后语以为奇者,不可不知也。日损斋笔记

按"剑"与"法"但云"三尺",失之太晦,不可解,自以增"剑"与"法"字为是。又按《史记·高祖本纪》"提三尺"下有"剑"字,而《汉书》无之,此当指《汉书》。

附录　宋叶梦得《石林诗话》卷中二则

杨大年刘子仪皆喜唐彦谦诗,以其用事精巧,对偶亲切。黄鲁直诗体虽不类,然亦不以杨刘为过。如彦谦《题汉高庙》云:"耳闻明主提三尺,眼见愚民盗一抔。"虽是着题语,然皆歇后。一抔事无两出,或可略"土"字。如三尺律、三尺喙皆可,何独剑乎?"耳闻明主","眼见愚民",尤不成语。余数见交游,道鲁直意殊不可解。苏子瞻诗有"买牛但自捐三尺,射

鼠何劳挽六钧"？亦与此同病。六钧可去"弓"字，三尺不可去"剑"字。此理甚易知也。（按以上所论，与黄氏笔记之言，正相发明。惟宋陈岩肖《庚溪诗话》卷下独以为不然。今并照录于下："余按《汉高帝纪》曰：'吾以布衣提三尺，取天下。'又《韩安国传》，高帝曰：'提三尺，取天下者，朕也。'皆无剑字。唯注曰：'三尺，谓剑也。'出处既为此，则诗家用其本语。又何不可？"）

苏子瞻尝两用孔稚圭鸣蛙事，如"水底笙簧蛙两部，山中奴婢橘千头"；虽以"笙簧"易"鼓吹"，不碍其意同。至"已遭乱蛙成两部，更邀明月作三人"。则"成两部"不知为何物，亦是歇后，故用事宁与出处语小异而意同，不可尽牵出处语而意不显也。（《庚溪诗话》卷下曰："今按《孔圭传》，圭不乐世务，门庭草莱不剪，中有蛙鸣。或问之。圭笑曰：'我以此当两部鼓吹。'然则尝观此传者，亦岂不知两部为何物哉？若谓出处僻，人少有知者，则何待人之浅也？"）

《留侯世家》云："左右大臣多劝上都雒阳，雒阳东有成皋，西有殽渑"，却少一"曰"字。滹南遗老集史记辨惑

孝惠张皇后，宣平侯敖，尚帝姊鲁元公主，有女。念孙案：此文本作孝惠张皇后，宣平侯敖女也，敖尚帝姊鲁元公主，有女。今本脱"女也敖"三字，则上下文义不贯。（此因两敖字相乱而脱去三字）《太平御览·皇亲部》二引此有"女也敖"三字，又《皇亲部》十一、《人事部》三十五引首二句，皆有"女也"二字。读书杂志汉书

《食货志》："自古以来，未尝以乱济乱，大败天下如秦者也。"念孙案："未尝"下脱"有"字，则文义不明，当依《董仲舒传》补。读书杂志汉书

信陵君《谏与秦攻韩》云："今不存韩，则二周必危，安陵必易，

楚赵大破,魏齐甚畏,天下之西乡而驰秦入朝为臣之日不久矣。"注曰:"《国策》无'矣'字,史无'之日'字,以文义皆当有之。"_{古文辞类纂奏议类上编一}

司马迁之叙传也,始自初生,及乎行历,事无巨细,莫不备陈,可谓审矣。而竟不书其字者,岂墨生所谓大忘者乎?而班固仍其本传,了无损益,此又韩子所以致"守株"之说也。如固之为迁传也,其初宜云:"迁字子长,冯翊阳夏人,其序曰云云。"至于事终,则言"其自序如此"。著述之体,不当如是耶!_{史通杂说上}

袁宏……从桓温北征,作《北征赋》,……尝与王珣伏滔同在温座。温令滔读其《北征赋》,至"闻所传(传《世说》注作闻)于相传,云获麟于此野。诞灵物以瑞德,奚授体于虞者?疢尼父之恫(恫《世说》注作恸)泣,似实恸而非假。岂一性(性《世说》注作物)之足伤,(乃《世说》注作实)致伤于天下"。其本至此便改韵。珣云:"此赋方传千载,无容率耳。今于天下之后,移韵徙事,然于写送之致,似为未尽。"滔云:"得益'写'韵一句,或为小胜。"温曰:"卿思益之。"宏应声答曰:"感不绝于余心,愬流风而独写。"珣诵味久之,谓滔曰:"当今文章之美,故当共推此生。"_{晋书文苑传}

晋孝武帝崩,从叔尚书令珣为哀策,出本示诞,曰:"犹恨少序节物。"诞揽笔,便益之,接其"秋冬代变"后云:"霜繁广除,风回高殿。"珣叹美,因而用之。_{南史王诞传}

按《全晋文》卷二十王珣撰《晋孝武帝哀策文》略云:"自罹旻凶,秋冬代变。霜繁广除,风回高殿。帷幕空张,肴俎虚荐。极听无闻,详视罔见"云云。

融……作《海赋》,文辞诡激,独与众异。后以示镇军将军顾觊之,觊之曰:"卿此赋实超玄虚,但恨不道'盐'耳。"融即求笔注曰:"漉沙构白,熬波出素。积雪中春,飞霜暑路。"此四句后所足

也。南史张融传

按《艺苑雌黄》云:《东坡》雪诗押盐字一联,"渔蓑句好真堪画,柳絮才高不道盐";学者徒知柳絮撒盐用谢安故事,殊不知不道盐三字,亦有来处也。

《南史·后妃传》:梁元帝徐妃淫通多人,及死,以尸还徐氏;帝制《金楼子》述其淫行。今《金楼子》无及徐妃事,盖书有阙也。第《金楼子》文多依理,中有《后妃传》,亦载古今后妃内行可鉴戒者,或有述徐妃事为戒耳。如《南史》传文,似《金楼子》一书,专为述徐妃淫行而作,文法未分明也。乙卯札记

按述其淫行句上加一"尝"字,则不致疑《金楼子》专为徐妃而作也。

诗下双字极难,须使七言五言之间,除去五字三字外,精神兴致全见于两言,方为工妙。唐人记"水田飞白鹭,夏木啭黄鹂",为李嘉祐诗,王摩诘窃取之,非也。此两句好处,正在添"漠漠""阴阴"四字,此乃摩诘为嘉祐点化,以自见其妙;如李光弼将郭子仪军,一号令之,精彩百倍。不然,如嘉祐本句,但是咏景耳。人皆可到。石林诗话卷上

按唐李肇《国史补》谓"漠漠水田飞白鹭,阴阴乔木啭黄鹂",乃右丞窃取李嘉祐语。王士禛《带经堂诗话》卷十五尝述之。张宗柟附识曰:"漠漠阴阴四字,觉情景如画;下五字栩栩欲活,想见积水辋川,此翁会心自别耳。又按李嘉祐天宝七年进士,视右丞开元登第时后二十载,然考右丞之殁在上元初年,固非渺不相及也。《石林燕语》谓摩诘为嘉祐点化以自见其妙,亦何不可之有?"

《断刑论》下"果以为仁必知经"句,仁下叠一"仁"字。又"智必知权",上补"果以为智"四字。义门读书记河东集

按依何校当云："果以为仁，仁必知经；果以为智，智必知权。"文义舒畅矣。

欧阳公为韩魏公《昼锦堂记》云："仕宦至将相，富贵归故乡。"韩公得之，爱赏；后数日，欧复遣介别以本至，云："前有未是，可换此本。"韩再三玩之，无异前者；但于"仕宦""富贵"下各添一"而"字，文义尤畅，前辈为文不易如此。宋稗类钞卷五

按近人来裕恂《汉文典》卷一文法第四章增改法曰：文之病不畅也，由于用字过少；如韩魏公作昼锦堂，欧阳修为之记，起句"仕宦至将相，富贵归故乡"，魏公得之，颇爱赏。后复遣介，别以本至，云："前有未是，可换此本。"魏公再三玩之，无异前者；但于"仕宦""富贵"下各添一"而"字。文义大畅，此增字之妙也。

章子厚少年未改官，蒙欧阳公荐馆职。熙宁初，欧公作史炤《岘山亭记》，以示子厚。子厚诵至"元凯铭功于二石：一置兹山，一投汉水"，子厚曰："……一置兹山，一投汉水，亦可；然终是突兀。……惇欲改曰：'一置兹山之上，一投汉水之渊，……'"文忠公喜而用之。默记

为文字语虽贵简，而有不得简者。《韦弘景传》云："杨虞卿私造其门。弘景厉言曰：'有诏按公，尚私谒耶！'惶恐去。"不少"虞卿"字否？此类非一，观者可见。孙伏伽言三事，但云"其一""其二""其三"，而无"曰"字，文理无乃不属乎？滹南遗老集新唐书辨

按据此，前增"虞卿"字作"虞卿惶恐去"；后增"曰"字，作"其一曰"，"其二曰""其三曰"语意文气乃足。

范蜀公少时与宋子京同赋"长啸却敌骑"。蜀公先成，破题云："制动以静，善胜不争。"景文见之，不复出其所作，潜于袖中毁之，因谓蜀公曰："公赋甚佳，更当添以二'者'字。"景文赋虽不逮

蜀公,然破题云:"月满边塞,人登戍楼",亦奇语也。宋稗类钞卷五

范忠文公在蜀,始为薛简肃公所知。及来中州,人未有知者。初与二宋相见,二宋亦莫之异也。一日相约结课,以"长啸却胡骑"为题。公赋成,二宋读之,不敢出所作;既而谓公曰:"君赋极佳,但破题两句,无顿挫之功。每句之中,各添一'者'字,如何?"公欣然从之。二宋自此遂大加称赏,乃定交焉。曲洧旧闻卷二

《救灾议》:"则百姓何以赡其后。"此句上增"不久行"三字。

《战国策目录》序:"二子乃独明先王。"先王下增"之道"二字。

又:"岂将强天下之主以后世之不可为哉?"不字上增"所"字。
以上义门读书记元丰类稿

东坡与小妹、黄山谷论诗。妹云:"'轻风细柳,淡月梅花'中,要加一字作腰,成五言联句。"坡云:"轻风摇细柳,淡月映梅花。"妹云:"佳矣,未也。"黄云:"轻风舞细柳,淡月隐梅花。"妹云:"佳矣,犹未也。"坡云:"然则妹将何说?"云:"轻风扶细柳,淡月失梅花。"二人抚掌称善。坚瓠七集卷四苏黄论诗

晏尚书景初作一士大夫墓志,以示朱希真,希真曰:"甚妙,但似欠四字,然不敢以告。"景初苦问之,希真指"有文集十卷"字下曰:"此处欠。"又问欠何字?曰:"当增'不行于世'四字。"景初遂增"藏于家"三字,实用希真意也。老学庵笔记卷一

中书舍人张安国知抚州,自抚移苏,谢上表云:"虽自西徂东,周爰执事;然以小易大,是诚何心!"增"虽""然"二字,而两州东西小大,乃甚的切。诚斋诗话

艮斋先生谢尚书尝云:未第时,试《仁义天下之表制赋》,当时从游场屋者众,皆阁笔,无以体"表制"者。自作第四韵散句有曰:"民多拱极之星,世绝骇舆之马",为"表制"设也。有学生曾其性

者,巧于移掇,上添两句云:"如天其大,民皆拱极之星;若路以由,世绝骇舆之马。"非特唤醒得题目意透,又以"星"衬"仁天","马"衬"义路","表制"在其中矣。较有工夫,乃占第一;予次之。作书者不可不知。示儿编卷八赋贵巧于使事

　　按"曾其性"之"性",疑本作"姓","其姓"非曾名也。

予所作《腹剑辞》,方石评末句云:"添一恨字,即精神百倍。"……《腹剑辞》曰:"腹中剑,中自操,一日不试中怒号,构仇结怨身焉逃。一夜十徙徒为劳。生无遗忧死余恨,恨不作七十二冢藏山坳。"怀麓堂诗话

　　按方石,谢氏。

三　增加之例之失者

子路曰:"愿车马衣轻裘与朋友共敝之而无憾。"《校勘记》云:唐《石经》"轻"字旁注。案《石经》初刻本无"轻"字,"车马""衣裘",见《管子·小匡》及《外传·齐语》,是子路本用成语,后人因《雍也篇》"衣轻裘"误加"轻"字。……论语公冶长并校勘记

　　按车马衣裘,为子路所愿与朋友共敝无憾之四物,文本整齐;加增"轻"字,而读衣为去声,则"愿车马"与"衣轻裘"二句之意不相称,辞气亦欠顺,阮说是。

季康子问使民敬忠以劝如之何?子曰:"临之以庄则敬,孝慈则忠,举善而教不能则劝。"《校勘记》云:皇本"临"下有"民"字,又"则敬""则劝"作"则民敬""则民劝"。案作"临民"作"临之"俱可,若"民之"连用,则不词矣;疑皇本误。论语为政并校勘记

诗用经语,有增一字而复者,潘安仁"畏此简书忌"。蝯斋诗话

李义府尝作诗曰:"镂月为歌扇,裁云作舞衣;自怜回雪态,好取洛川归。"有枣强尉张怀庆好窃人文章,有诗曰:"生情镂月为歌

扇,出性裁云作舞衣;照鉴自怜回雪态,来时好取洛川归。"时人谓之曰:"活剥张昌龄,生吞郭正一。"诗话总龟诙谐门卷三十九

今世所传《昌黎先生集》,载此碑(罗池庙碑)文多同;惟集本……"荔子丹兮蕉黄",蕉下加子,当以碑为是。集古录跋尾卷八唐韩愈罗池庙碑

《桑榆杂录》云:"或言《醉翁亭》记用'也'字太多,荆公曰:'以某观之,尚欠一也字。'坐有范司户者曰:'禽鸟知山林之乐,而不知人之乐,此处欠之。'荆公大喜。"予谓不然;若如所说,不惟意断,文亦不健矣。恐荆公无此言,诚使有之,亦戏云尔。澝南遗老集文辨

朱熹云:戊申六月,在玉山邂逅洪景卢内翰,借得所修国史,中有濂溪程张等传,尽载《太极图说》。……然此说本语首但云"无极而太极",今传所载乃云"自无极而为太极",不知其何所据而增此"自""为"二字也。夫以本文之意亲切浑全,明白如此,而浅见之士,犹或妄有讥议;若增此字,其为前修之累,启后学之疑,益以甚矣。周濂溪集卷二诸儒太极论辨

按朱子注周子《太极图说》"无极而太极"句云:"'上天之载,无声无臭',(是解无极二字。)而实造化之枢纽,品汇之根柢也。(是解太极二字。)故曰'无极而太极',非太极之外复有无极也。"据此,若如宋史增为"自无极而为太极",则是无极与太极判而为二,适合象山所讥"叠床上之床"也。又《濂溪集》卷七载朱子云:"延平本'无极而太极''而'下误多一'生'字。"其增字之失与宋史等。

第四编　删节之例

一　通论删节之例

才核者善删；……善删者字去而意留。字删而意阙，则缺乏而非核。_{文心雕龙镕裁}

凡人为文，私于自是，不忍于割截，或失于繁多；其间妍媸，益又自惑。必待交友有公鉴无姑息者，讨论而削夺之；然后繁简当否得其中矣。_{白氏长庆集卷二十九与元九书}

文字有难于自信者，必资良友删削。昔曹子建之言曰："世人著述，不能无病，仆尝好人讥弹其文，有不善者，应时改定。"白乐天之言曰："凡人为文，私于自是，不忍于割截，或失于繁多，其间妍媸，抑又自惑，必待交友有公鉴，无姑息者，讨论而削夺之，然后繁简当否得其中矣。"二公皆雄于文者，而其言如此，学者可不深长思乎？_{退庵随笔卷十九学文}

治旧史，前岁所作《十国志》，盖是进本，务要卷多。今若便为正史，尽宜删削，存其大要。至于细小之事，虽有可纪，非干大体，自可存之小说，不足以累正史。数日检旧本，因尽删去矣，十亦去其三四。_{居士外集卷十七与尹师鲁书}

　　按旧史，即薛居正之《五代史》，欧阳公藉之以删成《新五代史》者。

南丰……适欲作一文字，事多，因托后山为之；且授以意。后山……成数百言。……南丰云："大略也好。只是多冗字。……"

后山固请改窜。但见南丰就坐,取笔抹数处,每抹处一两行,……凡削去一二百字。后山读之,则其义尤完;因叹服,遂以为法。朱子语类论文上

前辈节书,并用首尾该贯。第一节其紧要,第二节其好句,第三节其故实;繁辞尽削,所以便于灯窗场屋之用尔。如旧本司马温公亲节《通鉴》,可观可法。萤雪丛说卷上文字节要

附录　近人黄侃《文心雕龙札记》
一则(见《章句篇》)

桓荣受朱普学章句四十万言,荣减为二十三万言,其子郁复删省成十二万言。是则章句之文,可以损之又损,知其多者皆浮辞也。

夫善取者不如善舍,善改者不如善删。凡博而之约,峥嵘绚烂而之平淡,盖已非一朝一夕之故,而所以致此者可思也。魏伯子文集卷一删诗序

按此为魏际瑞自删所作诗而自序之之辞。本集卷四《与子弟论文书》云:"善改者不如善删,善取者不如善舍。"盖一意而重述之耳。又际瑞弟禧作《伯子文集序》云:"伯子……年未三十时,成诗文已八十余册,后辄每年删而焚之,存者不及七八寸。伯子曰:'多作不如多改,善改不如善删。'然其所删,亦颇有可观者。"观此,则际瑞乃真能自践其善删之言者。古人之所必删,即时人之所甚好;惟时人甚好,是古人所必删也。魏伯子文集卷四与子弟论文

附录　近人王逸塘《今传是楼诗话》一则

余最喜樊榭(厉鹗)论诗,多作不如多改,善改不如善删

之语。以此告人,并时以自箴。

东房言:"作文者善改不如善删",此可得学简之法。然句中删字,篇中删句,集中删篇,所易知也。善作文者,能于将作时删意,未作时删题,便省却多少笔墨;能删题,乃真简矣。日录卷二杂说

按东房即禧兄际瑞之别号。禧又有复罗珂雪手简云:"愿足下于集中省篇,篇中省句,句中省字。文章如用兵,贵精不贵多。韩淮阴多多益善,王翦六十万,古兵家亦少有是。"此泛释善删之义。又《宗子发文集序》云:"识不高于庸众,事理不足关系天下国家之故,则虽有奇文与《左》《史》韩欧阳并立无二,亦可无作。"《答施愚山侍讲书》云:"善为文者,有不必命之题,有不屑言之理。"此皆可为"删题"之注脚。东坡诗云:"诗文岂在多,一颂了伯伦。"朱少章谓《艺文志》载《刘伶集》三卷,刘伶非无他文章。钟退谷谓刘眘虚生平诗才十四首。予观独孤及《三贤论》及殷寅所叹,眘虚之长,不止于诗,诗亦岂止十四首。但此一颂十四诗,足以不朽其人,他文可不必传。正如白头花钿满面,不如美人半妆耳。山谷《豫章集》最多,而晚年自删其诗,止存三百篇;徐昌谷自定《迪功集》亦最少。二公正得此意。予生平为诗,不下三千首。门人盛侍御诚斋(符升),曹祭酒峨眉(禾)为撰《精华录》,意存简贵;然所取尚近千首,愧山谷昌谷多矣。香祖笔记

按王渔洋《精华录》之辑,即宁都魏氏所谓集中删篇也。

二 删节之例之得者

朱子发曰:"《诗》全篇削去者二千六百九十四篇,如'狸首曾孙'之类是也;篇中删章者,如'唐棣之华,偏其反尔,岂不尔思,室是远而'之类是也;章中删句者,如'巧笑倩兮,美目盼兮,素以为

绚兮'是也。句中删字者,如'谁能秉国成,不自为政,卒劳百姓'是也。"困学纪闻卷三诗

按王应麟引此言,不加评论,阎若璩等则以朱氏之说为非事实;然诗文不厌删削而后名世,其理固有如此者。又翁元圻案:"朱子发之说,本于欧阳公。"今并录欧阳公之说于下,以便参证。欧阳公之说曰:"删《诗》云者,非止全篇删去;或篇删其章,章删其句,句删其字;如'唐棣之华,偏其反而,岂不尔思,室是远而',此《小雅·常棣》之诗,夫子以其以室为远,害于兄弟之义,故篇删其章也;'衣锦尚䌹,文之著也',此《鄘风·君子偕老》之诗,夫子谓其尽饰之过,恐其流而不返,故章删其句也。'谁能秉国成,不自为政,卒劳百姓',此《小雅·节南山》之诗,夫子以'能'字为意之害,故句删其字也。"《公羊》(当作《谷梁》)称:"郤克眇,季孙行父秃,孙良夫跛。齐使跛者逆跛者,秃者逆秃者,眇者逆眇者。"盖宜除跛者以下句,但云:"各以其类逆。"必事加再述,则于文殊费,此为烦句也。《汉书·张苍传》云:"年老,口中无齿。"盖于此一句之内,去"年"及"口中"可矣。夫此六文成句,而三字妄加,此为烦字也。史通叙事

按魏际瑞《与子弟论文》云:"古人文字,有累句涩句不成句处,而不改者,非不能改也;改之或伤气格,故宁存其自然。名帖之存败笔,古琴之仍焦尾是也。昔人论《史记·张苍传》,有'年老口中无齿'句,宜删曰'老无齿'。《公羊传》:(当作《谷梁传》。)'齐使跛者逆跛者,秃者逆秃者,眇者逆眇者',宜删云:'各以类逆。'简则简矣,而非公羊史迁之文,又于神情特不生动。"浦起龙云:"高赤檀弓,复调取致,原非史部家言,刘公特拈句示的耳;勿以不知文诟之。"观此,则文史作法分途,详略得失,不可拘执。读者以心知其意为上。

又按今通行注疏本《谷梁传》成公元年原文作"季孙行父秃，晋郤克眇，卫孙良夫跛，曹公子手偻，同时而聘于齐；齐使秃者御秃者，使眇者御眇者，使跛者御跛者，使偻者御偻者。"凡刘氏所云"逆"者皆作"御"。又《公羊传》成公二年叙此事较略，曰："客或跛或眇，于是使跛者迓跛者，眇者迓眇者。"可并取比较之。

《论语》："恶居下流而讪上者"，汉《石经》无"流"字，陈仲鱼孝廉鳣曰："《盐铁论》，大夫曰：'文学居下而讪上。'《汉书·朱云传》：'小臣居下讪上。'是汉时所据《论语》，并无流字。《义疏》云：'恶为人臣下而毁谤其君上者'，亦无流字。今所传皇本有流字，盖依通行本增入也。"惠征君曰："当因《子张篇》'恶居下流'，涉彼而误。"端履案：《祭统》"上有大泽，则民夫人待于下流"。流字对上泽字而言。今《论语》自以"上""下"对文，断不得有流字，当依《石经》为是。_{重论文斋笔录卷一}

《孔子家语》曰："鲁公索氏将祭，而忘其牲。孔子闻之曰：'公索氏不及二年矣。'一年而亡。门人问曰：'昔公索氏亡其祭牲，而夫子曰不及二年必亡；今果如期而亡，夫子何以知其然？'"宜除二十四字。_{史通点烦}

按此殆指"门人问曰"下复举"昔公索氏"云云三句二十四字宜除也。

又按刘氏《点烦篇》，摘取子史中文，其字句烦冗缭绕尤甚者十四则，皆以色笔点去之。使归简洁。"可惜传刻失真，点去文留，譬眺古者，空凭废迹而已。"（用浦起龙语）然其中亦有可略窥其意者，今特存《家语》及《十六国春秋》（见后）各一则，以概其余。

附录　唐刘知几《史通·点烦》小序

夫史之烦文,已于《叙事篇》言之详矣。虽七(浦注:《叙事篇》在六卷,疑当作六。)卷成言,而三隅莫反。盖语云:"百闻不如一见",是以聚米为谷,贼虏之虚实可知;画地成图,山川之形势易悉。昔陶隐居《本草》,药有冷热者,朱墨点其名;阮孝绪《七录》,书有文德殿者,丹笔写其字。由是区分有别,品类可知。今辄拟其事,钞自古史传,文有烦者,皆以笔点其烦上;凡字经点者,尽宜去之。如其间有文句亏缺者,细书侧注于其右。或回易数字,或加足片言,俾分布得所,弥缝无阙。庶几观者易悟,其失自彰。知我摭实而谈,非是苟诬前哲。

楚共王出猎,而遗其弓,左右请求之,共王曰:"止!楚人遗弓,楚人得之,又何求焉?"仲尼闻之,曰:"惜乎其不大!亦曰:'人遗弓,人得之而已。'何必楚也!"仲尼所谓大公也。说苑至公

按《吕氏春秋·贵公》云:"荆人有遗弓者,而不肯索,曰:'荆人遗之,荆人得之。又何索焉?'孔子闻之,曰:'去其荆而可矣。'老聃闻之,曰:'去其人而可矣。'故老聃则至公矣。"《公孙龙子·迹府》云:"龙闻楚王张繁弱之弓,载忘归之矢,以射蛟兕于云梦之圃,而丧其弓,左右请求之。王曰:'止!楚人遗弓,楚人得之,又何求乎?'仲尼闻之,曰:'楚王仁义而未遂也。亦曰人亡弓,人得之而已,何必楚?'若此,仲尼异'楚人'于所谓'人'。……"《家语好生》云:"楚恭王出游,亡乌嗥之弓,左右请求之。王曰:'已之!楚王失弓,楚人得之,又何求?'孔子闻之,曰:'惜乎其不大也!不曰人遗弓,人得之而已,何必楚也?'"四书同记一事,以《吕氏春秋》最简,惟老聃一说,近于玄谈,于辞费解。《公孙龙子》最繁,辞过文

饰。《家语》虽伪书后出,颇具剪裁,然皆不及《说苑》之辞为明洁。

《法仪》曰:"三者,莫可以为治法而可。然则奚以为治法而可?"念孙案:既言莫可以为治法,则不当更有"而可"二字;此涉下句而衍。读书杂志墨子

《魏策》:"唐且谓魏王曰:'老臣请出西说秦,令兵先臣出可乎?'"念孙案:"请"下不当有"出"字。此涉下文出字而误衍耳。《史记·魏世家》、《新序·杂事篇》俱无出字,《艺文类聚·人部》、《太平御览·人事部》引策文亦无。读书杂志战国策

《周本纪·齐世家》称武王观兵,诸侯不期而会盟津者八百诸侯,诸侯皆曰:"纣可伐矣",无乃剩"诸侯诸侯"字乎?潇南遗老集史记辨惑

《郑世家》云:"孔子尝过郑,与子产如兄弟云。及闻子产死,孔子为泣曰:'古之遗爱也!'兄事子产。"予谓言"孔子为泣",则"闻"字亦着不得。或只云"及闻其死,泣曰",更为简省也。夫既如兄弟,而子产年长,则何必复言"兄事"哉?兼已死之后及此,其次第亦不应尔。潇南遗老集史记辨惑

"赵简子疾,五日不知人。既寤,语大夫曰:'我之帝所,有一熊欲来援我。帝命我射之。中熊,熊死。又有一罴来,我又射之。中罴,罴死。'"予谓"中罴"字不须要,中罴事但云:"我又射杀之"可也。潇南遗老集史记辨惑

《赵世家赞》云:"吾闻冯王孙曰:'赵王迁,其母倡也,嬖于悼襄王,悼襄王废嫡子嘉而立迁。迁素无行,信谗,故诛其良将李牧,用郭开。'岂不谬哉!"至《冯唐传》称李牧之功曰:"是时赵几霸。后会赵王迁立,其母倡也,用郭开谗而诛李牧。"予谓赵王迁所以夺嫡而立,则由其母见嬖之故;若乃信谗而诛李牧,倡何与焉?此

句为赘,而班书亦存之,过矣。渟南遗老集史记辨惑

按依王氏意,《冯唐传》当删作"是时赵几霸。后会赵王迁立,用郭开谗而诛李牧"。

《范雎传》云:"须贾谓范雎曰:'非大车驷马,吾固不出。'范雎曰:'愿为君借大车驷马于主人翁。'范雎归,取大车驷马。"此当云:"愿为君借于主人翁,即归取车马。"渟南遗老集史记辨惑

"聂政欲为严仲子刺韩相侠累。仲子请益车骑壮士为辅翼,政言不可,遂谢车骑人徒。聂政乃辞,独行仗剑至韩。"多"聂政乃辞"四字。又云:"刺杀侠累,因自皮面决眼,自屠出肠,遂以死。"何必"遂"字?又云:"韩取聂政尸,暴于市,购问,莫知谁子。于是韩购县之,有能言杀相侠累者,予千金。久之莫知也。政姊荣闻人有刺杀韩相者,贼不得,国不知其名姓,暴尸而县之千金,乃于邑曰"云云。但言"政姊荣闻之于邑",岂不简快乎?又曰:"市行者诸众人皆曰:'此人暴虐吾国相。'"多"诸众人"字。渟南遗老集史记辨惑

乐毅《报燕惠王书》云:"昔伍子胥说听于阖闾,而吴王远迹至郢;夫差勿是也,赐之鸱夷而浮之江,吴王不寤先论之可以立功,故沈子胥而不悔;子胥不早见主之不同量,是以至于入江而不化。"注云:"'主不同量',谓夫差非其父之伦。或有'臣'字非。"古文辞类纂书说类二

《史记·屈原传》云:"每出一令,平伐其功曰:'以为非我莫能为也。'""曰"字与"以为"意重复。柳文《鹘说》云:"余疾夫今之说曰:'以煦煦而默,徐徐而俯者,善之徒;翘翘而厉,炳炳而白者,暴之徒'";亦是类也。渟南遗老集文辨

《秦始皇本纪》:"荆王献青阳以西,已而畔约,击我南郡;故发兵诛得其王,遂定其荆地。"念孙案:"荆地"上不当有"其"字,盖涉

上句"其"字而衍。读书杂志史记

"李斯出狱,与其中子俱执,顾谓其中子曰。"多下"其中子"三字。潨南遗老集史记辨惑

《留侯世家》云:"刘敬说高帝曰:都关中。"多却"曰"字。潨南遗老集史记辨惑

叔孙通以惠帝作复道,劝之立原庙,上乃诏有司立之。则立庙之由已自见矣,而复云"原庙起以复道故",此句安用哉?《前汉》削之,当矣。潨南遗老集史记辨惑

《史记·邓通传》云:"文帝崩,景帝立。"向若但云"景帝立",不言"文帝崩",斯亦可知矣,何用兼书其事乎?史通杂说上

"石奢为楚相,行县。道有杀人者,追之,乃其父也。纵其父而还自系焉。"但云"纵之"可也。潨南遗老集史记辨惑

"李广见草中石,以为虎而射之,中石没镞,视之石也。因复更射,终不能复入石矣。"凡多三"石"字。当云"以为虎而射之,没镞。既知其石,因复更射,终不能入。"或云:"尝见草中有虎,射之,没镞;视之石也。"亦可。又云:"其射,见敌急,及在数十步之内,度不中不发。""度不中"三字重叠;若此句存,则上句宜去也。又言"广自刭,军士大夫一军皆哭"。但云"一军"足矣;或去此二字亦可。潨南遗老集史记辨惑

"司马相如病甚。天子曰:'可往从悉取其书。'使所忠往,而相如已死,家无书。问其妻。对曰:'长卿固未尝有书也;时时著书,人又取去,即空居。长卿未死时为一卷书,曰:"有使者来求书,奏之。"无他书。'其遗札书言封禅事,奏所忠。所忠奏其书,天子异之。其书曰"。凡用十"书"字,何其繁也? 若云"相如已死,其妻曰:'长卿固未尝有书,时有所著,人又取去。且死,独遗一卷,曰:"有使者来,即奏之。"'其书乃言封禅事也。既奏,天子异

焉。其辞云云。"不亦可乎？濬南遗老集史记辨惑

《司马迁传》："及如左邱明无目，孙子断足。"宋祁曰："越本无'明'字。"念孙案：越本是也。无"明"字者，省文便句耳。上文"左邱失明"，即其证。后人不达，而误增入"明"字，则累于词矣。景祐本及《文选》皆无"明"字。读书杂志汉书

《汉书·昌邑王传》："即位后，梦青蝇之矢积西阶东，可五六石，以屋版瓦覆，发视之，青蝇矢也。"按文烦复而无当，宜改上句云："梦有物积西阶东"，接其下云云，则文省而事理益明矣。乙卯札记

马融为马援兄余之孙，兄子严之子。《后汉书》列《马援传》十四，《马融传》五十。融里籍已详援传，则融但著严子可也。范氏复叙扶风茂陵，不相顾也。乙卯札记

河南尹田歆问外甥王谌曰："河南当举六孝廉，皆得贵人书命，不宜相违；欲以五副之，举一清名堪成就者，上以报国，下以托子孙。……"《后汉书》删去托子孙一句，使歆身分增高。随园随笔卷二后汉纪与后汉书异同

《十六国春秋》曰："郭瑀有女始笄，妙选良偶，有心于刘昞，遂别设一席于座前，谓诸弟子曰：'吾有一女，年向长成，欲觅一快女婿；谁坐此席者，吾当婚（或作婿）焉。'昞遂奋衣来坐，神志湛然，曰：'向闻先生欲求快女婿，昞其人也。'"除二十二字。史通点烦

　　按刘氏云"除二十二字"，旧注以文句不多，除数恐不到二十有余，必有误。今姑以鄙意除二十二字，别录正文如下："郭瑀有女始笄，妙选良偶，有心于刘昞，遂别设一席于座前，谓诸弟子曰：'谁坐此席者，吾当婿焉。'昞遂奋衣来坐，神志湛然，曰：'婿，昞其人也。'"亦未知果有当否？

一富翁慕好客之名，而不甚设酒食。一日诸词人杂坐，久之，

惟具水浸藕两盆而已。诸人举手而尽。一客因诵:"客到但知留一醉,盘中惟有水晶盐"之句;云,太白此诗,若删去四字,便合今日雅会矣。一客问宜去何四字? 答云:"客到但知留,盘中惟有水。"众皆大笑。<u>坚瓠三集卷三删太白诗字</u>

按此虽谐谈,而句意甚切事实。以文论,亦删例之得者。

韩昌黎《平淮西碑》云:"明年平夏。"谓宪宗即位之明年,乃元和元年,杨惠琳伏诛也。下云:"又明年平蜀",则应是元和二年矣。然新旧《唐书》本纪及《通鉴纲目》皆书"元和元年三月,杨惠琳伏诛;十月,刘辟伏诛。"则平夏平蜀,俱在此一年,而非次年始平蜀,故《梁溪漫志》指昌黎"又明年"句为误。《新书·吴元济传》全载此碑,却删去"明年平夏"句,并删去"又"字;但云:"明年平蜀",谓即登极之明年也。尤可见其不苟下笔如此。<u>陔余丛考卷十一新唐书隶事之当</u>

按《新唐书》删去平夏句,于事实有未备,拟但删去"平蜀"句上"明年"二字,似较合。

柳宗元《渔翁》诗曰:"渔翁夜傍西岩宿,晓汲清湘燃楚竹,烟销日出不见人,欸乃一声山水绿。回看天际下中流,岩上无心云相逐。"苏轼曰:"诗以奇趣为宗,反常合道为趣。熟味此诗,有奇趣,然其尾两句,虽不必有亦可。"<u>柳河东集卷四十三古今诗</u>

按王士禛《渔洋诗话》曰:"柳子厚'渔翁夜傍西岩宿'一首,如作绝句,以'欸乃一声山水绿'结之,便成高作;下二句真蛇足耳。而盲者顾称之,何耶?"其言盖出于东坡。

《送薛存义之任序》:"今我受其直。""我"字衍。<u>义门读书记河东集</u>"尔俸尔禄,民膏民脂。下民易虐,上天难欺"。太宗皇帝书此以赐郡国,立于厅事之南,谓之"戒石铭"。按……蜀主孟昶为文颁诸邑云:"朕念赤子,旰食宵衣,言之令长,抚养惠绥。政存三异,道在七丝。驱鸡为理,留犊为规。宽猛得所,风俗可移。无令侵削,无使疮痍。下民易虐,上天难欺。赋舆是切,军国是资。朕之赏罚,固不逾时。尔俸尔禄,民膏民脂。为民父母,莫不仁慈。勉尔为戒,体朕深思!"凡二十四句。昶区区爱民之心,在五季诸僭伪之君,为可称也。但语言皆不工,唯经表出者,词简理尽,遂成王言。盖诗家所谓脱胎换骨法也。_{容斋续笔卷一戒石铭}

按此由二十四句改为四句,亦删节法也。

欧公《秋声赋》云:"如赴敌之兵,衔枚疾走,不闻号令,但闻人马之行声。"多却"声"字。又云:"丰草绿缛而争茂,佳木葱茏而可悦,草拂之而色变,木遭之而叶脱。"多却上二句,或云"草正茂而色变,木方荣而叶脱"亦可也。_{溴南遗老集文辨}

《桐江诗话》云:永叔作韩忠献《昼锦堂记》开石了,以碑本寄张安道,安道嗟叹久之,云:"惜乎不先寄老夫,使此记遂有小颣。'以武康之节,来治于相',两句中可去一字;不然,'以武康之节来治相';又不然,'以武康节来治于相'。"_{渔隐丛话后集卷二十三六一居士}

《五王赞》云:"五王提卫兵中兴唐室,不淹辰,其谋深矣。至不尽诛诸武,使天子藉以为威,何其浅耶?衅牙一启,为艳后竖儿所乘,无亦神夺其明,厚韦氏毒,以兴先天之业乎?不然,安李之功,贤于汉平勃远矣。"今案所谓"不然安李之功贤于汉平勃",其"不"字可削也。_{新唐书纠谬卷十三五王赞中不字}

嗣昭初喜嗜酒。今案喜即嗜也,剩"喜"字。(案薛史作"初嗜"酒好乐。)_{五代史纂误卷中}

欧公赞唐太宗……云:"自古功德兼隆,由汉以来,未之有也。"既曰"由汉以来",则"自古"字亦重复。_{溴南遗老集文辨}

蔡君谟作《泉州万安渡石桥记》,文字极简古。然予谓剩却八言。盖既言其长二千六百尺翼以扶栏矣,不当又言"如其长之数

而两之"。此八字为赘。_{扪虱新话卷二}

《说苑目录序》:"然其所取,往往有不当于理。""有"字衍。_{义门读书记元丰类稿}

四六有初语平平,而去其一字,精神百倍,妙语超绝者:介甫《贺韩魏公致仕启》云:"言天下之所未尝,任天下之所不敢";其初句尾有"言""任"二字而去之也。_{诚斋诗话}

东坡《祭欧公文》云:"奄一去而莫予追","予"字不安,去之可。_{滹南遗老集文辨}

  按"予"改"之"亦可。或曰:"莫予退",即"予莫追"之倒文,存参。

东坡《赤壁赋》云:"扣舷而歌之,歌曰:"云云。"客有吹洞箫者,倚歌而和之,其声呜呜然,如怨如慕。"山谷为坡写此赋为屏障,云:"扣舷而歌曰:"又云:"其声呜呜,如怨如慕。"去"之""歌""然"三字,觉神观精锐。_{诚斋诗话}

  按依诚斋所云,山谷所书《赤壁赋》应如下文,云:"扣舷而歌曰:……客有吹洞箫者,倚歌而和之,其声呜呜,如怨如慕。"

《易》《诗》《书》《春秋》及《四书》,一字不可增减,文之极则也。降而《左传》《史记》韩文,虽长篇,句字可薙芟者甚少,其余诸家,虽举世传诵之文,义枝辞冗者,或不免矣。未便删去,姑钩画于旁,俾观者别择焉。_{古文约选序例}·

  按方氏代和硕果亲王评选《古文约选》一书,于各家文之枝蔓者,删节颇多;今以限于篇幅,仅节录数则,为例如后:(弧括〔 〕中字,即方氏所拟删节者。)

  柳宗元《寄许京兆孟容书》云:"宗元早岁与负罪者亲善,始奇其能,谓可以共立仁义,裨教化;过不自料,勤勤勉励,惟以中正信义为志,〔以兴尧舜孔子之道,利安元元为务;〕不知愚陋,不可力强。其素意如此也。末路厄塞尳兀,事既雍隔,狠忤贵近,〔狂疏缪戾,〕蹈不测之辜,群言沸腾,鬼神交怒;加以素卑贱,暴起领事,〔人所不信,〕射利求进者,填门排户,百不一得;一旦快意,更造怨蘖。以此大罪之外,诋诃万端。旁午构扇,便为敌仇,协心同攻,外连强暴失职者以致其事。"

柳宗元《贺进士王参元失火书》云:"仆与足道十年之相知,不若兹火一夕之为足下誉也。宥而彰之,使夫蓄于心者咸得开其喙;发策决科者,授子而不栗;虽欲如向之蓄缩受侮,其可得乎?〔于兹吾有望于子,〕是以终乃大喜也。"

欧阳修《原弊论》云:"孟子曰:'养生送死,王道之本。'管子曰:'仓廪实而知礼节。'故农者天下之本〔也,而〕王政所由起也。〔古之为国者未尝敢忽,〕而今之为吏者不然,簿书听断而已矣。闻有道农之事,则相与笑之,〔曰鄙。〕夫知赋敛财用之为急,不知务农为先者,是未原为政之本末也;知务农而不知节用以爱农,是未尽务农之方也。"

欧阳修《泷冈阡表》云:"太夫人仁爱而有礼,……自其家少微时,治〔其〕家以俭约,其后常不使过之。"

欧阳修《孙明复墓志铭》云:"先生年逾四十,家贫不娶,李丞相迪将以其弟之女妻之,先生疑焉。介(石介)与群弟子进曰:'公卿不下士久矣,〔今丞相不以先生贫贱而欲托以子,是高先生之行义也。〕先生宜因以成丞相之贤名',于是乃许。"

苏洵《史论》上云:"夫规矩准绳,〔所以制器,〕器所待而正者。然而不得器,则规无所效其圆,矩无所用其方,准无所施其平,绳无所措其直。"

苏洵《议法》云:"今也大辟之诛,输一石之金而免。贵人近戚之家,一石之金不可胜输,是虽使朝杀一人,〔而输一石之金;〕暮杀一人,〔而输一石之金;〕金不可尽,身不可困,况以其官而除其罪,则一石之金,又不皆输焉,是恣其杀也!"

苏轼《御试制科策》一道云:"且夫孝武亦不可谓用儒之主也。博延方士而多兴妖祠,大兴宫室而甘心远略,此岂儒者教之?今〔夫〕有国者徒以徇其名而不考其实,……见孝武之虚耗而以为儒者之罪,则过矣。"

苏辙《唐论》云:"天下之变,常伏于其所偏重〔而不举之处〕,故内重则为内忧,外重则为外患。"

又云:"自周之衰,齐晋秦楚,绵地千里,内不胜其外,以至于灭亡〔而不救〕。秦人患其外之已重而至于此也,于是收天下之兵而聚之关中,夷灭其城池,杀戮其豪杰,使天下之命皆制于天子。然至于二世〔之时〕,陈胜吴广大呼起兵,而郡县之吏熟视而走,无敢谁何。"

王安石《上仁宗皇帝言事书》云:"唐既亡矣,陵夷至于五代,而武夫用事,贤者伏匿〔消沮而不见;在位〕无复知有君臣之义,上下之礼者也。"

王安石《临川王君墓志铭》云:"余叔父讳师锡,字某。少孤,〔则〕致孝于〔其〕母,忧悲愉乐,不主于己,以〔其〕母而已。学于他州,凡被服饮食玩好之物,苟可以惬〔吾〕母而力能有之者,皆聚以归,虽甚劳窭,终不废。"

又云:"其葬也,以至和四年,祔于真州某县某乡铜山之原,皇考谏议公之兆。〔为铭,〕铭曰:……"

曾巩《明州拟辞高丽送遗状》云:"及至唐室,以太宗之英武,李勣之善将,〔至于〕君臣〔皆〕东向以身督战,而不能拔一城。此臣之所谓难以力服也。"

又云:"臣愚非敢以是为廉,诚以拊接蛮夷,示之以轻财重礼之义,不可不先,庶几〔万分之〕一无累于陛下以德怀远人之礼。"

曾巩《南齐书目录序》云:"子显之于斯文,喜自驰骋,其更改破折刻雕藻缋之变尤多,而其文益下,岂〔夫〕材固不可以强〔而有〕耶?"

曾巩《说苑目录序》云:"向采传记百家行事之迹,以为此书,奏之,欲以为法戒;然其所取,往往〔有〕不当于理,〔故不得而不论也。〕夫学者之于道,非知其大略之难也;知其精微之际固难矣。"

曾巩《宜黄县学记》云:"士有聪明朴茂之质,而无教养之渐,则其材〔之〕不成;夫〔然盖〕以不学未成之材,而为天下之吏,又承衰弊之后,而治不教之民,呜呼!仁政之所以不行,盗贼刑罚之所以积,其不以此也欤?"(按姚鼐《古文辞类纂》于"夫然"之"夫"下注云:"疑'固'。"盖以"固然"承上为句也。)

叶平原《暮春即事》一首:"双双瓦雀行书案,点点杨花入砚池。闲坐小窗读《周易》,不知春去几多时。"俱削上二字,仍是宋人绝句。四溟诗话卷一

三　删节之例之失者

《史记》曰:"诸侯咸尊轩辕为天子,代神农氏,是为黄帝。"《古史》曰:"诸侯咸尊轩辕代神农氏为黄帝。"以文法言之,"为天子"三字,与是为之"是",恐皆不可去。黄氏日钞卷五十读古史五帝纪

按黄氏《读古史·五帝纪》又一则云:"文不可以省字为工;文而可省,太史公省之久矣。"此语顾亭林尝述之于《日知

录》中,以见前人之文,不可妄删;惟亦当活看耳。

《晋世家》云:"赵盾尝田首山,食桑下饿人。饿人舍其半,曰:'宦三年,未知母之存否,愿遗母。'"夫存否且不知,顾安所遗乎?《左传》有"今近焉"三字,于理乃通。迁卤莽而失之耳。濬南遗老集史记辨惑

《古史》视《史记》多省文。《史记》曰:"母,韩女也;樗里子滑稽多智。"《古史》曰:"母,韩女也,滑稽多智。"似以母为滑稽矣。然则"樗里子"之文,其可省乎?《史记》曰:"甘茂者,下蔡人也,事下蔡史举,学百家之说。"《古史》曰:"下蔡史举,学百家之说。"似史举自学百家矣。然则"事"之一字,其可省乎?黄氏日钞卷五十一读古史樗里子甘茂传

按《日知录》亦尝引黄氏此语,以证辞主于达。

《史记·外戚世家》曰:"王太后在民间时所生女在长陵,韩嫣白武帝。帝曰:'何不早言?'乃自往迎取之。至门,使左右群臣入家求之。家人惊恐,女亡匿床下,扶持出。武帝下车,曰:'嚄!大姊,何藏之深也!'诏副车载入宫。"《前汉书·外戚传》曰:"帝下车,曰:'大姊,何藏之深也!'"观国按字书曰:"嚄,胡伯切,大唤也。"武帝叹讶其藏匿而大唤之也。而班固于《汉书》乃削去嚄字,则不见其叹讶之声矣。学林卷四方俗声语

《史记》秦始皇以东南有天子气,乃东游以厌之。高祖即自疑,隐于芒砀山泽之间。吕后以其所居处常有云气,求辄得之。《汉书》删却"即自疑"三字。高祖本匹夫而以天子自疑,正见志气不凡也。《汉书》删此三字,便觉无意。二十二史札记卷一史汉不同处

汉高祖嫚侮人,骂詈诸侯群臣如奴耳。至张良,必字曰"子房"而不敢名。高祖伪游云梦,缚韩信载后车,信叹息曰:"狡兔死,走狗烹;飞鸟尽,良弓藏"者,如子房弃人间事,从赤叔子游,高

祖安得而害之？故司马迁具书之，班固乃削去下二语，此未达淮阴之叹耳。闻见后录卷九

按邵云削去下二语，殆指"飞鸟尽，良弓藏"二句。惟考之《史》《汉》原书，实不止二句。今摘录两书传文如下：《史记·淮阴侯列传》曰："上令武士缚信载后车。信曰：'果若人言：狡兔死，走狗亨；高鸟尽，良弓藏；敌国破，谋臣亡。天下已定，我固当亨。'"《汉书·韩彭英卢吴传》曰："高祖令武士缚信，载后车。信曰：'果若人言：狡兔死，良狗亨。'"

荀悦《汉纪》……胜《汉书》者，纪称灌夫骂程不识不值一钱，田蚡曰："君众辱程将军，独不为李将军地乎？"李将军，李广，夫素所敬也。《汉书》删此二句，则为李将军地一语意不显矣。随园随笔卷二前汉纪与汉书异同

柳子厚《书段太尉遗事》："解佩刀，选老躄者一人持马至郭晞门下，甲者出，太尉笑且入曰：'吾戴吾头来矣。'"宋景文修《新史》曰："吾戴头来矣。"去一"吾"字，便不成语；吾戴头来者，果何人之头耶？闻见后录卷十四

"吾戴吾头来矣"下，有"甲者愕，因谕曰：'常侍负若属耶？副元帅负若属耶？奈何欲以乱败郭氏？'晞出，秀实让之"云云。悍卒恃常侍，兼恃副元帅。段公之言，不惟破其所恃，而又使之有顾畏之心。以此谕甲者，可谓适合体要矣。今注但存让晞语非是。全唐文纪事卷九十引纲目分注拾遗

宋景文修《唐书》，……《吴元济传·平淮西碑》文千六百六十字，固有他本不同。然才减节，辄不稳当："明年平夏"一句悉芟之；"平蜀西川"，减"西川"字；"非郊庙祠祀，其无用乐"，减"祠""其"两字；"皇帝以命臣愈，臣愈再拜稽首"，减下"臣"字，殊害理。容斋笔卷五唐书载韩柳文

杨虞卿兄弟怙李宗闵势,为人所奔向。当时为之语曰:"欲入举场,先问苏张;苏张尚可,三杨杀我。"而《新唐书》减去"先"字。李德裕《赐河北三镇诏》曰:"勿为子孙之谋,欲存辅车之势。"《新书》减去"欲"字,遂使两者意义为不铿锵激越,此务省文之失也。容斋五笔卷二唐史省文之失

《新唐书》自夸文简于初,事增于旧;然硬删旧文一二字,往往晦塞不通,除顾亭林《日知录》所摘外,余又摘数十条。如孙可之《书何易于》云:"故相裴公刺史绵州,尝往观其政,导从不过三人,其合易于廉如是。"导从者,裴公之所从也,即黎干减驺之义也。《新唐书》引之而删改曰:"导侍不过三人,廉约盖资性。"则竟指为易于之导从矣。《萧颖士传》:"人劝其仆去,仆曰:'非不能去,但爱其才耳。'"《新书》删一"去"字,曰:"非不能",便不成句。《韦表微传》:"表微以学者薄师道,不如声乐贱工能尊其师,著《九经师授谱》抵其违。"抵其违者,抵其违悖也。删去"悖"字,便不成文。《李德裕传》:"李宗闵牛僧孺对直言策,痛诋当路,条失政",条者,条陈失政也,删去一"陈"字,又不成文。《惠文太子范传》:"明皇谓左右曰:'兄弟情天,至于我岂有异哉?趋竞者强相附,我终不以为纤介。'"纤介者,纤介之嫌也。去一"嫌"字,又不成文。《李忠臣传》:"李谏德宗欲诛张涉,曰:'陛下贵为天子,先生乏财,(此句《新唐书》原文作"先生以乏财触法"。)非过也。'"所谓先生者,天子家之先生也,删"天子家"三字,则先生二字落空。《安禄山传》:"禄山专进奇禽异物以惑帝心,而人不聊。"不聊者,不聊生也。删去"生"字,亦落空。随园随笔卷二新唐书硬删文义

东坡在翰林,作《擒鬼章奏告永裕陵祝文》云:"大狝获禽,必有指踪之自;丰年多廪,孰知耘耔之劳。昔汉武命将出师,而呼韩来庭,效于甘露;宪宗励精讲武,而河湟恢复,见于大中。"其意盖

以神宗有平唃氏之志,至于元祐,乃克有成。故告陵归功,谓武帝宪宗亦经营于初,而绩效在于二宣之世,其用事精切如此。今苏氏眉山功德寺所刻大小二本,及季真给事在临安所刻,并江州本麻沙书坊大全集,皆只自"耘耔"句下便接"憬彼西戎,古称右臂",正是好处,却删去之,岂不可惜? 容斋五笔卷九擒鬼章祝文

第五编　摹拟之例

一　通论摹拟之例

或袭故而弥新,或沿浊而更清。<small>文选陆士衡文赋</small>

因方以借巧,即势以会奇,善于适要,则虽旧弥新矣。<small>文心雕龙物色</small>

附录　近人黄侃《文心雕龙札记·附录》骆鸿凯《物色》评语

夫文贵自出心裁,独标新颖;谢朝华之已披,启夕秀于未振;焉取规摹仿效,致来因袭之讥。然写花鸟,绘烟岚,则诚有不尽尔者。盖物色古今所同;远视黄山,气成葱翠;适当秋日,草尽萎黄;古有此景,今亦无以异也。是故古人之作,虽已泄宇宙之秘,穷化工之妙;清辞丽句,脍炙文林。然后贤有作,倘能即势会奇,因方借巧,妙得规摹变化之诀,自成化腐为新之功;又况意之为用,其出不穷,同叙一景,而以悲愉各异,则后者初非袭前。如"落日照大旗,马鸣风萧萧"(杜甫《后出塞》),与"萧萧马鸣,悠悠旆旌"(《诗·大雅·角弓篇》),一叙愁惨之象,一状整暇之容,语同而用意别;特作者临文,偶然凑合,非相袭也。同赋一物,而比兴不同,则诸作各擅其胜。如同一咏蝉,虞世南"居高声自远;端不藉秋风",是清华人语;骆宾王"露重飞难进,风多响易沉",是患难人语;李商隐

"本以高难饱,徒劳恨费声",是牢骚人语;此因比兴之不同,而各据胜境也。由此观之,"雨滴空阶","月明积雪","亭皋落叶","池塘草生",凡诸美景,虽至不可纪极之世,言之亦无害为佳构;李文饶所谓:"文章譬诸日月,虽终古常见,而光景常新。"不其然哉!

夫六典三礼,所施则有地;吉凶宾嘉,用之则有所。未闻吟咏性情,反拟《内则》之篇;操笔写志,更摹《酒诰》之作。迟迟春日,翻学《归藏》,湛湛江水,遂同《大传》。_{梁简文帝集卷一答湘东王和受试诗书}

宜以古之体制为本,今之辞调为末。_{颜氏家训文章篇}

夫三传之说,既不习(通袭)于《尚书》;两汉之词,又多违于《战策》。足以验甿俗之递改,知岁时之不同。而后来作者,通无远识,记其当时口语,罕能从实而书;方复追效昔人,示其稽古。是以好丘明者,即遍摹《左传》;爱子长者,则全学史公。用使周秦言辞,见于魏晋之代;楚汉应对,行乎宋齐之日。而伪修混沌,失彼天然。今古以之不纯;真伪由其相乱。故裴少期(松之字世期,唐讳世作少。)讥孙盛录曹公平素之语,而全作夫差亡灭之词,虽言似《春秋》,而事殊乖越矣。_{史通言语}

按夫差魏武之词,皆见前《改易之例》编《改易之例之失者》章《三国志·魏志·武帝》并注。

或问:"为文宜何师?"必谨对曰:"宜师古圣贤人。"曰:"古圣贤人所为书具存,辞皆不同,宜何师?"必谨对曰:"师其意,不师其辞。"又问曰:"文宜易宜难?"必谨对曰:"无难易,惟其是尔。"_{韩昌黎集卷十八答刘正夫书}

创意造言,皆不相师。……陆机:"怵他人之我先。"韩退之曰:"惟陈言之务去。"假令述笑哂之状,曰"莞尔"。则《论语》言之矣;曰"哑哑",则《易》言之矣;曰"粲然",则《谷梁》言之矣;曰"攸尔",则班固言之矣;曰"籰然",则左思言之矣;吾复言之,与前文何以异也。此造言之大归。_{李文公集卷六答朱载言书}

按此论须以意会;不然,其流弊必至生涩杜撰,且有辞穷之时。金王若虚曰:"予谓文贵不袭陈言,亦言其大体耳,何至字字求异,如翱之说?且天下安得许多新语耶?甚矣,唐人之好奇而尚辞也!"斯言实足以纠其失。

古人之学者,……言语文章,未尝相似。孔子之系《易》,周公之作《书》,奚斯之作《颂》,其辞皆不同,而各自以为经。……今之学者或不然。……其为辞,不规模于前人,则必屈曲变态,以随时俗之所好,鲜克自立,此其充于中者不足,而莫自知其所守也。_{居士外集卷十九与乐秀才第一书}

夫文章必自名一家,然后可以传不朽。若体规画圆,准方作矩,终为人之臣仆。古人讥屋下作屋,信然。陆机曰:"谢朝华于已披,启夕秀于未振。"韩愈曰:"惟陈言之务去。"此乃为文之要。五经不同体;孔子没后,百家奋兴,类不相沿。是前人皆得此旨。_{宋景文笔记卷上}

欧公更欲足下少开廓其文,勿用造语,及模拟前人,请相度示及。欧云:"孟韩文虽高,不必似之也;取其自然耳。"_{元丰类稿卷十六与王介甫第一书}

老杜作诗,退之作文,无一字无来处;盖后人读书少,故谓韩杜自作此语耳。古之能为文章者,真能陶冶万物,虽取古人之陈言,入于翰墨,如灵丹一粒,点铁成金也。_{黄山谷集答洪驹父书}

山谷云:"诗意无穷,而人之才有限;以有限之才,追无穷之意,虽渊明少陵不得工也。然不易其意而造其语,谓之换骨法;窥入其意,而形容之,谓之夺胎法。"_{冷斋夜话卷一}

按《野客丛书·附录》亦载山谷此语;惟"不得工"作"不得尽","窥入"作"窥模"。又冷斋所举例,今别录,见后。

陈无己先生语予曰:"今人爱杜甫诗,一句之内,至窃取数字以仿像之,非善学者。学诗之要,在乎立格、命意、用字而已。"予曰:"如何等是?"曰:"《冬日谒玄元皇帝庙诗》叙述功德,反复外意,事核而理长;《阆中歌》辞致峭严,语脉新奇,句清而体好。兹非立格之妙乎?《江汉诗》言乾坤之大,腐儒无所寄其身;《缚鸡行》言鸡虫得失不如两忘而寓于道。兹非命意之深乎?《赠蔡希鲁诗》云:'身轻一鸟过',力在一过字;《徐步诗》云:'花蕊上蜂须',功在一上字。兹非用字之精乎?学者体其格,高其意,练其字,则自然有合矣;何必规规然劈像之乎?"珊瑚钩诗话卷二

鲁直论诗,有夺胎换骨、点铁成金之喻,世以为名言。以予观之,特剽窃之黠者耳。鲁直好胜,而耻其出于前人;故为此强辞,而私立名字。夫既已出于前人,纵复加工,要不足贵。虽然,物有同然之理,人有同然之见,语意之间,岂容全不见犯哉?盖昔之作者,初不校此,同者不以为嫌,异者不以为夸,随其所自得,而尽其所当然而已。至其妙处,不专在于是也。故皆不害为名家,而各传后世,何必如鲁直之措意邪?滹南遗老集诗话

枚乘作《七发》,创意造端,丽旨腴词,上薄骚些,盖文章领袖,故为可喜。其后继之者,如傅毅《七激》、张衡《七辩》、崔骃《七依》、马融《七广》、曹植《七启》、王粲《七释》、张协《七命》之类,规仿太切,了无新意。傅玄又集之以为《七林》,使人读未终篇,往往弃诸几格。柳子厚《晋问》乃用其体,而超然别立新机杼,激越清壮,汉晋之间,诸文士之弊,于是一洗矣。东方朔《答客难》,自是文中杰出;扬雄拟之为《解嘲》,尚有驰骋自得之妙。至于崔骃《达旨》,班固《宾戏》,张衡《应间》,皆屋下架屋,章摹句写,其病与

《七林》同。及韩退之《进学解》出,于是一洗矣。《毛颖传》初成,世人多笑其怪,虽裴晋公亦不以为可。惟柳子独爱之。韩子以文为戏,本一篇耳。妄人既附以《革华传》,至于近时,《罗文》《江瑶》《叶嘉》《陆吉》诸传,纷纭杂沓,皆托以为东坡,大可笑也。容斋随笔卷七七发

按《日知录》尝节引此而论之曰:"其言甚当;然此以辞之工拙论尔;若其意则总不能出于古人范围之外也。"

前辈作文者,古人有名文字,皆模拟作一篇;故后有所作时,左右逢原。朱子语类论文上

人做文章,若是子细看得一般文字熟,少间做出文字,意思语脉,自是相似。朱子语类论文上

文章一技,要自有活法;若胶古人之陈迹,而不能点化其语句,此乃谓之死法。死法专祖蹈袭,则不能生于吾言之外;活法夺胎换骨,则不能毙于吾言之内。……吴处厚常作剪刀赋,第五隔对"去爪为牺,救汤王之旱岁;断须烧药,活唐帝之功臣。"当时屡窜易,唐帝上一字不妥帖,因看游鳞,顿悟活字,不觉手舞足蹈。萤雪丛说卷上文章活法

词以意趣为主,不要蹈袭前人语。词源卷下意趣

鹿庵曰:"文章以自得不蹈袭前人一言为贵。曰:'取其意而不取其辞',恐终是踵人足迹,俱不若孟轲氏,一字皆存经世大法,其辞庄而有精彩也。"玉堂嘉话卷二

为文必师古,使人读之不知所师,善学古者也。韩师孟,不见其为孟也;欧学韩,不觉其为韩也。若拘拘规效,如邯郸之学步,里人之效颦,则陋矣。所谓"师其意,不师其辞",此最为文之妙诀。震泽长语卷下

口舌,代心者也;文章,又代口舌者也。展转隔碍,虽写得畅

显,已恐不如口舌矣,况能如心之所存乎?故孔子论文曰:"辞达而已",达不达,文不文之辨也。唐、虞、三代之文,无不达者。今人读古书不即通晓,辄谓古文奇奥,今人下笔不宜平易。夫时有古今,语言亦有古今,今人所诧谓奇字奥句,安知非古之街谈巷语耶?《方言》谓楚人称"知"曰"党",称"慧"曰"譑",称"跳"曰"跰",称"取"曰"挻"。余生长楚国,未闻此言,今语异古,此亦一证。故《史记·五帝三王纪》,改古语从今字者甚多,"畴"改为"谁","俾"为"使","格奸"为"至奸","厥田"、"厥赋"为"其田"、"其赋",不可胜记。左氏去古不远,然传中字句未尝肖《书》也;司马去左亦不远,然《史记》字句亦未尝肖左也。至于今日,逆数前汉,不知几千年远矣,自司马不能同于左氏,而今日乃欲兼同左、马,不亦谬乎?中间历晋、唐,经宋、元,文士非乏,未有公然掊撵古文,奄为己有者。昌黎好奇,偶一为之,如《毛颖》等传,一时戏剧,他文不然也。空同不知,篇篇模拟,亦谓反正。后之文人,遂视为定例,尊若令甲,凡有一语不肖古者,即大怒,骂为野路恶道;不知空同模拟,自一人创之,犹不甚可厌,迨其后以一传百,以讹益讹,愈趋愈下,不足观矣。且空同诸文,尚多己意,纪事述情,往往逼真。其尤可取者,地名官衔俱用时制。今却嫌时制不文,取秦、汉名衔以文之,观者若不检《一统志》,几不识为何乡贯矣。且文之佳恶,不在地名官衔也。司马迁之文,其佳处在叙事如画,议论超越,而近说乃云,西京以还,封建宫殿,官师郡邑,其名不雅驯,虽子长复出,不能成史。则子长佳处彼尚未梦见也,而况能肖子长也乎?或曰:信如子言,古不必学耶?余曰:古文贵达,学达即所谓学古也,学其意不必泥其字句也。今之圆领方袍,所以学古人之缀叶蔽皮也;今之五味煎熬,所以学古人之茹毛饮血也。何也?古人之意,期于饱口腹,蔽形体;今人之意,亦期于饱口腹,蔽形体,未尝异也。彼摘古字句入己著作者，是无异缀皮叶于衣袂之中，投毛血于骰核之内也。大抵古人之文，专期于达，而今人之文，专期于不达。以不达学达，是可谓学古者乎？白苏斋类稿卷二十论文上

夫复古是已。然至以剿袭为复古，句比字拟，务为牵合，弃目前之景，摭腐滥之辞。有才者诎于法，而不敢自伸其才；无才者拾一二浮泛之语，帮凑成诗。智者牵于习，而愚者乐其易，一唱亿和，优人驺从，共谈雅道。呼！诗至此抑可羞哉！夫即诗而文之为弊，盖可知矣。瓶花斋集卷六雪涛阁集序

盖诗文至近代而卑极矣。文则必欲准于秦汉，诗则必欲准于盛唐，剿袭模拟，影响步趋，见人有一语不相肖者，则共指以为野狐外道。曾不知文准秦汉矣，秦汉人曷尝字字学六经欤？诗准盛唐矣，盛唐人曷尝字字学汉魏欤？秦汉而学六经，岂复有秦汉之文；盛唐而学汉魏，岂复有盛唐之诗。唯夫代有升降，而法不相沿；各极其变，各穷其趣，所以可贵，原不可以优劣论也。锦帆集卷二叙小修诗

　　按小修为宏道弟中道之字。中道尝叙宏道集曰："先生以意役法，不以法役意。"二人之持论正同。

陶石篑曰："读诸经书，诸史子，诸古文，镕会变化，做成自家一种手笔，而无摹拟盗袭之迹，方称大家。譬如酿花为蜜，蜜成而不见花也；酿稻为酒，酒成而必去其糟也。"读书作文谱卷十一作古文宜自成一家

作文虽不贵模仿，然要使古今体式无不备于胸中，始不为大题目所压倒。……此古人所以读万卷也。金石要例论文管见附

大都学诗，如名手临摹古画法书，初纸乍脱，尚自依稀。从临本转相传写，再四而后渐失故形；不若更就其原本脱之，乃复佳耳。赖古堂名贤尺牍新钞卷七万时华答李复初

君诗之病，在于有杜；君文之病，在于有韩欧。有此蹊径于胸中，便终身不脱依傍二字，不能登峰造极。亭林文集卷四与人书十七

近代文章之病，全在摹仿；即使逼肖古人，已非极诣，况遗其神理而得其皮毛者乎？

效《楚辞》者，必不如《楚辞》；效《七发》者，必不如《七发》；盖其意中先有一人在前，既恐失之，而其笔力复不能自遂，此寿陵余子学步邯郸之说也。

《曲礼》之训："毋剿说，毋雷同"，此古人立言之本。以上日知录卷十九文人摹仿之病

韩文公作樊宗师墓铭曰："维古于辞必己出，降而不能乃剽贼。后皆指前公相袭，从汉迄今用一律。"此极中今人之病。若宗师之文，则惩时人之失，而又失之者也。（原注：如《绛守居园池记》以东西二字平常，而改为甲辛，殆类吴人之呼庚癸者矣。）日知录卷十九文章繁简

明三百年之文，拟马迁，拟班固，进而拟庄列，拟管韩，拟《左》《国》《公》《谷》，拟《石鼓文》《穆天子传》，似矣；卒以谓唐宋无文，则可谓溺于李梦阳何景明之说，而中无确然自信者矣。

君子之为古文辞也，为其真者而已矣，真者不必貌之似也。彼伪鼎彝者，淬以铜青，饰以土蚀，亦何益乎？篆隶之变而八分行草也，晋之羲之献之，唐之虞世南颜真卿，亦工其变者而已矣，不闻其习篆隶也。以上壮悔堂文集徐麟唐序

今人之为古文者，非尺寸规模古人；则灭裂其法，而冒然无所据。夫学古人而似，与不学古人而不似，皆非所以为文者也。要其大弊，则由于中之无物，而苟漫然以为文，如优伶笑哭，不本之于喜于哀，则虽足以动旁观之悲欢，而于吾所以笑与哭者，亦何与也？魏伯子文集卷一学文堂文集序

汝学文须学古人文，不当以古人子孙为祖父；然同时人情事相比近，吾可得知用意力处，艰难所在，如见大匠斲朴，易为工巧。魏叔子文集卷六与诸子世杰论文书

吾辈生古人之后，当为古人子孙，不可为古人奴婢。盖为子孙，则有得于古人真血脉；为奴婢，则依傍古人作活耳。日录卷二杂说

或问学古人而不袭其迹；当由何道？曰：平时不论何人何文，只将他好处沉酣；遍历诸家，博采诸篇，刻意体认。及临文时，不可著一古人一名文在胸，则触手与古法会，而自无某人某篇之迹。盖模拟者，如人好香，遍身便佩香囊；沉酣而不模拟者，如人日夕往香肆中，衣带间无一毫香物，却通身香气迎人也。日录卷二杂说

古人法度，犹工师规矩，不可叛也。而兴会所至，感激悲愤愉乐之激发，得意疾书，浩然自快其志；此一时也，虽劝以爵禄不肯移，惧以斧钺不肯止，又安有左氏、司马迁、班固、韩、柳、欧阳、苏在其意中哉？魏叔子文集卷五答计甫草书

今天下治古文众矣。好古者株守古人之法，而中一无所有，其弊为优孟衣冠。天资卓荦者，师心自用，其弊为野战，无纪之师，动而取败。蹈是二者，而主以自满假之心，辅以流俗谀言，天资学力所至，适足助其背驰；乃欲卓然并立于古人，呜呼难哉！魏叔子文集卷八宗子发文集序

予谓为诗文者，必有其原焉。苟得其原，虽信笔而书，称心而出，未尝不可传而咏也。不得其原，则饾饤以为富，组织以为新，剽窃模拟以为合于古人；非不翕然见称一时也，曾未几何，而冰解水落，悉归于乌有矣。是故为诗文者，要以义理经济为之原。尧峰文钞卷三十拾瑶录序

凡为文者，其始也，必求其所从入；其既也，必求其所从出。彼句剽字窃，步趋尺寸以言工者，皆能入而不能出者也。尧峰文钞卷三

十二　与梁曰缉论类稿书

前贤之学于古人者,非学其词也;学其开阖呼应操纵顿挫之法,而加变化焉,以成一家者是也。后生小子,不知其说,乃欲以剽窃模拟当之,而古文于是乎亡矣。尧峰文钞卷三十二答陈霭公书二

学书须学真迹,不是不看石刻;作文要作自家话,不是不学古人。钝吟杂录卷四读古浅说

学诗者不可忽略古人,亦不可附会古人。……今人偶用一字,必曰本之昔人;昔人又推而上之,必有作始之人;彼作始之人,复何所本乎?不过揆之理事情,切而通,通而无碍,斯用之矣。文则司马迁,诗则韩愈是也。苟乖于理事情,是谓不通;不通则杜撰,杜撰则断然不可。苟不然者,自我作古,何不可之有?若腐儒区区之见,句束而字缚之,援引以附会古人,反失古人之真矣。原诗

　　按叶氏又云:"好摹仿古人者,窃之似,则优孟衣冠;窃之不似,则画虎类狗。与其假人余焰,妄自称尊,孰若甘作偏裨,自领一队?"即此文不可附会古人之意也。

昌黎先生云:"陈言务去",可知不去陈言,终无新意;能以陈言而发新意,才是大雄。古今来能有几人!若以铦钉为有出,拾缀为摹神,已落前人圈阓。岂能自见性情!一瓢诗话

用前人字句,不可并意用之。语陈而意新,语同而意异,则前人之字句,即吾之字句也。若蹈前人之意,虽字句稍异,仍是前人之作,嚼饭喂人,有何趣味?一瓢诗话

昔人论貌古之病有二:一曰"减字法",一曰"换字法"。余谓务求减字者,必先工于换字,其病虽异,而病源则同也。痴学卷五读文笔得

李文贞(光地)教人学诗,先将《十九首》之类,句句摹仿;先教像了,到后来自己做出,自无一点不似古人,却又指不出是像那一

首云云。此最是初学一妙诀。从来名家作诗作文,大抵皆从此入门,但不肯自说破耳。王渔洋最喜吴渊颖诗,初时句摹字仿,到后来自成片段,便全不似他。今集中尚存和渊颖两诗,以原诗对勘,几如硬黄响拓书。此即其少年用功之迹,学者当善领之! 退庵随笔卷二十学诗

附录一　近人王闿运《湘绮楼论文》一节
　　　　（《国粹学报》第二十二期文编）

学古当渐渍于古,先作论事理短篇,务使成章。取古人成作,处处临摹,如仿书然;一字一句,必求其似。如此者,家信帐记,皆可摹古。然后稍记事,先取今事与古事类者,比而作之;再取今事与古事远者,比而附之;终取今事为古所绝无者,改而文之。如是,非十余年之专功,不能到也。人病在好名欲速,偷懒姑息,而孰肯刊楮七日,以削棘猴? 故自唐以来,绝无似古之文。（按作文如临书,此言似本于明李梦阳,梦阳固以摹古为世倡者。其与何景明论文书云:"故予尝曰:作文如作字,欧虞颜柳,字不同而同笔。笔不同,非字矣。不同者,何也? 肥也,瘦也,长也,短也,疏也,密也,故六者势也,非笔之精也。精者何也。应诸心而本诸法者也。不窥其精,不足以为字;而矧文之能为?"又云:"今人摹临古帖,即太似不嫌,反曰能书;何独至于文,而欲自立一门户邪?"皆可与王说相参证。）

附录二　近人骆鸿凯《读选导言》十六述王闿运
　　　　论文语一节（《学术世界》第一卷第七期）

王氏论文,常自标榜模拟;又恐人挟其成心,以为貌似之

佳不如神似,尝曰:"夫神寄于貌,遗貌何由得神?优孟去其衣冠,直一优耳。不学古,何能入古乎?古之名篇,乃自相袭,由近及远,正有阶梯。譬之临书,当须池水尽黑;至其佳处,在自运耳。晋人行草,大氐相类;汉魏之文,约略相同。知此,可以学古矣。"又曰:"文须先学声口,方别古今,非描画所能工,不描画,愈不工也。大篇文既非寸寸可摹,五经文尤非摹仿可似。初入手时,但取东汉小简,如诸葛曹公手牍,及《世说新语》、《洛阳伽蓝记》诸小说,将汉魏字句用法,熟习心口间,自然脱口如生,入手即是;如置身庄岳,无非齐语。小篇既成,乃学大篇。先成传记,乃发论说。先有绳尺,后始放纵。其作大篇,又须熟读周秦汉浩瀚之文,宽其气局,多其往复,泯其端倪,迷其去来,不使如八家有起伏痕迹可寻,则可入古矣。"盖王氏之论剀切如此。

诗之学古,如孩提不能无乳姆也。必自立而后成诗,犹之能自立而后成人也。明之学老杜,学盛唐者,皆一生在乳姆胸前过日。

渌水亭杂识卷四

《樊志铭》云:"惟古于词必己出,降而不能乃剽贼,后皆指前公相袭,自汉迄今用一律。"今人行文,反以用古人陈语,自谓有出处,自矜典雅,不知其为袭也,剽贼也。

大约文字是日新之物,若陈陈相因,安得不目为臭腐;原本古人意义,到行文时,却须重加铸造,一样语言,不可便直用古人。此谓"去陈言",未尝不换字,却不是换字法。_{以上论文偶配}

按《朱子语类·论文》上略云:旧见徐端立言,石林尝云,今世安得文章,只有个换字法尔;如言湖州称雪上,此换字法也。盖换字之本旨在避熟;其不善换字者,文既空虚,徒流僻涩。樊宗师以甲辛换东西,所以见诮于通人也。

孔子曰："三人行，必有我师焉。"子贡曰："夫子焉不学，而亦何常师之有？"杜陵云："转益多师是我师。"师岂有一定哉？尧问路于牧童，则牧童即尧之师；孔子爱孺子沧浪之歌，则孺子即孔子之师。此圣人之所以为大也。阁下之师，专取杜韩白苏四家，而其他付之邻无讥，有托足权门，自负在太师门下之意，则身分似峻而反卑，门户似高而反仄矣。况非天宝之时世，而强为呻吟；无起衰之文章，而徒袭謦欬；抑末也。古作家最忌寄人篱下。陆放翁云："文章切忌参死句。"陈后山云："文章切忌随人后。"周亮工云："学古人只可与之夜中通梦，不可使之白昼现形。"顾宁人《答某太史》云："足下胸中总放不过一韩一杜，此诗文之所以不至也。"董香光论书法亦云："其始要与古人合，其后要与古人离。"凡此皆作家独往独来自树一帜之根本，亦金针度世之苦心。小仓山房尺牍卷十答祝芷塘太史

高青邱笑古人作诗，今人描诗。描诗者，像生花之类，所谓优孟衣冠，诗中之乡愿也。譬如学杜而竟如杜，学韩而竟如韩，人何不观其真杜真韩之诗，而肯观伪杜伪韩之诗乎？孔子学周公，不如王莽之似也；孟子学孔子，不如王通之似也。唐义山香山牧之昌黎同学杜者，今其诗集，都是别树一帜。杜所伏膺者，庾鲍两家；而集中亦绝不相似。萧子显曰："若无新变，不能代雄。"陆放翁曰："文章切忌参死句。"黄山谷曰："文章切忌随人后。"皆金针度人语。《渔隐丛话》笑欧公如三馆画笔，专替古人传神，嫌其描也。五亭山人嘲鹦鹉云："齿牙余慧虽偷拾，那识雷同转可羞。"又曰："争似流莺当百啭，天真还是一家言。"随园诗话卷七

不学古人，法无一可。竟似古人，何处著我？字字古有，言言古无，吐故吸新，其庶几乎！孟学孔子，孔学周公，三人文章，颇不相同。续诗品著我

为文章者有所法而后能,有所变而后大。惜抱轩集卷八刘海峰先生八十寿序

文士之效法古人,莫善于退之,尽变古人之形貌,虽有摹拟,不可得而寻其迹也。其他虽工于学古,而迹不能忘,扬子云柳子厚于斯盖尤甚焉,以其形貌之过于似古人也;而遽摈之,谓不足与于文章之事则过矣;然遂谓非学者之一病,则不可也。古文辞类纂自序

近人每云:"作诗不可摹拟",此似高而实欺人之言也。学诗文不摹拟,何由得入?须摹拟一家,已得似后,再易一家;如是数番之后,自能熔铸古人,自成一体。若初学未能逼似,先求脱化,必全无成就。譬如学字,而不临帖,可乎?惜抱轩尺牍与伯昂从侄孙书

《史记》多采《尚书》、《孟子》、《左传》、《国语》、《世本》、《楚汉春秋》等书,或全书其文,或摘叙其事。班固作《汉书》,凡武帝以前,皆取《史记》而删节之。……此则书各专行,不嫌引用,并非掩其美为己有也。陔余丛考卷四十窃人著述

司马迁点窜《尚书》、《左》、《国》之文,班固点窜司马迁之文,非好异也,理势之不得不然也。有事于此,询人端末,岂必责其亲闻见哉?张甲述所闻于李乙,岂盗袭哉?人心不同,如其面也。张甲述李乙之言,而声容笑貌不能尽为李乙,岂矫异哉?

文辞犹三军也,志识其将帅者也。李广入程不识之军,而旌旗壁垒一新焉。固未尝物物而变,事事而更之也。知此意者,可以袭用成文而不必己出。以上文史通义说林

　　按《新唐书·李光弼传》曰:"初与郭子仪齐名,世称李郭,而战功推为中兴第一。其代子仪朔方也,营垒士卒麾帜无所更,而光弼一号令之,气色乃益精明云。"此称李广入程不识之军,疑当作李光弼入郭子仪之军。

诗文讲格律,已入下乘;然一代亦有数人,如王莽之摹《大

诰》,苏绰之仿《尚书》,其流弊必至于此。明李空同李于鳞辈一字一句必规仿汉魏三唐;甚至有窜易古人诗文一二字,即名为己作者,此与苏绰等亦何以异? 北江诗话卷二

大抵剽窃前言,句摹字拟,是为戒律之首。曾文正公书札卷三十二复陈右铭太守

不特写字宜摹仿古人间架,即作文亦宜摹仿古人间架。《诗经》造句之法,无一句无所本;《左传》之文,多现成句调。扬子云为汉代文宗,而其《太玄》摹《易》,《法言》摹《论语》,《方言》摹《尔雅》,《十二箴》摹《虞箴》,《长杨赋》摹《难蜀父老》,《解嘲》摹《客难》,《甘泉赋》摹《大人赋》,《剧秦美新》摹《封禅文》,《谏不许单于朝书》摹《国策·信陵君谏伐韩》,几于无篇不摹。即韩欧曾苏诸巨公之文,亦皆有所摹拟,以成体段。尔以后作文作诗赋,均宜心有摹仿而后间架可立;其收效较速,其取径较便。曾文正公家训咸丰九年三月初三日

尔于小学,既粗有所见,正好从辞章上用功。《说文》既毕之后,可将《文选》细读一过,一面细读,一面抄记,一面作文以仿效之。凡奇僻之字,雅故之训,不手抄则不能记;不摹仿则不惯用。曾文正公家训同治元年五月十四日

附录　近人陈曾则《古文比》凡例

初学者必从摹拟入手;虽出于有意,无碍也。其学既进,其境既熟,其术日深,而后能去其形貌,而得其神理。张廉卿先生云:"与古人诉合于无间",非好学深思,安能得之?

二　摹拟之例之互有得失者

模拟之体,厥途有二:一曰貌同而心异,二曰貌异而心同。何

以言之？盖古者列国命官,卿与大夫为别;必于国史所记,则卿亦呼为大夫,此《春秋》之例也。当秦有天下,地广殷周,变诸侯为帝王,目宰辅为丞相。而谯周《古史考》思欲摈抑马记,师放孔经,其书李斯之弃市也,乃云"秦杀其大夫李斯"。夫以诸侯之大夫,名天子之丞相,以此而拟春秋,所谓貌同而心异也。当《春秋》之世,列国甚多,每书他邦,皆显其号;至于鲁国,直云我而已。如金星握纪,海内大同,君靡主客之殊,臣无彼此之异,而干宝撰《晋纪》,至天子之葬,必云葬我某皇帝。时无二君,何我之有？以此而拟《春秋》,又所谓貌同而心异也。……五始所作,是曰《春秋》;三传并兴,各释经义。如《公羊传》屡云何以书,记某事也,此则先引经语而继以释辞,势使之然,非史体也。如吴均《齐春秋》,每书灾变,亦曰何以书,记异也。夫事无他议,言从己出,辄自问而自答者,岂是叙事之理者邪？以此而拟《公羊》,又所谓貌同而心异也。(浦起龙《通释》:作议论之文可一用之,史法则非体。)且《史》《汉》每于列传首书人名字,至传内有呼字处,则于传首不详;如《汉书·李陵传》,称陇西任立政至匈奴招陵,陵字立政曰:"少公,归易耳。"夫上不言立政之字,而辄言字立政曰少公者,此省文从可知也。至令狐德棻《周书》于伊娄穆传首云:"伊娄穆字奴干",既而续云:"太祖字之曰奴干,作仪同,面向我也。"夫上书其字,而下复曰字,岂是事从简易,文去重复者邪？以此而拟《汉书》,又所谓貌同而心异也。……惟夫明识之士则不然。……夫当时所记或未尽,则先举其始,后详其末,前后相会,隔越取同。若《左氏》成七年,郑获楚钟仪以献晋;至九年,晋归钟仪于楚以求平,其类是也。至裴子野《宋略》叙索虏临江,太子劭使力士排徐湛(浦释:二字疑衍。)江湛僵仆,于是始与劭有隙,其后三年,有江湛为元凶所杀事。以此而拟《左氏》,所谓貌异而心同也。……《左氏》与《论语》有叙人酬对,苟非烦词积句,但是往复唯诺而已,则连续而说,去其"对曰""问曰"等字;如裴子野《宋略》云:"李孝伯问张畅卿何姓?曰:'姓张。''张长史乎?'"以此而拟《左氏》《论语》,又所谓貌异而心同也。……夫将叙其事,必预张其本,弥缝混说,无取睊言。如《左传》称叔辄闻日蚀而哭,昭子曰:"子叔其将死乎!"秋八月,叔辄卒。至王劭《齐志》称张伯德梦山上挂丝,占者曰:"其为幽州乎!"秋七月,拜为幽州刺史。以此而拟《左氏》,又所谓貌异而心同也。盖文虽缺略,理甚昭著,此邱明之体也。至如叙晋败于邲,先济者赏,而云"上(浦释:当作中。)军下军争舟,舟中之指可掬"。夫不言攀舟(浦释:恐脱扰字。)乱,以刃断指,而但曰舟指可掬,则读者自睹其事矣。至王劭《齐志》述高季式破敌于韩陵,追奔逐北,而云"夜半方归,櫜血满袖"。夫不言奋槊深入,击刺甚多,而但称櫜血满袖,则闻者亦知其义矣。以此而拟而《左氏》,又所谓貌异而心同也。……盖貌异而心同者,模拟之上也,貌同而心异者,模拟之下也。史通模拟

按浦起龙曰:"篇言模拟者,师古之义也。"又曰:"貌,犹文也;心,犹实也。"近人黄侃《文心雕龙札记》云:"窃谓模拟,自以脱化为贵,次之求其的当。虽使心貌俱同,固无讥也。若乃貌同心异,固不可谓之模拟,但能谓之纰缪。"

句有偶似古人者,亦有述之者。杜子美武侯庙诗云:"映阶碧草自春色,隔叶黄鹂空好音";此何逊行孙氏陵云:"山鹦空树响,垄月自秋辉"也。杜云:"薄云岩际宿,孤月浪中翻";此庾信"白云岩际出,清月波中上"也。出上二字胜矣。阴铿云:"鹦随入户树,花逐下山风";杜云:"月明垂叶露,云逐渡溪风";又云:"水流行地日,江入度山云。"此一联胜。庾信云:"永韬三尺剑,长卷一戎衣";杜云:"风尘三尺剑,社稷一戎衣。"亦胜庾矣。南朝苏子卿梅

诗云："只言花是雪，不悟有香来"；介甫云："遥知不是雪，为有暗香来。"述者不及作者。陆龟蒙云："殷勤与解丁香结，从放繁枝散诞春"；介甫云："殷勤为解丁香结，放出枝头自在春。"作者不及述者。诚斋诗话

作文之法，袭取前人字句，以为己有，与作贼无异。然贼最须善作，必较原本更为佳妙，虽失主认赃，亦难辨别，方为能手。若活剥生吞，到案即破，则为笨贼矣。如前明王遂东思任《颂节录序》中段曰："吾一身为马氏之母，为马氏之父，为马氏之师，为马氏中兴之主，为马氏稽核之督，为马氏御侮之臣，为马氏奔走之仆，不独为马氏妻也。"杂沓写来，笔势奔涌，全篇精警，具在于此。国初魏叔子《秦节母传》，首段泛论妇节，次段叙节母夫死子幼，又遭兵乱，曰："虽伟丈夫当此，左右支吾难矣；而节母以一妇人身处其间。孙枝蔚曰：（突然接入）'节母为秦氏母，（以上并未点出夫家之姓，至此始点。）为父，为师，（短句）为秦氏再兴之主，为秦氏御侮之臣，（长句）'魏禧曰：（接法）'呜呼！节母可谓恒其德者矣。（唱叹）'"此下接叙节母事实两段。而以"魏禧曰：呜呼！可以传矣"，九字作结。此文之妙，全在一"孙枝蔚曰"，两"魏禧曰"，十字安放得当，顿挫入古，文境从《公》《谷》得来。（《公羊传》子公羊子曰、子女子曰、鲁子曰、高子曰，《谷梁传》谷梁子曰、沈子曰、尸子曰等句，或为己言，或为时贤之言，突然接入，以尽抑扬唱叹之致。）"为秦氏母"数语，虽袭用王遂东句，然王作出自节妇自言，魏则托于旁人之口，（即谓之引古亦可，非以前人之文为己文也，故不嫌其袭。）王作七叠，而句法不变；（以不变为妙。）魏则五叠，而句法三变。（以变为妙。句多不变，句少累变，《左传》法也。）王作平直叙来，魏则于叙事中间突然插此二十八字，（绝不申明孙枝蔚为何人，令人不测。）其佳妙胜于原本多矣。近见某作《尹节母传》

曰："为尹氏母，为尹氏师，为尹氏中兴之主，为尹氏御侮之臣"，众人称为奇警。余以王魏二作质之，然后知叔子之善于作贼，而此公之笨也。痴学卷五读文笔得

三　摹拟之例之得者（无甚得失者附）

古人文字，有彼此绝似者，殆所效而然；然不敢谓其真相效也。《左传》楚昭王曰："再败楚师不如死，弃盟逃归亦不如死。死，一也；其死仇乎！"《史记》陈胜吴广谋曰："今亡亦死，举大计亦死。等死耳，死国可乎！"皆连用四"死"字。柳宗元《贺王进士失火书》，有"仆始闻而骇，中而疑，终乃大喜"之语。李汉叙韩文曰："时人始而惊，中而笑且排，终而翕然随以定。"文出《庄子》北门成问于黄帝曰："帝张《咸池》之乐于洞庭之野，吾始闻之惧，复闻之怠，卒闻之而惑也。"子贡说越王勾践曰："无报人之志而令人疑之，拙也；有报人之意使人知之，殆也；事未发而先闻，危也。"《家语》《越绝书》《史记》《吴越春秋》并载此语。苏代见燕惠王哙曰："无谋人之心而令人疑之，殆；有谋人之心而令人知之，拙；谋未发而闻于外则危。"见《战国策》。余冬叙录卷之闻三诗文

《说苑》："景差相郑，郑人有冬涉水者，出而胫寒，后景差过之，下陪乘而载之，复以上衽。晋叔向闻之曰：'景子为人国相，岂不固哉？吾闻良吏居之三月，而沟渠修，十月而津梁成；六畜且不濡足，而况人乎？'"此段全学《孟子·子产听郑国之政》一章。戏瑕卷二说苑学孟子

　　按《子产听国之政章》，见《离娄篇》下，今照录于下，以资比较。其文云：子产听郑国之政，以其乘舆济人于溱洧。孟子曰："惠而不知为政。岁十一月，徒杠成；十二月舆梁成；民未病涉也。君子平其政，行辟人可也，焉得人人而济之？故为政

者,每人而悦之,日亦不足矣。"

《楚辞·渔父》:"吾闻之,新沐者必弹冠,新浴者必振衣,安能以身之察察,受物之汶汶者乎?"荀子曰:"新浴者振其衣,新沐者弹其冠,人之情也,其谁能以己之僬僬,受人之掝掝者哉?"荀卿适楚在屈原后,岂用《楚辞》语欤?抑二子皆述古语也。困学纪闻卷十诸子

按《说苑·谈丛》亦曰:"初沐者必拭冠,新浴者必振衣。"

父虽不父,子不可以不子;君虽不君,臣不可以不臣。而孟子曰:"君之视臣如手足,则臣视君如腹心;君之视臣如犬马,则臣视君如国人;君之视臣如土芥,则臣视君如寇仇。"不如贾谊曰:"主上遇其臣如犬马,彼将犬马自为也;如遇官徒,彼将官徒自为也。"然谊犹有未尽者,不如孔子曰:"君使臣以礼,臣事君以忠。"不然则曰:"大臣以道事君,不可则止。"不然则曰:"邦有道则仕,邦无道则可卷而怀之。"何至以犬马官徒自为乎?扪虱新话卷三孟子贾生之说不及孔子

"君之视臣如草芥,则臣视君如寇仇。"君虽不君,臣不可以不臣,何至如此?不如贾谊云:"主上遇其臣如犬马,彼将以犬马自待。"刘公挚亦云:"遇人以犬马,彼将以犬马自为。"说郛卷九宋俞文豹吹剑录

作文旨意句法,固有规仿前人,而音节锵亮不嫌于同者。如《前汉书》赞云:"竖牛奔仲叔孙卒,邱伯毁季昭公逐,费忌纳女楚建走,宰嚭潜胥夫差丧,李园进妹春申毙,上官诉屈怀王执,赵高败斯二世缢,伊戾坎盟宋瘥死,江充造蛊太子杀,息夫作奸东平诛。"《新唐书》效之云:"三宰啸凶牝夺辰,林甫将蕃黄屋奔,鬼质败谋兴元虀,崔柳倒持李宗复。"刘梦得《因论·儆舟篇》云:"越子膝行吴君忽,晋宣尸居魏臣怠,白公厉剑子西哂,李园养士春申易。"亦

效班史语也。然其模范本自《荀子·成相篇》。容斋四笔卷九作文句法

按此云《前汉书》赞,指班史卷四十五蒯通伍被江充息夫躬传;《新唐书》,指欧宋书卷二百二十三《奸臣传》。兹节附《成相》如下:"世之灾,妒贤能,飞廉知政任恶来;卑其志气,大其园囿高其台。武王怒,师牧野,纣卒易乡启乃下;武王善之,封之于宋立其祖。世之衰,谗人归,比干见刳箕子累。武王诛之,吕尚招麾殷民怀。世之祸,恶贤士,子胥见杀百里徙,穆公任之,强配五伯六卿施。世之愚,恶大儒,逆斥不通孔子拘,展禽三绌,春申道缀基毕输。"

《墨子》:"虽有贤君,不爱无功之臣;虽有慈父,不爱无益之子。"故曹植《自试表》云:"故慈父不能爱无益之子,仁君不能畜无用之臣。"芥隐笔记曹植用墨子语

《孔丛子》:子高游赵,与平原君客邹文季节善。及别,文节流涕交颐,子高抗手而已。其言曰:"人生则有四方之志,岂鹿豕也哉?而长聚乎?"古诗:"人生非麋鹿,安能长聚首?"本此。郭遐周赠嵇康诗:"离别自古有,人非比目鱼。"可以参看。柳亭诗话卷四

夫夸张声貌,则汉初已极;自兹厥后,循环相因,虽轩翥出辙,而终入笼内。枚乘《七发》云:"通望兮东海,虹洞兮苍天。"相如《上林》云:"视之无端,察之无涯。日出东沼,月生西陂。"马融《广成》云:"天地虹洞,固无端涯;大明出东,月生西陂。"扬雄《校猎》云:"出入日月,与天地沓。"张衡《西京》云:"日月于是乎出入,象扶桑于濛汜。"此并广寓极状,而五家如一,诸如此类,莫不相循,参伍因革,通变之数也。文心雕龙通变

按近人黄侃《札记》云:"彦和此言,非教人直录古作。盖谓古人之文,有能变者,有不能变者,有须因袭者,有不可因袭者;在人斟酌用之。大抵初学作文,于模拟昔文,有二事当知。

第一,当取古今相同之情事而试序之。譬如序山川,写物色,古今所同也;远视黄山,气成葱翠,适当秋日,草尽萎黄,古有此言,今亦无能异也。第二,当知古今情事有相殊者,须斟酌而为之。或古无而今有,则不宜强以古事附会;施床垂脚,必无危坐之仪,髡首戴帽,必无免冠之礼,此一事也。或古有而今无,亦不宜以今事比合;古上书曰'死罪',而后世但曰'跪奏',古允奏称'制曰可',而后世但曰'照所请',若改以就古,则于理甚乖,此二事也。必于古今同异之理,名实分合之原,旁及训诂文律,悉能谙练,然后拟古无优孟之讥,自作无刻楮之诮,此制文之要术也。"

"相去日以远,衣带日以缓"。缓字妙极。又古歌云:"离家日趋远,衣带日趋缓。"岂古人亦相蹈袭耶,抑偶合也?以字雅,趋字峭,俱大有味。艺苑卮言卷二

按古诗十九首:"相去日以远,衣带日以缓。"两"以"字一本作"已"。古书"已""以"二字本通用,惟细思其意亦稍别。"已"者,溯既往之辞;"以"者,穷未来之辞;此诗当以用"以"字为佳。李善注引古乐府歌曰:"离家日趋远,衣带日趋缓。""趋"之意正与"以"近。欧阳修《踏莎行》词曰:"离愁渐远渐无穷",亦脱胎于此。

《兰亭叙》云:"后之视今,亦犹今之视昔",用《京房传》语,曰:"臣恐后之视今,犹今之视前也。"芥隐笔记经史杂语

李充荐士与邓骘,骘劝食肉,充厉声曰:"说士甘于肉",此《后汉书》语也。纪(《后汉纪》)则云:充说海内隐士,颇多不合,骘举炙曰:"君宜及温食之。"充受炙掷地曰:"说士之乐,甘于啖炙。"随园随笔卷二后汉纪与后汉书异同

文至后人,翻前人语愈工;如"洞庭波兮木叶下",《月赋》:"洞

庭始波,木叶微脱。"刻意形容,光景愈出;而文法苍然,已不如前。援鹑堂笔记卷四十四文史

"目送飞鸿,手挥五弦。"此晋嵇叔夜五言诗也。唐人独孤及《马退山茅亭记》中改作:"手挥丝桐,目送还云。"直用其义,不觉蹈袭。权德舆《吴兴溪亭记》则曰:"目送飞鸟,口吟《招隐》。"抑又下矣。然目送二字实有本。《左传》宋华督见孔父之妻,目逆而送之,曰:"美而艳。"《吕览》:"客有见田骈者,趋翔闲雅,辞令逊敏,田骈送之以目。"汉高目送四皓。孝景目送条侯。而东汉灵帝目送田凤,题柱曰:"堂堂乎张,京兆田郎。"戏瑕卷二目送

江淹《拟汤惠休诗》:"日暮碧云合,佳人殊未来",古今以为佳句。然谢灵运:"圆景早已满,佳人犹未还";谢玄晖:"秋草春更绿,公子未西归。"即如此意。石林诗话卷下

唐人有诗云:"山僧不解数甲子,一叶落知天下秋。"及观陶元亮诗云:"虽无纪历志,四时自成岁。"便觉唐人费力。如《桃源记》言:"尚不知有汉,无论魏晋。"可见造语之简妙。盖晋人工于造语,而元亮其尤也。唐子西文录

唐太宗曰:"朕以铜为鉴,可以正衣冠;以人为鉴,可以知得失。"此正周武王之意。案武王《镜铭》曰:"以镜自照者见形容,以人自照者见吉凶。"非出于此乎?野客丛书卷二十九武王镜铭

王勃云:"落霞与孤鹜齐飞,秋水共长天一色",当时以为工。仆观骆宾王集,亦曰:"断云将野鹤俱飞,竹响共雨声相乱。"曰:"金飙将玉露俱清,柳黛与荷绸渐歇。"曰:"缁衣将素履同归,廊庙与江湖齐致。"此类不一,则知当时文人皆为此等语。且勃此语不独见于《滕王阁序》,如《山亭记》亦曰:"长江与斜汉争流,白云将红尘并落。"欧公《集古录》载《德州长寿寺碑》与《西清诗话》如此等语不一。仆因观《文选》及晋宋间集,如刘孝标、王仲宝、陆士

衡、任彦升、沈休文、江文通之流，往往多有此语，信知唐人句格皆有自也。李商隐曰："青天与白水环流，红日共长安俱远。"陈子昂曰："残霞将落日交辉，远树与孤烟共色"，曰："新交与旧识俱欢，林壑共烟霞对赏。"野客丛书卷十三王勃等语

王勃《滕王阁序》："落霞与孤鹜齐飞，秋水共长天一色"之语，当时无贤愚，皆以为警绝。然予观庾信《马射赋》已云："落花与赤（一作芝）盖齐飞，杨柳共青（一作春）旗一色。"则知王勃之语，已有来处。然其句调雄杰，比旧为胜。扪虱新话卷二王勃滕王阁序文有本祖

《文选》褚渊碑："风仪与秋月齐明，音徽与春云等润。"庾信《马射赋》："落花与芝盖齐飞，杨柳共春旗一色。"《隋长寿寺舍利碑》："浮云共岭松张盖，明月与岩桂分丛。"王勃《滕王阁记》语本此。然王勃之语，何啻青出于蓝！虽曰前无古人可也。丹铅总录卷十九诗话类

王勃《滕王阁序》："层台耸翠，上出重霄；飞阁流丹，下临无地。"即王巾《头陀寺碑文》："层轩延袤，上出云霓；飞阁透迤，下临无地。""落霞与孤鹜齐飞，秋水共长天一色"；即庾子山《马射赋》："落花与芝盖齐飞，杨柳共春旗一色。"湛渊静语卷二

附录一　宋邵博《闻见后录》卷十五一则

王勃《滕王阁序》，"落霞孤鹜"之句，一时之人共称之；欧阳公以为类俳，可鄙也。

附录二　宋王应麟《困学纪闻》卷十七《评文》一则

庾信《马射赋》云："落花与芝盖齐飞，杨柳共春旗一色。"王勃仿其语，江左卑弱之风也。

附录三　宋王观国《学林》卷七《滕王阁序》一则

欧阳文忠公《集古录跋·德州长寿寺舍利碑》曰："余屡叹文章至陈隋不胜其弊,而唐家政治之盛,不能遽革其弊。及读斯碑有云:'浮云共岭松张盖,明月与岩桂分丛。'乃知王勃云:'落霞与孤鹜齐飞,秋水共长天一色。'当时士无贤愚,以为警绝,岂非其余习乎?"观国按:庾子山《马射赋》曰:"落霞与芝盖齐飞,野水共春旗一色。"王勃正仿此联,非摹《长寿寺碑》也。《长寿寺碑》亦仿《马射赋》,而句格又弱者也。

附录四　宋胡仔《苕溪渔隐丛话前集》卷七 《杜少陵》二引《西清诗话》一节

《玉台集序》云:"金星将婺女争华,麝月与常娥竞爽。"《北齐碑》云:"浮云共岭松张盖,秋月与岩桂分丛。"庾子山《马射赋》云:"落花与芝盖齐飞,杨柳共春旗一色。"王勃《滕王阁序》云:"落霞与孤鹜齐飞,秋水共长天一色。"薛逢云:"原花将晚照争红,怪石与寒流共碧。"又云:"银章与朱绂相辉,熊轼共隼旟争贵。"语意互相剽窃。

王勃《九成宫东台赋序》:"金石千声,云霞万色。"可驾所作《滕王阁序》:"落霞与孤鹜齐飞,秋水共长天一色"之上。全唐文纪事卷六十七华国编

苏子卿曰:"明月照高楼,想见余光辉。"子美曰:"落月满屋梁,犹疑照颜色。"庾信曰:"落花与芝盖齐飞,杨柳共春旗一色。"王勃曰:"落霞与孤鹜齐飞,秋水共长天一色。"梁简文曰:"湿花枝觉重,宿鸟羽飞迟。"韦苏州曰:"漠漠帆来重,冥冥鸟去迟。"三者虽有所祖,然青愈于蓝矣。四溟诗话卷一

诗中有俱指一物,而下句不同者,以类观之,方见优劣。王右丞云:"遍插茱萸少一人。"朱放曰:"学他年少插茱萸。"子美云:"好把茱萸仔细看。"此三句皆言茱萸,而杜当为优。又如子美云:"鱼吹细浪摇歌扇。"李侗云:"鱼摇清影上帘笼。"韩偓云:"池面鱼吹柳絮行。"此三句皆言鱼戏,而韩当为优。又白公云:"梨花一枝春带雨。"李贺云:"桃花乱落如红雨。"王勃云:"朱帘暮卷西山雨。"此三句皆言雨,而王当为优。学者以此求之,思过半矣。扪虱新话卷三诗指物有优劣

予与林邦翰论诗,及四"雨"字句。邦翰云:"'梨花一枝春带雨',句虽佳,不免有脂粉气;不似'珠帘暮卷西山雨',多少豪杰!"予因谓:"乐天句似茉莉花,王勃句似含笑花。李长吉'桃花乱落如红雨',似檐葡花。而王荆公以为总不似'院落深沉杏花雨',乃似阇提花。"邦翰抚掌曰:"吾子此论,不独诗评,乃花谱也。"扪虱新话卷三诗有四雨句优劣

骆宾王《荡子从军赋》云:"花有情而独笑,鸟无事而恒啼。"吴旦生曰:"韩子苍谓丁晋公《海外诗》:'草解忘忧忧底事,花名含笑笑何人',世以为工。及读东坡诗:'花非识面常含笑,鸟不知名时自呼',便觉才力相去如天渊。"余谓识面不识面,犹有人之见者存也,还不如"独笑"为幽。庾信《小园赋》:"草无忘忧之意,花无长乐之心,鸟何事而逐酒,鱼何情而听琴。"说到花鸟忘机处更深。皇甫百泉云:"宾王《荡子从军赋》,赋中之诗;渊明《归去来辞》,辞中之赋。"全唐文纪事卷七十二引历代诗话

按骆赋似从庾赋脱化而来;丁苏之诗,则又摹拟骆赋者。

孟集有"到得重阳日,还来就菊花"之句,刻本脱一"就"字,有拟补者:或作"醉",作"赏",或作"泛",或作"对",皆不同。后得善本,是"就"字,乃知其妙。唐诗亦有之:崔颢:"玉壶清酒就君

家。"李郢诗:"闻说故园香稻熟,片帆归去就鲈鱼。"杜工部诗题有"秋日泛江就黄家亭子"。而古乐府冯子都诗有"就我求清酒,青丝系玉壶";"就我求珍肴,金盘鲙鲤鱼"。则前人已道破矣。丹铅总录卷十八诗话类孟浩然诗句

崔涂《旅中》诗:"渐与骨肉远,转于僮仆亲。"诗话亟称之。然王维《郑州》诗:"他乡绝俦侣,孤客亲僮仆。"已先道之矣,但王语含浑胜崔。丹铅总录卷二十一诗话类崔涂王维诗

> 按《艺苑卮言》卷四云:"昔人谓崔涂'渐与骨肉远,转于僮仆亲',远不及王维'孤客亲僮仆',固然。然王语虽极简切,入选尚未;崔语虽觉支离,近体差可;要在自得之。"

司空曙"乍见翻疑梦,相悲各问年"。戴叔伦"一年将尽夜,万里未归人"。一则久别乍逢,一则客中除夜之绝唱也。(自注云:李益"问姓惊初见,称名忆旧容",绝类司空;崔涂"乱山残雪夜,孤烛异乡人",绝类戴作。皆可亚之。)诗薮内编卷四

晚唐人诗:"风暖鸟声碎,日高花影重";"晓来山鸟闹,雨过杏花稀"。元人诗:"布谷叫残雨,杏花开半村。"皆佳句也。然总不如右丞"兴阑啼鸟缓,坐久落花多",自然入妙。盛唐高不可及如此。带经堂诗话卷二推较录池北偶谈

郭象《庄子》注多俊语,如云:"暖焉若春阳之自和,故泽荣者不谢;凄乎如秋霜之自降,故雕落者不怨。"李白用其语为诗:"草不谢荣于春风,木不怨落于秋天。"丹铅总录卷三时序类

陈僧慧标《咏水诗》:"舟如空里泛,人似镜中行。"沈佺期《钓竿篇》:"人如天上坐,鱼似镜中悬。"杜诗:"春水船如天上坐,老年花似雾中看",虽用二人之句,而壮丽倍之,可谓得夺胎之妙矣。丹铅总录卷十九诗话类杜诗夺胎之妙

《复斋漫录》云:山谷言:"船如天上坐,人似镜中行。"又云:

"船如天上坐,鱼似镜中悬。"沈云卿诗也。老杜云:"春水船如天上坐",祖述佺期之语也。继之以"老年花似雾中看",盖触类而长之。予以云卿之诗原于王逸少《镜湖诗》,所谓"山阴路上行,如在镜中游"之句。然李太白《入青溪山》亦云:"人行明镜中,鸟度屏风里。"虽有所袭,然语益工也。渔隐丛话后集卷五杜子美一

《诗眼》云:古人学问,必有师友渊源,汉杨恽一书,迥出当时流辈,则司马迁外孙故也。自杜审言已自工诗,当时沈佺期宋之问等,同在儒馆为交游,故老杜律诗布置法度,全学沈佺期,更推广集大成耳。沈云:"雪白山青千万里,几时重谒圣明君。"杜云:"雪白山青万余里,愁看直北是长安。"沈云:"人如天上坐,鱼似镜中悬",杜云:"春水船如天上坐,老年花似雾中看。"皆不免蹈袭前辈,然前后杰句,亦未易优劣。渔隐丛话前集卷六杜少陵一

苏州诗曰:"西施且一笑,众女安得妍";而白乐天诗曰:"迴眸一笑百媚生,六宫粉黛无颜色。"杜子美诗曰:"须臾九重真龙出,一洗万古凡马空";而东坡颂曰:"振鬣长鸣,万马皆喑。"等一意耳,其后用之益精。仆尝用是语为一联云:"六宫无色回眸笑,万马皆喑奋鬣鸣。"吴曾《漫录》谓乐天"回眸一笑百媚生",盖祖李白《清平词》"一笑皆生百媚"之语。仆谓李白之语又有所自,观江总"回身转佩百媚生,插花照镜千娇出",意又出此。野客丛书卷十七语益精明

老杜……《后出塞》曰:"借问大将谁?恐是霍嫖姚。"句法得之郭景纯《游仙诗》:"借问此为谁?云是鬼谷子。"《送十一舅》云:"虽有车马客,而无人世喧。"句法得之渊明《杂诗》:"结庐在人境,而无车马喧。"示儿编卷九递相祖述

《西清诗话》曰:洞庭,天下壮观,自昔骚人墨客题之者众矣。"水涵天影阔,山拔地形高";"四顾疑无地,中流忽有山";"鸟飞应

畏堕，帆远却如闲"；皆见称于世。然未若孟浩然"气蒸云梦泽，波动（原诗作撼）岳阳城"；则洞庭空旷无际，气象雄壮，如在目前。至读子美诗，则又不然，"吴楚东南坼，乾坤日夜浮"；不知少陵胸中吞几云梦也。渔隐诗话前集卷九杜少陵四

老杜"途穷反遭俗眼白"，本用阮籍事。意谓我辈本宜以白眼视俗人；至小人得志，嫉视君子，乃反遭其眼白，故倒用之。亦如"水清反多鱼"，乃倒用"水至清则无鱼"也。碧溪诗话卷四

《世说新语》徐孺子九岁时，尝月下戏。或云："若令月中无物，当极明邪！"子美诗："斫却月中桂，清光应更多。"意祖于此，造句奇拔，观者不觉用事。所谓"读书破万卷，下笔如有神"。杜老不欺人也。四溟诗话卷四

子美《秋野》诗："水深鱼极乐，林茂鸟知归。"此适会物情，殊有天趣。然本于子建《离思赋》："水重深而鱼悦，林修茂而鸟喜。"二家辞同工异，则老杜之苦心可见矣。四溟诗话卷四

诗云："读书头欲白，相对眼终青"；"身更万事已头白，相对百年终眼青"；"看镜白头知我老，平生青眼为君明"；"故人相见尚青眼，新贵即今多白头"；"江山万里尽头白，骨肉十年终眼青"；"白头逢国士，青眼酒尊开"；此坡谷所为用"青眼"对"白头"者非一，而工拙各差。老杜亦云："别来头并白，相见眼终青。"诗话总龟卷九评论门五引直方诗话又渔隐丛话前集卷四十八山谷中

伊尹有不被尧舜之泽，若己推而纳之沟中；张平子得之于赋曰："人或不得其所，若己纳之于隍。"范雎一饭之德必偿，睚眦之怨必报；孔融得之于书曰："睚眦之怨必仇，一餐之惠必报。"黄鲁直《学优斋铭》曰："学哉身哉！身哉学哉！"句法使班孟坚《典引》曰："唐哉皇哉！皇哉唐哉！"其祖出《益稷》曰："臣哉邻哉！邻哉臣哉！"杜子美《南郊赋》曰："九五之后，人人自以为遭唐虞；四十

年来,家家自以为稷卨";句法使曹子建《与杨德祖书》曰:"人人自谓握灵蛇之珠,家家自谓抱荆山之玉";其源出崔骃《达旨》曰:"家家有以乐和,人人有以自优",及扬雄《解嘲》:"家家自以为稷卨,人人自以为皋陶。"退之《进学解》曰:"口不绝吟于六艺之文,手不停披于百家之篇";句法使夏侯湛《抵疑》曰:"志不辍著述之业,口不释雅颂之音。"李白《上裴长史书》:"何王公大人之门不可挥长剑乎?"句法用邹阳《上吴王书》:"何王之门不可曳长裾乎"?唐啖助曰:"设教于本,其敝且末;设教于末,敝将奈何!"句法用唐太宗《帝范》曰:"取法于上,仅得其中;取法于中,不免为下";并贞观二十二年徐惠妃上疏曰:"作法于俭,犹恐其奢;作法于奢,何以示后?"其祖出浑罕曰:"作法于凉,其敝犹贪;作法于贪,其敝将若之何?"示儿编卷七句法同

韩文世谓其本于经,或谓出于《孟子》,然其碑铭妙处,实本太史公也。第此老稍能自秘,示人以高,故未尝尊称迁固;至其平生受用,则实得于此,此亦文章士之私意小智也,公尝自泄其机矣,曰:"非三代两汉之书不观";所谓两汉,非班马耶?《史记》云:"胜不敢复相士"云云,"胜不敢复相士";韩碑云:"汝何敢反"云云,"汝何敢反"!《史记·荆轲传》云:"轲真倾危之士哉!"韩《毛颖传》云:"秦真少恩哉!"班孟坚《东方朔传》云:"奈何乎陛下!"韩铭云:"奈何乎公!"若此者殆不胜纪。然则世之工作文者,固不得舍《史》《汉》而他求也。流俗无特见,随声附和,以韩文为一出于经,误矣。予尝举此质之云畲赵公,公击节叹服,以为确论。隐居通议卷十八

《子华子》:"今世之人,其平居把握,附耳呫呫,相为然诺而自保,曾胶漆之不如也。及势利之一接,未有毫发之差,蹴然而变乎色,又从而随之兵;甚矣心术之善移也。"韩文用其意:"今夫平居

里巷相慕悦",至"一旦临小利害,仅如毛发,反目若不相识;落陷阱不一引手救,反挤之,又下石焉者皆是也。"密斋笔记

昌黎《上于襄阳书》,其中云:"下之人负其能不肯诒其上,上之人负其位不肯顾其下;故高材多戚戚之穷,盛位无赫赫之光。是二人者之所为,皆过也。"此语亦有所本,孙叔敖告楚庄王曰:"国君骄士曰:'士非我无由贵显';士骄君曰:'君非士无由安强';人君或至失国而不悟,士或至饥寒而不进。君臣不合,国是无由定矣。"先后如出一辙,然而昌黎之言,尤占地步。全唐文纪事卷四十七引沙溪集

《左氏》曰:"先二子鸣"(见襄公二十一年);《庄子》曰:"子以坚白鸣"(见《德充符》);昌黎《送东野序》言"鸣"字本此。困学纪闻卷六左氏

《论语》:"迅雷风烈必变",错综成文;"春与猿吟兮,秋鹤与飞"本于此,非始于"吉日良辰"。困学纪闻卷二十杂识

《楚辞》以"日吉"对"良辰",以"蕙肴蒸"对"奠桂酒"。存中云:"此是古人欲错综其语以为矫健耳。"予谓此法本自《春秋》书"陨石于宋五,六鹢退飞过宋都",说者皆以石鹢五六先后为义,殊不知圣人文字之法正当如此。既曰"陨石于宋五",又曰"退飞鹢于宋六",岂成文理?故不得不错综其语因以为健也。《楚辞》正用此法,其后韩退之作《罗池碑》云:"春与猿吟兮,秋鹤与飞",以"与"字上下言之,盖亦欲语反而辞健(一作从)耳。今《罗池碑》石刻古本如此。而欧阳公以所得李生《昌黎集》校之,只作"秋与鹤飞",遂疑古本为误。惟沈存中为始得古文意,然不知其法自《春秋》出。盖自予始发之。予乃知古人文字,始终开辟,有宗有趣,其不苟如此。扪虱新话卷二文章贵错综

按存中为沈括之字,"此是古人欲错综其语"云云,见其

所著《梦溪笔谈》卷十四《艺文》一。

欧公跋《罗池碑》曰:"今世传《昌黎集》文与碑多同;惟……碑云:'春与猿吟兮,秋鹤与飞',则疑碑之误也。"观国详《罗池碑》升"鹤"字于"与"字之上,则句老而格新。古人有此格;屈平《九歌》曰:"蕙肴蒸兮兰藉,奠桂酒兮椒浆。""蕙肴蒸"不可以对"奠桂酒",而特倒其语者,取乎句老而格新也。然则《罗池碑》云:"春与猿吟兮,秋鹤与飞",非误也。亦当以碑为是。学林卷七罗池碑

与杨德祖书略云:"词赋小道,子云先朝执戟之臣耳,犹称壮夫不为。吾虽薄德,位为藩侯,庶几建永世之业,流金石之功,岂徒以翰墨为功绩,词赋为君子哉? 若吾志不果,吾道不行,将采庶官之实录,辨时俗之得失,定仁义之理,成一家之言。虽未能藏之名山,将以传之同好。"味其文势骏壮,退之答崔立之书本此。后村诗话续集卷二

按与杨德祖书为曹植所作。今并附录韩退之答崔立之书末段于下,云:"方今天下风俗,尚有未及于古者,边境尚有被甲执兵者,主上不得怡,而宰相以为忧。仆虽不贤,亦且潜究其得失,致之乎吾相,荐之乎吾君,上希卿大夫之位,下犹取一障而乘之。若都不可得,犹将耕于宽闲之野,钓于寂寞之滨,求国家之遗事,考贤人哲士之终始,作唐之一经,垂之于无穷。诛奸谀于既死,发潜德之幽光,二者将必有一可。"

文章以不蹈袭为难,昌黎之文,如水中盐味,色里胶青,未尝不用事,而未尝见其用事之迹;尽去陈言,足起八代之衰。然或者又谓"坐茂树,濯清泉",即《楚词》"饮石泉,荫松柏"也;"飘轻裾,翳长袖",即《洛神赋》"扬轻袿,翳修袖"也。昌黎岂肯学人言语,亦偶然相类尔。说郛卷四十六引瑞桂堂暇录

韩退之答李师锡书云:"思元宾而不见,见元宾之所与,则如

元宾焉。"此用石勒语。王浚赠勒麈尾,勒悬之壁间,每瞻仰之,云:"王公不得见,见王公之玩好,如见王公焉。"退之作河南少尹李素墓铭云:"高其上而坎其中,以为公之宫,奈何乎公!"此用东方朔谏武帝近董偃云:"奈何乎陛下!"退之上宰相书云:"恤恤乎饥不得食,寒不得衣。"此用《左传》语。南蒯将叛,邑人歌之,曰:"恤恤乎,湫乎,悠乎!"又杜兼墓铭云:"事在于人,日远日忘。"此用《晋书》张骏语,谓"中原之于晋,日远日忘"。又《平淮西碑》,自皇帝曰光颜,汝为陈许帅;曰重胤云云;曰弘云云;曰文通云云;曰道古云云;曰愬云云;曰度,惟汝予同,汝遂相予。此用《舜典》命九官文法也。诚斋诗话

朱子曰:"左氏之失,在以成败论人。"愚尝观蔡邕《独断》引王仲任(名充)曰:"君子无幸而有不幸,小人有幸而无不幸。"韩文公谓"君子得祸为不幸,而小人得祸为常;君子得福为常,而小人得福为不幸"。亦仲任之意。斯言可以正左氏之失。困学纪闻卷六左氏

"与之语道理,辨古今事当否,论人高下,事后当成败;若河决下流而东注,若驷马驾轻车就熟路,而王良造父为之先后也。"(韩愈《送石洪处士序》)此一章譬喻,文法最奇。韩文公作文,千变万化,不可捉摸;如雷电鬼神,使人不可测。其作《韦侍讲盛山十二诗序》云:"夫儒者之于患难,苟非其自取之,其拒而不受于怀也,若筑河堤以障屋霤;其容而消之也,若水之于海,冰之于夏日;其玩而忘之以文辞也,若奏金石以破蟋蟀之鸣,虫飞之声;况一不快于考功盛山一出入息之间哉?"此段分明是《送石洪处士序》譬喻文法,恐人识破,便变化三样句,分作三段。此公平生,以怪怪奇奇自负,其作文要使人不可测识。如陈后山《送参寥序》云:"其议古今,张人情,貌肖否,言之从违,诗之精粗,若水赴壑,坂走丸,倒囊出物,鸷鸟举而风逼之也。若升高视下,爬痒而鉴貌也。"此一段

文,亦新奇,不蹈袭;只是被人看破,全是学韩文公《送石洪处士序》文。文章轨范卷一送石洪处士序

《与韩愈论史官书》:"设使退之为御史中丞大夫,其褒贬成败人愈益显,其宜恐惧尤大也。则又将扬扬入台府,美食安坐,行呼唱于朝廷而已邪?在御史犹尔,设使退之为宰相,生杀出入,升黜天下士,其敌益众,则又将扬扬入政事堂,美食安坐,行呼唱于内廷外衢而已邪?又何以异不为史,而荣其号利其录者也。"文法从贾生"假设陛下居齐桓之处"两难化来。义门读书记河东集

按贾谊《陈政事疏》云:"假设陛下居齐桓之处,将不合诸侯而匡天下乎?臣又知陛下有所必不能矣。假设天下如曩时,淮阴侯尚王楚,黥布王淮南,彭越王梁,韩信王韩,张敖王赵,贯高为相,卢绾王燕,陈豨在代,令此六七公者皆亡恙,当是时而陛下即天子位,能自安乎?臣有以知陛下之不能也。"

柳子厚《小石潭记》:"潭中鱼可百许头,皆若空游无所依";此语本之郦道元《水经注》:"绿水平潭,清洁澄深,俯视游鱼,类若乘空。"沈佺期诗:"鱼似镜中悬",亦用郦语也。又古诗:"水真绿净不可唾,鱼若空行无所依。"丹铅总录卷十八诗话类鱼若乘空

刘梦得《口兵戒》:"可以多食,勿以多言";本《鬼谷子》(《权篇》)"口可以食,不可以言。"困学纪闻卷十七评文

吴融:"见多邻犬遥相认,来惯幽禽近不惊。"与"初归山犬翻惊主,久别江鸥都避人"之句同。白乐天:"想得家中夜深坐,还应说著远行人。"语颇直,不如王建:"家中见月望我归,正是道上思家时",有曲折之意。刘商柳诗:"几回离别折欲尽,一夜春风吹又长",不如乐天草诗:"野火烧不尽,春风吹又生",语简而思畅。或又谓乐天此联,不如"春入烧痕青"之句。对床夜语卷三

老杜《茅屋为秋风所破歌》云:"自经丧乱少睡眠,长夜沾湿何

由彻？安得广厦千万间，大庇天下寒士尽欢颜，风雨不动安如山。呜呼！何时眼前突兀见此屋，吾庐独破，受冻死亦足。"乐天《新制布裘》云："安得万里裘，盖裹周四垠；稳暖皆如我，天下无寒人。"《新制绫袄成》云："百姓多寒无可救，一身独暖亦何情？心中为念农桑苦，耳里如闻饥冻声。争得大裘长万丈，与君都盖洛阳城。"皆伊尹身任一夫不获之辜也。碧溪诗话卷九

白乐天有《新制绫袄诗》曰："水波文袄造新成，绫软绵匀温复轻。百姓多寒无可救，一身独暖亦何情。"卒章曰："争得大裘长万丈，与君都盖洛阳城。"可谓有善推其所为之心矣。又观《新制布裘诗》曰："桂布白似雪，吴绵软于云。布重绵且厚，为裘有余温。谁知严冬月，支体暖如春？中夕忽有念，抚裘起逡巡。丈夫贵兼济，岂独善一身。安得万里裘，盖裹周四垠，稳暖皆如我，天下无寒人？"后诗正与杜子美《茅屋为秋风所破歌》曰："安得广厦千万间，大庇天下寒士俱欢颜，风雨不动安如山？"意同。庚溪诗话卷上

按此则最后"意同"二字原无，以意补。

杜少陵《茅屋为秋风所破诗》云："安得广厦千万间，大庇天下寒士皆欢颜。"白香山《新制布裘诗》云："安得万里裘，盖裹周四垠。"孟贞曜《咏蚊诗》云："愿为天下幮，一使夜景清。"三诗为题各异，而命意则同，盖皆仁人之言也，故并表而出之。柳南续笔卷四

孟郊诗云："食荠肠亦苦，强歌声无欢；出门即有碍，谁谓天地宽！"许浑诗云："万里碧波鱼恋钓，九重青汉鹤愁笼"，皆是穷蹙之语。白乐天诗云："无事日月长，不羁天地阔"，与二子殆霄壤矣。诗话总龟后集卷十一评论门引丹阳集

于濆《辛苦吟》："垄上扶犁儿，手种腹长饥；窗下掷梭女，手织身无衣。"此作有关风化，但失之粗直。李绅《悯农诗》："四海无闲田，农夫犹饿死。"无名氏《蚕妇》诗云："遍身罗绮者，不是养蚕

人。"二作气平意婉,可置前列;但互相祖袭耳。四溟诗话卷三

于濆《塞下曲》先得"乌鸢已相贺"之句,出自《淮南子》"大厦成而燕雀相贺",此"贺"字尤有味。四溟诗话卷四

刘梦得《叹牛》云:"员能霸吴属镂赐,斯既帝秦五刑具,长平威振杜邮死,垓下禽敌钟室诛。"《僦舟》云:"越子膝行吴君忽,晋宣尸居魏臣怠,白公厉剑子西哂,李园养士春申易。"文法效《汉书》蒯通等传赞。(原注:《唐书·奸臣传》赞亦然。)困学纪闻卷十七评文

《复斋漫录》云:长吉有"桃花乱落如红雨"之句,以此名世。余观刘禹锡云:"花枝满空迷处所,摇动繁英堕红雨。"刘李出一时,决非相为剽窃。渔隐丛话后集卷十二李长吉

韩退之《自荐书》曰:"假如贤者至,阁下乃一见之;愚者至,不得见焉;则贤者莫不至,而愚者日远矣。假如愚者至,阁下以千金与之;贤者至,亦以千金与之;则愚者莫不至,而贤者日远矣。"李翱《荐所知书》曰:"兹有二人偕来;其一人,贤士也;其一人,常常人也。待之礼貌不加崇焉,则贤者行;贤者行,则常常之人日来矣。况其待常常人礼貌加厚,则善人何求而来哉?"二公均以是意设谕,别白是否,其理明甚,非老于文笔者不及此。野客丛书卷七韩李设谕

韩退之《上于襄阳书》曰:"士之能享大名显当世者,莫不有先达之士负天下之望者为之前;士之能垂休光照后世者,亦莫不有后进之士负天下之望者为之后。莫为之前,虽美而不彰;莫为之后,虽盛而不传。是二人者,未始不相须也,然而千百载乃一遇焉。岂上之人无可援,下之人无可推与? 何其相须之殷,而相遇之疏也?其故在下之人负其能不肯谄其上,上之人负其位不肯顾其下;故高才多戚戚之穷,盛位无赫赫之光。是二人者之所为皆过也。未尝干之,不可谓上无其人;未尝求之,不可谓下无其人。愈之诵此言

久矣,未尝敢闻于人。侧闻阁下抱不世出之才"云云。皇甫湜《上江西李大夫书》曰:"居蓬衣白之士,所以勤身苦心,矻矻皇皇。出其家,辞其亲,甘穷饥而乐离别者,岂有贰事哉?笃守道而求知也。有位之人,所以休声茂功,铄光保大,不绝勋而穷名者。亦无异术焉,乐育材而得人也。人无所知,虽贤如仲尼,穷死而道屯,况其下者乎?未得其人,虽圣如唐尧,水不抑而凶未去,况其下者乎?故上之求人,下之求知。相须若此之急,而相得若此之难者,何也?盖以在位者居高而听深,在下者行卑而迹贱,其事势不同,出处相悬故也。况乎上之人负其位不肯求,下之人负其才不肯屈,此其所以相须若此之急,相得若此之难也。湜自学圣人之道,诵之于口,铭之于心,徒恨今之人待士之分以虚华,而今之士望人之分以豪末,上下相鼓,波流相翻;是以役役栖栖,犹郁郁而无语。窃以阁下以周召之才"云云。二书皆用此意。野客丛书卷十三二书一意

　　唐人作赋,多以造语为奇。杜牧《阿房宫赋》云:"明星荧荧,开妆镜也;绿云扰扰,梳晓鬟也;渭流涨腻,弃脂水也;烟斜雾横,焚椒兰也;雷霆乍惊,宫车过也;辘辘远听,杳不知其所之也。"其比兴引喻,如是其侈。然杨敬之《华山赋》,又在其前,叙述尤壮;曰:"见若咫尺,田千亩矣;见若环堵,城千雉矣;见若杯水,池百里矣;见若蚁垤,台九层矣;醯鸡往来,周东西矣;蠛蠓纷纷,秦速亡矣;蜂窠联联,起阿房矣;俄而复然,立建章矣;小星奕奕,焚咸阳矣;累累茧栗,祖龙藏矣。"……高彦休《阙史》云:"敬之赋五千字,唱在人口。赋内之句,如上数语,杜司徒佑、李太尉德裕常所诵念,牧之乃佑孙,则《阿房赋》实模仿杨作也。"容斋五笔卷七唐赋造语相似

　　杨敬之《华山赋》:"见若咫尺,田千亩矣;见若还(通环)堵,城千雉矣;见若杯水,池百里矣;见若蚁垤,台九层矣;醯鸡往来,周东西矣;蠛蠓纷纭(一作纷纷),秦速亡矣;蜂巢(一作窠)联联,起阿

房矣;俄而复然,立建章矣;小星奕奕,焚咸阳矣;累累茧栗,祖龙藏矣。"吴旦生曰:王勉夫谓,杜牧《阿房宫赋》:"明星荧荧,开妆镜也;绿云扰扰,梳晓鬟也;渭流涨腻,弃脂水也;烟斜雾横,焚椒兰也;雷霆乍惊,宫车过也;辘辘远听,杳不知其所之也。"杜杨二文,同一机杼。洪容斋谓敬之赋内数语,杜佑李德裕常所诵念;牧之乃佑孙,则阿房实模仿杨作也。《江行杂录》云:牧之《阿房宫赋》:"六王毕,四海一,蜀山兀,阿房出";陆偁《长城赋》:"千城绝,长城列;秦民竭,秦君灭";辈行在牧之前,则又祖《长城》矣。全唐文纪事卷四十八引历代诗话

　　杜牧之《阿房宫赋》曰:"明星荧荧,开妆镜也;绿云扰扰,梳晓鬟也;渭流涨腻,弃脂水也;烟斜雾横,焚椒兰也;雷霆乍惊,宫车过也;辘辘远听,杳不知其所之也。"杨敬之《华山赋》曰:"见若咫尺,田千亩矣;见若环堵,城雉千矣;见若杯水,池百里矣;见若蚁垤,台九层矣;醯鸡往来,周东西矣;蠛蠓纷纷,秦速亡矣;蜂窠联联,起阿房矣;俄而复然,立建章矣;小星奕奕,焚咸阳矣;累累茧栗,祖龙藏矣。"二文同一机杼也。或者读《阿房宫赋》至"歌台暖响,春光融融,舞袖冷殿,风雨凄凄,一宫之间,而气候不齐",击节叹赏,以谓形容广大如此。仆谓牧之此意,盖体魏卞兰《许昌宫赋》曰:"其阴则望舒凉室,羲和温房,隆冬御绤,盛夏重裘,一宇之深邃,致寒暑于阴阳",非出于此乎?野客丛书卷二十四阿房宫赋

　　按《瑞桂堂暇录》亦述牧之此事,今从略。

　　古人作文,摹仿痕迹未化,虽韩柳不免。退之……《祭十二郎文》:"汝病吾不知时,汝死吾不知日。"用宇文护与母书:"我寒不得汝衣,我饥不得汝食"也。……子厚……为太夫人作祔志:"已矣,穷天下之声,无以抒其哀矣;尽天下之词,无以传其酷矣。"连用"矣"字,仿《礼记·问丧篇》:"亡矣丧矣,不可复见已矣;哭泣辟

踊,尽哀而止矣。"……王右军《兰亭序》:"后之视今,亦犹今之视昔。"用《京房传》语:"臣恐后之视今,犹今之视前也。"……杜牧《阿房宫赋》,起句三字用韵,"六王毕,蜀山兀",仿陆倕《长城赋》:"千城绝,长城列"也。后连用"也"字,"开妆镜也","弃脂水也",用边孝先《博塞赋》:"分阴阳也,象日月也。"……邱迟《与陈伯之书》:"见故国之旗鼓,感平生于畴昔。"用臧洪《与袁绍书》:"见主人之旗鼓,感故友之周旋。"……唐《杨妃谣》:"生男勿喜女勿悲,今看生女作门楣。"仿汉卫子夫歌云:"生男无喜女无怒,独不见卫子夫霸天下。"……骆宾王《为徐敬业讨武曌檄》云:"喑呜则山岳崩颓,叱咤则风云变色。以此制敌,何敌不摧;以此图功,何功不克。"本祖君彦《为李密讨炀帝檄》云:"呼吸则河渭绝流,叱咤则嵩华自拔。以此攻城,何城不陷;以此击阵,何阵不摧。"……《日知录》亦有《古文摹仿》一篇,与此不同;彼言摹仿体裁局段,此言摹仿句调词语,二者互相发明。至古人另有拟体:如陆机刘烁各有《拟古诗》,张载《拟四愁诗》,谢灵运《拟太子邺中集诗》,李白《拟恨赋》,皆全篇规仿,是又不可不知。随园随笔卷二十五古文摹仿

按《日知录·文人摹拟之病》一篇,已略见本编通论;又其中专论体裁局段一节,实即转引《容斋随笔》卷七《七发》,故今删顾氏文而存容斋说,容斋说亦见前通论,并可参阅。

诗恶蹈袭古人之意,亦有袭而愈工,若出于己者;盖思之愈精,造语愈深也。魏人章疏云:"福不盈身,祸将溢世。"韩愈则曰:"韶华不满眼,咎责塞两仪。"李华《吊古战场文》曰:"其存其没,家莫闻知,人或有言,将信将疑,悁悁心目,梦寐见之。"陈陶则云:"可怜无定河边骨,犹是春闺梦里人",盖愈工于前也。临汉隐居诗话

按《野客丛书》卷十七曰:"仆谓福不盈眦,祸溢于世,乃班固《答宾戏》语,见《西汉·叙传》。袁术议称帝号,尝引以

为言。此语非出于魏人之口。"

后汉肃宗诏曰:"父战于前,子死于后,弱女乘于亭障,孤儿号于道路,老母寡妻,设虚祭,饮泣泪,想望归魂于沙漠之表,岂不哀哉!"李华《吊古战场文》祖之。陈陶《陇西行》云:"可怜无定河边骨,犹是春闺梦里人。"可谓得夺胎之妙。丹铅总录卷十九诗话类诗文夺胎

韦苏州曰:"窗里人将老,门前树已秋。"白乐天曰:"树初黄叶日,人欲白头时。"司空曙曰:"雨中黄叶树,灯下白头人。"三诗同一机杼,司空为优。善状目前之景,无限凄感,见乎言表。四溟诗话卷一

"一丛深色花,十户中人赋",白乐天谓牡丹也;"岂知两片云,戴却数乡税",郑云叟谓珠翠也;侈靡之蠹甚也。困学纪闻卷十八评诗

按郑诗亦似拟白而作。

唐人闺情诗:"袅袅庭前柳,青青陌上桑;提笼忘采叶,昨夜梦渔阳。"即《卷耳》诗首章之意也。又曰:"莺啼绿树深,燕语雕梁晚;不省出门行,沙场知近远。"又曰:"渔阳千里道,近于中门限;中门逾有时,渔阳常在眼。"又云:"梦里分明见关塞,不知何处向金微。"又云:"妾梦不离江上水,人传郎在凤凰山。"即《卷耳》诗后章之意也。丹铅总录卷十七史籍类唐诗主情

按《诗·国风·周南·卷耳》四章,今录于此,以便参阅:"采采卷耳,不盈顷筐,嗟我怀人,置彼周行。陟彼崔嵬,我马虺隤。我姑酌彼金罍,维以不永怀。陟彼高冈,我马玄黄,我姑酌彼兕觥。维以不永伤。陟彼砠矣,我马瘏矣,我仆痡矣,云何吁矣!"

张华《劳还师歌》曰:"昔往冒隆暑,今来白雪霏。"刘禹锡曰:"昔看黄菊与君别,今见玄蝉我却回。"权德舆曰:"去时楼上清明

夜,月照楼前撩乱花;今日成阴复成子,可怜春尽未归家。"皆纪时也。此祖《诗》:"昔我往矣,杨柳依依;今我来思,雨雪霏霏"之意。方干诗曰:"去时初种庭前树,树已胜巢人未归。"_{野客丛书卷九诗句纪时}

杜子野诗云:"寻常一样窗前月,才有梅花便不同。"世以为佳。然唐人诗云:"世间何处无风月,才到僧房分外清。"亦此意也。……唐僧诗云:"河分冈势断,春入烧痕青。"有僧嘲其蹈袭云:"河分冈势司空曙,春入烧痕刘长卿,不是师兄偷古句,古人诗句犯师兄。"此虽戏言,理实如此。作诗者岂故欲窃古人之语,以为己语哉!景意所触,自有偶然而同者,盖自开辟以至于今,只是如此风花雪月;只是如此人情物态。_{鹤林玉露卷九}

按宋刘攽《贡父诗话》谓此唐僧名惠崇,作嘲诗者乃其弟子。第三句诗作"不是师偷古人句"。余与此同。

唐诗佳句,多本六朝。昔人拈出甚多,略摘一二为昔人所未及者:如王右丞"积水不可极,安知沧浪东",本谢康乐"洪波不可极,安知大壑东";"春草年年绿,王孙归不归",本庾肩吾"何必游春草,王孙自不归";"还家剑锋尽,出塞马蹄穿",本吴均"野战剑锋尽,攻城才智贫";"结庐古城下,时登古城上",本何逊"家本青山下,好登青山上";"莫以今时宠,而忘昔日恩",本冯小怜"虽蒙今日宠,犹忆昔时怜";"飒飒秋雨中,潺潺石溜泻",本王融"潺湲石溜泻,绵峦山雨闻";"白发终难变,黄金不可成",本江淹"丹砂信难学,黄金不可成";"如何此时恨,噭噭夜猿鸣",本沈约"噭噭夜猿鸣,溶溶晨雾合";孟襄阳"木落雁南渡,北风江上寒",本鲍明远"木落江渡寒,雁还风送秋";郎士元"暮蝉不可听,落叶岂堪闻",本吴均"落叶思纷纷,蝉声犹可闻";崔国辅"长信宫中草,年年愁处生,故侵珠履迹,不使玉阶行",则竟用庾诗"全因履迹少,并欲

上阶生"也。_{带经堂诗话卷十五袭故}

古今诗人，多以记境熟语或相类，鲍明远云："昔如鞲上鹰，今似槛中猿。"杜子美云："昔如纵壑鱼，今如丧家狗。"……方干云："蝉曳残声过别枝。"苏子美云："山蝉带响穿疏户。"韦应物云："野渡无人舟自横。"寇莱公云："野水无人渡，孤舟尽日横。"……刘梦得云："药性病生谙。"于鹄云："病多谙药性。"唐人云："中流见树影，两岸闻钟声。"张祜云："树影中流见，钟声两岸闻。"诸名下之士，岂相剽窃者耶！_{闻见后录卷十八}

王元之（禹偁）表云："风摧霜败，芝兰之性终香；日远天高，葵藿之心未死。"刘元城（安世）表云："志存许国，如万折而必东；忠以事君，虽三已其无愠。"斯言可以立懦志。_{困学纪闻卷十九评文}

按翁元圻注："宋费衮《梁溪漫志》谓：元城此语，与陈了翁《进尊尧集序》云：'愚公老矣，益坚平险之心；精卫眇然，未舍填波之愿。'皆气节凛然，如严霜烈日。"

王元之《到任表》，有"全家饱暖，尽荷君恩"之语，到今传诵。永叔用为诗云："诸县丰登少公事，全家饱暖荷君恩。"梦得亦尝有云："一生不得文章力，百口空为饱暖家。"白云："不才空饱暖，无力及饥贫。"_{苕溪诗话卷九}

《艺苑雌黄》云："文人用故事，有直用其事者，有反其意而用之者。元之谪守黄冈谢表云：'宣室鬼神之问，岂望生还；茂陵封禅之书，惟期死后。'此一联每为人所称道；然皆直用贾谊相如之事耳。李义山诗：'可怜夜半虚前席，不问苍生问鬼神。'虽说贾谊，然反其意而用之矣。林和靖诗：'茂陵他日求遗稿，犹喜曾无封禅书。'虽说相如，亦反其意而用之矣。直用其事，人皆能之；反其意而用之者，非识学素高，超越寻常拘挛之见，不规规然蹈袭前人陈迹者，何以臻此？"苕溪渔隐曰："《艺苑》以元之直用贾谊相如事,不若李义山林和靖反用之;然元之是谢表,须直用其事,以明臣子之心,非若作诗可以反意用。此语殊非通论也。"渔隐丛话后集卷十九

王岐公(珪)答韩魏公诏:"岂朕郁于大道,未昭治乱之原;将卿保其成功,自洁进退之分? 崔大雅(敦诗)答周益公诏:"岂朕不德,未达好贤之诚;将卿既明,自全引退之节?"盖放其意。困学纪闻卷十九评文

按翁元圻注:"真文忠《雷孝友乞祠不允诏》云:'而卿何嫌何疑,亟求于引退;岂朕不明不敏,弗足以有为?'又倒用其法。"

王岐公《宫祠》云:"翠眉不及池边柳,取次飞花入建章。"虽本王昌龄"玉颜不及寒鸦色"之句,然殊不相犯。……退之自负去陈言,然"坐茂树,濯清泉",即《楚辞》"饮石泉,荫松柏"也,"飘轻裾,翳长袖",即《洛神赋》"扬轻袿,翳修袖"也。岂非熟读忘其相犯耶?后村诗话后集卷一

嘉祐七年冬,宴近臣于群玉殿,英宗以皇子预坐,在舍人待制之后,岐公诗云:"翠辇生香容扈□,黄金涂纸看挥毫";介甫云:"何不言翠玉装舆?"岐公改之以进。诗话总龟后集卷一御燕门引复斋漫录

杨植为《许由庙碣》云:"唐尧不以天下让先生,先生之道犹昏;先生不以清节避唐尧,唐尧之道何尊?"而范希文作《严子陵祠堂记》云:"微先生,不能成光武之大;微光武,岂能遂先生之高哉?"范文实本于杨,然就全篇观之,杨则杂而范畅矣。余冬叙录卷之闰三诗文

唐郑准为荆南节度使成汭从事,汭本姓郭,代为乞归姓表云:"居故国以狐疑,望邻封而鼠窜。名非伯越,浮舟难效于陶朱;志在投秦,出境遂称于张禄。"其后范文正公以随母冒姓朱,以朱说

既登第,后乞还姓表,遂全用之云:"志在投秦,入境遂称于张禄,名非伯越,乘舟偶效于陶朱。"议者谓文正公虽袭用古人全语,然本实范氏当家故事,非攘窃也。四六话卷上

孙少述《栽竹诗》曰:"更起粉墙高千尺,莫命墙外俗人看。"晏临淄曰:"何用粉墙高千尺,任教墙外俗人看。"处士之节,宰相之量,各言其志。诗话总龟卷六评论门二引古今诗话

按孙少述名侔,宋吴兴人,初名虔,字正之。与王安石曾巩游,屡荐皆不就。晏临淄,《道山清话》曰:"临川人。"按即宋仁宗时相临川人晏殊,仕至观文殿大学士行兵部尚书西京留守临淄公,见欧阳修所撰神道碑铭。

古人诗一样者颇多:"如何饮酒得长醉,直到太平时节醒",与邵尧夫"安得山中千日酒,酩然直到太平时"同。许浑"公道世间惟白发,贵人头上不曾饶",与滕倪"白发不能容相国,也同闲客满头生"同。使遇皎然,定入偷语偷意诗例矣。此不过一时用意相类,非后人钞袭者比。所谓闭门造车,出门合辙。秋窗随笔

"将飞更作回风舞,已落犹成半面妆。"宋景文落花诗也,为世所称。然李义山固云:"落时犹自舞,埽后更闻香。"李下句尤妙。后村诗话前集卷二

《隐居诗话》云:欧阳文忠公诗话称谢伯景之句,如"园林换叶梅初熟",不若"庭草无人随意绿";"池馆无人燕学飞",不若"空梁落燕泥"也。盖伯景句意凡近,似所谓西昆体,而王胄薛道衡峻洁可喜也。渔隐丛话前集卷二十二西昆体

李君实曰:"晁无咎评欧阳永叔《浣溪沙》云:'绿杨楼外出秋千',只一'出'字,自是后人道不到处。"予按王摩诘诗:"秋千竞出垂杨里',欧阳公词意本此;晁偶忘之耶!词苑丛谈卷四

《遯斋闲览》云:"李太白诗:'清风明月不用一钱买';欧阳文

忠《题子美沧浪亭》诗乃云：'清风明月本无价，可惜只卖四万钱'；二人者致词虽异，然皆善谈风月者也。"渔隐丛话前集卷三十二苏子美

《盘谷序》云："坐茂林以终日，濯清泉以自洁。采于山，美可茹；钓于水，鲜可食。"《醉翁亭记》云："野花发而幽香，嘉木秀而繁英。临溪而渔，溪深而鱼肥；酿泉为酒，泉香而酒洌；山肴野蔌，杂然而前陈。"欧公文势，大抵化韩语也。然"钓于水，鲜可食"，与"临溪而渔，溪深而鱼肥"；"采于山"，与"山肴前陈"之语；烦简工夫，则有不侔矣。容斋三笔卷一韩欧文语

永叔《醉翁亭记》结云："太守为谁，庐陵欧阳修也。"是学《诗·采蘋》篇："谁其尸之，有齐季女"二句。文章精义

欧阳公记醉翁亭用"也"字，荆公志葛源亦终篇用"也"字，盖本于《易》之《杂卦》；韩文公铭张彻亦然。困学纪闻卷二十杂识

按《容斋五笔》卷八云："欧阳公《醉翁亭记》、东坡《酒经》，皆以'也'字为绝句。欧阳用二十一'也'字，坡用十六'也'字。欧记人人能读，至于《酒经》，知之者盖无几。坡公尝云：'欧阳作此记，其词玩易，盖戏云耳；不自以为奇特也。而庸妄者作欧语云：平生为此文，最得意。又云：吾不能为退之《画记》，退之不能为吾《醉翁亭记》。此又大妄也。……"按东坡《酒经》原文约近百字，今从略。

诗有全篇用"也"字者，《墙有茨》、《君子偕老》是也。文亦有全篇"也"字者，如韩公《祭潮州大湖神文》、欧阳《醉翁亭记》；然却是祖《语》、《孟》。《语》云："吾见其居于位也，见其与先生并行也；非求益者也，欲速成者也。"又曰："回也，视予犹父也，予不得视犹子也，非我也，夫二三子也。"《孟》云："我非爱其财而易之以羊也，宜乎百姓之谓我爱也；曰，无伤也；是乃仁术也，见牛未见羊也"云云；"是以君子远庖厨也"之类。《荀子·荣辱篇》全用也字，

余篇亦多。湛渊静语卷二

欧阳公作《滁州醉翁亭记》,自首至尾,多用"也"字;人谓此体创见欧公,前此未闻。仆谓前辈为文,必有所祖。又观钱公辅作《越州井仪堂记》,亦是此体;如其末云:"问其办之岁月,则嘉祐五年二月十七日也;问其作之主人,则太守刁公景纯也;问其常所往来而共乐者,通判沈君兴宗也。谁其文之?晋陵钱公辅也。"其机杼甚与欧记同。此体盖出于《周易·杂卦》一篇。野客丛书卷二十七醉翁亭记

《醉翁亭记》,终始用"也"字结句,议者或纷纷,不知古有此例。《易·杂卦》一篇终始用也字;《庄子·大宗师》自"不自适其适"至"皆物之情",皆用也字。以是知前辈文格,不可妄议。猗觉寮杂记卷上

《尚书·尧典》,连用六哉字;成汤祷旱,连用七与字;《哀公问政章》,连用九也字;此欧公《醉翁亭记》与苏公《酒经》所自昉也。涌幢小品卷十八字法

《孔丛子》载孔子之言曰:"古之能讼者,恶其意,不恶其人,求其所以生之,不得其所以生,乃刑之",欧阳永叔作《泷冈阡表》云:"求其生而不得,则死者与我皆无憾也。"世莫有知其言之出于《孔丛子》也。丹铅总录卷十一史籍类欧文出孔丛子

文章虽不要蹈袭古人一言一句,然古人自有夺胎换骨法,所谓灵丹一粒,点铁成金也。欧阳公祭苏子美文云:"子之心胸,蟠屈龙蛇,风云变化,雨雹交加,忽然挥斤,霹雳轰车。人有遭之,心惊胆破,震仆如麻。须臾霁止,而回顾百里,山川草木,开发萌芽。子于文章,雄豪放肆,有如此者,吁可怪邪!"但知诵公此文,而不知实有本处。公作黄梦升墓铭,称梦升哭其兄子庠之词曰:"子之文章,电激雷震,雨雹忽止,阒照灭泯。"公尝喜诵之,祭文盖用此耳。

梦升所作虽不多见,然观其词句,多奇可喜,正得所谓千兵万马之意。及公增以数语,而变态如此,此固非蹈袭者。其后东坡跋姜君弼课册亦云:"云与天际,欻若车盖,凝眸未瞬,弥漫霡霂。惊雷出火;乔木糜碎,殷地爇空,万夫皆废。雷缠四坠,日中见沫,移晷而收,野无完块。"此三者语各不同,然只是一意。前辈作者,皆用此法。吾谓此实不传之妙,学者即此,便可反三隅矣。扪虱新话卷二文章夺胎换骨

苏老泉诗:"佳节每从愁里过,壮心偶傍醉中来。"白乐天诗有"百年愁里过,万感醉中来"之句。老泉未必祖袭,盖偶同耳。丹铅总录卷二十七琐语类

宋元献(庠)晚岁有诗云:"老矣师丹多忘事,少之烛武不如人。"其后元厚之(绛)作执政参知事,一日奏事差讹,神宗顾谓曰:"卿如此忘事耶!"明日乞退,遂用元献语作乞致仕表云:"少之烛武,尚不如人;老矣师丹,仍多忘事。"神宗读表至此,怜其意而留之。欧阳文忠谢致仕表云:"虽伏枥之马,悲鸣难恋于君轩;而曳尾之龟,涵养未离于灵沼。"元厚之作致仕表云:"跄跄退舞,敢忘舜帝之笙镛;嚣嚣归飞,亦在文王之灵沼。"又谢致仕表云:"冥鸿虽远,正依天宇之高华;微藿虽倾,尚溯日华之明润。"其意谓万物不离于天地,虽致仕,亦不离君父也。子瞻为笔说,大以此为妙,云:"古人谢致仕表,未有能到此者。"四六话卷上

陆宣公随德宗自奉天还阙,兴元元年,下悔过制书曰:"失守宗祧,越在草莽,不念率德,诚莫进于既往;永言思咎,期有复于将来。明征其义,以示天下。"其后荆公罢相,守金陵,谢上表末云:"经体赞元,废任莫追于既往;承流宣化,收功尚冀于将来。"用宣公语意,乃知文章师承未有无从来者也。四六话卷下

"夜阑更秉烛,相对如梦寐。"叔原则云:"今宵剩把银钉照,犹

恐相逢是梦中。"此诗与词之分疆也。词苑丛谈卷一引刘体仁词绎

按叔原为晏几道字,几道工乐府,有《小山词》。

苕溪渔隐曰:"东坡作胶西超然台记,其略云:'园之北,因城以为台者旧矣,稍葺而新之,时相与登览,放意肆志焉。南望马耳常山,出没隐见,若近若远,庶几有隐君子乎? 而其东则卢山,秦人卢敖之所从遁也;西望穆陵,隐然如城郭,师尚父齐威公之遗烈,犹有存者;北俯潍水,慨然太息,思淮阴之功,而吊其不终。'此语盖效习凿齿之书。其后汪彦章作京口月观记,又从而效之,造语皆可喜也。凿齿与桓秘书云:'吾以去岁五月三日来达襄阳,触目悲感,略无欢情,痛恻之事,故非书言之所能尽也。每定省家舅,从北门入,西望隆中,想卧龙之吟;东眺白沙,思凤雏之声;北临樊墟,存邓老之高;南睠城邑,怀羊公之风。纵目檀溪,念崔徐之友;肆睇鱼梁,追二德之远。未尝不徘徊移日,惆怅极多,抚策踌躇,慨然而泣,曰:若乃魏武之所置酒,孙坚之所陨毙,裴杜之故居,繁王之旧宅,遗事犹存,星列满目。璨璨常流,碌碌凡士,焉足以感其方寸哉?'彦章月观记云:'尝与子四顾而望之,其东曰海门,鸥夷子皮之所从遁也;其西曰瓜步,魏佛狸之所尝至也;若其北广陵,则谢太傅之所筑埭而居也,江中之流,则祖豫州之所击楫而誓也。计其一时英雄慷慨,愤中原之未复,反虏之未擒,欲吞之以忠义之气,虽狭宇宙而隘九州,自其胸中所积,亦江山有以发之。'"渔隐丛话后集卷三十东坡五

古诗云:"人生不满百,常怀千岁忧";而渊明以五字尽之曰:"世短意常多",是也。东坡云:"意长日月促",则倒转陶句尔。鹤林玉露卷一

苏子瞻诗有:"似闻指麾筑上郡,已觉谈笑无西戎"之句。尝问子瞻:"当是用少陵'谈笑无西河'之语?"子瞻笑曰:"故是,但少

陵亦自用左太冲'长啸激清风,志若无东吴'也。"道山清话

沈攸之晚好读书,手不释卷,尝叹曰:"早知穷达有命,恨不十年读书。"东坡《再和刘景文介亭长篇》云:"早知事大谬,恨不十年读。"碧溪诗话卷九

韩苏两公为文章,用譬喻处重复联贯,至有七八转者。韩公《送石洪序》云:"论人高下,事后当成败,若决江河下流东注;若驷马驾轻车,就熟路,而王良造父为之先后也;若烛照;数计;而龟卜也。"《盛山诗序》云:"儒者之于患难,其拒而不受于怀也,若筑河堤,以障屋霤;其容而消之也,若水之于海,冰之于夏日;其玩而忘之以文辞也,若奏金石以破蟋蟀之鸣,虫飞之声。"苏公《百步洪诗》云:"长虹斗落生跳波,轻舟南下如投梭,水师绝叫凫雁起,乱石一线争磋磨,有如兔走鹰隼落,骏马下注千丈坡,断弦离柱箭脱手,飞电过隙珠翻荷"之类是也。容斋三笔卷六韩苏文章譬喻

东坡《喜雨亭记》云:"使天而雨珠,则寒者不得以为襦;使天而雨玉,则饥者不得以为粟。"即刘陶《改铸大钱议》有曰:"就使当今沙砾化为南金,瓦石变为和玉,使百姓饥无所食,渴无所饮"之意。然不如东坡辞婉意明,所谓出蓝更青者也。示儿编卷七祖意而胜

梦得送僧君素云:"去来皆是道,此别不销魂。"东坡云:"古今正自同,岁月何必书?"此等语皆通彻无碍,释氏所谓具眼也。碧溪诗话卷七

东坡《黄州谢表》云:"天地能覆载之,而不能容之于度外;父母能生育之,而不能出之于死生。"至今脍炙人口,盖用后汉袁敞传张俊语曰:"天地父母能生臣俊,不能使臣俊当死复生。"猗觉寮杂记卷下

《赤壁赋》谓:"自其变者而观之,则天地曾不能以一瞬;自其不变者而观之,则物与我皆无尽也。"此尽用《庄子》句法。"自其

异者眂之,肝胆楚越也;自其同者眂之,万物皆一也。"又用《棱严经》意。佛告波斯匿王言:"汝今自伤发白面皱,其面必定皱于童年;则汝今时观此恒河,与汝昔时观河之见,有童耄不？王言,不也。世尊佛言:汝面虽皱,而此见精性未尝皱;皱者为变,不皱者非变。变者受生灭;不变者元无生灭。"浩然斋雅谈卷上

《悲清秋赋》(李白作),赋也。"澄湖练明,遥海上月";与《赤壁赋》"人影在地,仰见明月"语意同,谓之倒句。若曰"遥海上月,澄湖练明";"仰见明月,人影见地";语意虽顺,意味便减。全唐文纪事卷六十七引古赋辨体

郑谷十日菊云:"自然今日人心别,未必秋香一夜衰。"此意甚佳,而病在气不长。……曾子固曰:"诗当使人一览语尽而意有余",乃古人用心处,所以舒王菊诗曰:"千花百卉凋零后,始见闲人把一枝。"坡则云:"万事到头都是梦,休休,明日黄花蝶也愁。"李翰林曰:"鸟飞不尽暮天碧",又曰:"青天尽处孤鸿没。"其病如前所论。山谷登远观台诗曰:"瘦藤拄（一本作挂）到风烟上,乞与游人眼暂开。不知眼界阔多少,白鸟去尽青天回。"凡此之类,皆换骨也。顾况诗曰:"一别二十年,人堪几回别。"其诗简拔,而立意精确。舒王与故人诗曰:"一日君家把酒杯,六年波浪与尘埃。不知乌石江边路,到老相逢得几回？"乐天曰:"临风杪秋树,对酒长年身。醉貌如霜叶,虽红不是春。"东坡南中诗曰:"儿童误喜朱颜在,一笑那知是酒红。"凡此之类,皆夺胎法。学者不可不知。冷斋夜话卷一

按山谷论诗有夺胎换骨法,已见前通论。

王直方诗话云:乐天有诗云:"醉貌如霜叶,虽红不是春";东坡有诗云:"儿童误喜朱颜在,一笑那知是酒红";郑谷有诗云:"衰鬓霜供白,愁颜酒借红";老杜有诗云:"发少何劳白,颜衰肯更

红",无己诗云:"发短愁催白,颜衰酒借红";皆相类。然无己初出此一联,大为当时诸公所称赏。诗话总龟后集卷九称赏门

附录　近人王逸塘《今传是楼诗话》一则

乐天诗云:"醉貌如霜叶,虽红不是春。"东坡云:"小儿误喜朱颜在,一笑那知是酒红?"语本乐天,而味更隽永。近海藏(郑孝胥)有句云:"老去诗人似残菊,经霜被酒不能红",用旧公案,而机杼一新;且岁寒心事,见于言外,不仅语妙也。

《复斋漫录》云:张芸叟诗:"夕阳牛背无人卧,带得寒鸦两两归";与东坡所记苏叔党诗:"叶随流水归何处,牛载寒鸦过别村";下句与张相合。渔隐丛话后集卷三十东坡五

今之学诗者,但知以偷语为戒,而以偷势偷意为尚,即可谓高手矣;而不知其尚有进也。纪文达师曰:诗之为道,非惟语不可偷,即偷势偷意亦落窠臼。夫悟生于相引,有触则通;力迫于相持,势穷则奋。善为诗者,当先取古人佳处涵泳之,使意境活泼,如在目前,拟议之中,自生变化。如"萧萧马鸣,悠悠旆旌",王籍化为"蝉噪林逾静";"光风转蕙泛崇兰"王荆公化为"扶舆度阳焰,窈窕一川花。"皆得其句外意也。水部《咏梅》,有"枝横却月观"句,和靖化为"水边离落忽横枝";"疏影横斜水清浅",东坡化为"竹外一枝斜更好"。皆得其句中味也。"春水满泗泽",变为"野水多于地";"夏云多奇峰",变为"山杂夏云多"。就一句点化也。"千峰共夕阳",变为"夕阳山外山"。"日华川土动",变为"夕阳明灭乱流中"。就一字引申也。"到江吴地尽,隔岸越山多",变为"吴越到江分"。缩之而妙也。"曲径通幽处,禅房花木深",变为"微雨晴复滴,小窗幽且妍。盆山不见日,草木自苍然"。衍之而妙也。如是有得,乃立古人于前,竭吾力而与之角;如双鹄并翔,各极所至;

如两鼠斗穴,不胜不止。思路断绝之处,必有精神垒涌,忽然遇之者。正不必挦撦玉溪,随人作计也。退庵随笔卷二十一学诗

山谷祭温公文:"匪天夺之,乃公尽瘁",盖反"天不慭遗"之语。王荆公为《葛宗圣墓志》,始终皆用"也"字,全学《醉翁亭记》;然用之墓文则新。说郛卷十二宋巩丰后耳目记

曾纡云:山谷用乐天语,作黔南诗,……白云:"渴人多梦饮,饥人多梦餐。春来梦何处?合眼到东川。"山谷云:"病人多梦医,囚人多梦赦。如何春来梦,合眼在乡社?"……纡爱之每对人口诵,谓之点铁成金也。道山清话

徐陵《鸳鸯赋》云:"山鸡(雉属)映水那相得,孤鸾照镜不成双;天下真成长会合,无胜比翼两鸳鸯。"黄鲁直《题画睡鸭》曰:"山鸡照影空自爱,孤鸾舞镜不作双;天下真成长会合,两凫相倚睡秋江。"全用徐语点化之,末句尤精工。容斋随笔卷一黄鲁直诗

> 按宋赵与时《宾退录》卷十引《容斋随笔》此条而评之曰:"余幼时不能解,每疑鸳鸯可言长会合,两凫则聚散不常,何可言长会合?后乃悟鲁直所谓长会合,特指画者耳。"

《后山诗话》载王平甫子旂,谓秦少游"愁如海"之句,出于江南李后主"问君还有几多愁,恰似一江春水向东流"之意。仆谓李后主之意,又有所自。乐天诗曰:"欲识愁多少,高于滟滪堆",刘禹锡诗曰:"蜀江春水拍山流,水流无限似侬愁",得非祖此乎?则知好处前人已道过,后人但翻而用之耳。又少游词有"天还知道",和"天也瘦"之语;伊川先生闻之,以为蝶䲢上天,是则然矣;不知此语盖祖李贺"天若有情天亦老"之意尔。类而推之,如晏叔原"今宵剩把银釭照,犹恐相逢是梦中",盖出于老杜"夜阑更秉烛,相对如梦寐",戴叔伦"还作江南会,翻疑梦里逢",司空曙"乍见翻疑梦,相悲各问年"之意。谢无逸词"我共扁舟,江上两萍

叶",出于乐天"与君相遇知何处,两叶浮萍大海中"之意。鲁直诗"趁此花开须一醉,明朝化作玉尘飞",出于潘佑"劝君此醉直须欢,明朝又是花狼藉"之意。此类极多。野客丛书卷二十词句祖古人意

《铁围山丛谈》云:"寒鸦飞数点,流水绕孤村",隋炀帝语也。少游《满庭芳》引用之云:"斜阳外,寒鸦数点,流水绕孤村。"古今词话词品卷下用语

《复斋漫录》云:"王逐客《送鲍浩然之浙东》长短句:'水是眼波横,山是眉峰聚,欲问行人去那边?眉眼盈盈处。才始送春归,又送君归去,若到江南赶上春,千万和春住。'韩子苍在海陵送葛亚卿,用其意以为诗,断章云:'明日一杯愁送春,后日一杯愁送君,君应万里随春去,若到桃源记归路。'"苕溪渔隐曰:"山谷词云:'春归何处,寂寞无行路。若有人知春去处,唤取归来同住。'王逐客云:'若到江南赶上春,千万和春住。'体山谷语也。"渔隐丛话后集卷三十九长短句

有人云:陈无己"闭门十日雨",即是退之"长安闭门三日雪"。余以为作诗容有意思相犯,亦不必为病;但不可太甚耳。诗话总龟卷八评论门四引直方诗话

李义山《咏贾生》云:"可怜夜半虚前席,不问苍生问鬼神。"马子才《咏文帝》云:"可怜一觉登天梦,不梦商岩梦擢郎。"虽同一律,皆有新意。困学纪闻卷十八评诗

　　按擢郎指邓通,以擢船为黄门郎,梦擢郎事详见《汉书·佞幸传》,子才名存,宋哲宗时鄱阳人。

半山诗曰:"谋臣本自系安危,贱妾何能作祸基?但愿君王诛宰嚭,不愁宫内有西施。"……张文定《游华清宫》云:"当初不是不穷奢,民乐升平不怨嗟;姚宋未亡妃子在,胡尘那得到中华?"亦此意也。浩然斋雅谈卷中

荆公诗云:"闭户欲推愁,愁终不肯去。"刘宾客诗云:"与老无期约,到来如等闲。"韩舍人子苍取作一联云:"推愁不去还相觅,与老无期稍见侵。"比古句盖益工矣。老学庵笔记卷八

韩子苍《题渊明采菊图》诗:"九日东篱采菊英,白衣遥见眼能明。向令自有杯中物,一段风流可得成?"曾文清《访戴》诗:"小艇相从本不期,剡溪雪月并明时。不因兴尽回船去,那得山阴一段奇?"两诗意同,同为佳作。娱书堂诗话卷上

曾文清《访戴图》诗:"小艇相从本不期,剡中雪月并明时。不因兴尽回船去,那得山阴一段奇?"近岁豫章来子仪亦赋此诗:"四出摇玉夜光浮,一舸玻璃疑不流。若使过门相见了,千年风致一时休。"末句实祖文清之意。宾退录卷五

赵德麟"重门不锁相思梦,随意绕天涯";徐师川"柳外重重叠叠山,遮不断愁来路"二词,造语虽不同,其意绝相类。诗话总龟后集卷三十二乐府门一

《艺苑雌黄》云:前辈论诗,有夺胎换骨之说,信有之也。杜陵谒元元庙,其一联云:"五圣联龙衮,千官列雁行";盖纪吴道子庙中所画者。徽宗尝制哲庙挽诗,用此意作一联云:"北极联龙衮,西风拆雁行";亦以雁行对龙衮,然语意中的,其亲切过于本诗,不谓之夺胎可乎? 不然,徒用前人之语,殊不足贵。且如沈佺期云:"小池残暑退,高树早凉归",非不佳也;然正用柳恽"太液微波起,长杨高树秋"之句耳。苏子美云:"峡束沧洲深贮月,岩排红树巧装秋",非不佳也;然正用杜陵"峡束沧江起,岩排石树圆"之句耳。语虽工而无别意。渔隐丛话后集卷十九本朝

苕溪渔隐曰:乐天有句云:"放眼看青山,任头生白发";其超放如此。先君亦尝有句云:"人有悲欢头易白,山无今古色长青。"渔隐丛话后集卷十三醉吟先生

徐世俊曰："张仲宗《踏莎行》：'醉来扶上木兰舟，将愁不去将人去'，引用李端诗：'青枫绿草将愁去，远入吴云暝不还'，此反用之而胜。"古今词话词品卷下用语

庾信月诗云："渡河光不湿"；杜云："入河蟾不没。"唐人云："因过竹院逢僧语，又得浮生半日闲"；坡云："殷勤昨夜三更雨，又得浮生一日凉。"杜梦李白云："落月满屋梁，犹疑照颜色"；山谷簟诗云："落日映江波，依稀比颜色。"退之云："如何连晓语，只是说家乡？"吕居仁云："如何今夜雨，只是滴芭蕉？"比皆用古人句律，而不用其句意，以故为新，夺胎换骨。诚斋诗话

阮裕云："非但能言人不可得，正索解人亦不可得。"吕居仁用此意作诗云："好诗正似佳风月，解赏能知已不凡。"老学庵笔记卷三

李伯纪（纲）丞相过海绝句云："假使黑风漂荡去，不妨乘兴访蓬莱。"与坡公"九死南荒吾不恨，兹游奇绝冠平生"之句，殆相伯仲。异乎李文饶卢多逊穷愁无聊之作矣。后村诗话前集卷二

范冲尝对高宗云：诗人多作《明妃曲》，以失身胡虏为无穷之恨。独王安石曰："汉恩自浅胡自深，人生乐在相知心。"然则刘豫之僭非其罪，汉恩浅而虏恩深也。今之背君父之恩，投拜而为盗贼者，皆合于安石之意。此所谓坏天下人心者也。临江徐思叔（得之）亦尝病荆公此语，谓有卫律李陵之风。乃反其意而为之，遂得诗名于时。其词曰："妾生岂愿为胡妇，失信宁当累明主。已伤画史忍欺君，莫使君王更欺虏。琵琶却解将心语，一曲才终恨何数！朦胧胡雾染宫花，泪眼横波时自雨。专房莫倚黄金赂，多少专房弃如土。宁从别去得深嚬，一步思君一回顾。胡山不隔思归路，只把琵琶写辛苦。君不见有言不食古高辛，生女无嫌嫁盘瓠？"宾退录卷二

《太平吟》云："纷纷红紫已成尘，布谷声中夏令新，夹路桑麻

行不尽,始知身是太平人。"此可谓善状太平气象。胜于诚斋"太平不在箫韶里,只在诸村打稻声"之句。浩然斋雅谈卷中

天乐《送真玉堂》诗云:"每于言事际,便作去朝心";用唐人林宽语也。(林宽《送惠补阙》云:"长因抗疏日,便作去朝心。")《寄赵昌父》诗云:"忆就江楼别,雪晴江月圆";用无可语也。(无可《同刘升宿》云:"忆就西池宿,月圆松竹深。")《赠孔道士》诗云:"生来还姓孔,何不戴儒冠";用姚合语也。(姚合《赠傅山人》云:"悲君还姓傅,独不梦高宗。")《宝冠寺》诗云:"流来桥下水,半是洞中云";用于武陵语也。(武陵《赠王隐人》云:"飞来南浦水,半是华山云。")《瓜庐》诗云:"野水多于地,春山半是云";亦用姚合语也。(姚合《送宋慎言》云:"驿路多连水,州城半在云。")此类甚多,姑举一二。盖读唐诗既多,下笔自然相似,非蹈袭也。其间又有青出于蓝者,识者自能辨之。诗人玉屑卷十九赵天乐

杜小山诗:"寻常一样窗前月,才有梅花便不同";苏召叟诗:"人家一样垂杨柳,种在宫墙自不同";二联一意。任斯庵诗:"了无公事钩帘坐,一树冬青落细花";赵紫芝诗:"满地绿苔看不见,细花如雪落冬青";意亦相似,不知孰先孰后?其优劣必有能辨之者!诗人玉屑卷十九杜小山

陆放翁黄州诗云:"君看赤壁终陈迹,生子何须似仲谋!"赵与时《宾退录》云:"陆诗本晁载之咏昭灵夫人诗:'安用生儿作刘季,暮年无骨葬昭灵'之句。"予曰:"非也,东坡有:'但令有妇如康子,何用生儿似仲谋!'放翁本此。"山樵暇语卷九

鲍照《代出蓟门行》:"雁行缘石径,鱼贯度飞梁。"按朱子有游衡岳诗:"蜡屐得雁行,篮舆或鱼贯。"本明远意而句弥工。援鹑堂笔记卷四十王阮亭五七言古诗选

按姚莹曰:"朱子游览之辞,故意旨容与;明远从军之作,

故语气壮发。"

雍陶《送春诗》云:"今日已从愁里去,明年莫更共愁来。"稼轩词(题作《春晚》)云:"是他春带愁来;春归何处,却不解带将愁去。"虽用前语,而反胜之。后村诗话前集卷一

隆兴间,魏胜战死淮阴,孝宗追惜之。一日,谕近臣曰:"人才须用而后见;使魏胜不因边衅,何以见其才? 如李广在文帝时,是以不用;使生高帝时,必将有大功矣。"其后放翁赠刘改之曰:"李广不生楚汉间,封侯万户宜其难",盖用阜陵语也。改之大喜,以为善名我。异时刘潜夫作《沁园春》曲云:"使李将军遇高皇帝,万户侯何足道哉!"又祖放翁之语。绝妙好辞续钞

民心之得失,此兴亡之大几也。林少颖曰:"民之思汉,则王莽不能胁之使亡;民之忘汉,则先主不能强之使思。"唐与政云:"民心思汉,王郎假之而有余;民心去汉,孔明扶之而不足。"困学纪闻卷八孟子

仆尝用古人全句合为一联曰:"笼中剪羽,仰看百鸟之翔;侧畔沉舟,坐阅千帆之过。"自以为工。近观《漫录》谓伍忠厚有《投时相启》,正有此一联,但改侧字为岸字耳,其暗合有如此者。但《漫录》不言所以,不知上句乃韩退之诗,下句乃刘梦得诗。韩曰:"剪翎送笼中,使看百鸟翔。"刘曰:"沉舟侧畔千帆过,病树前头万木春。"野客丛书卷十二联合古人句

昔有士人在场屋间,赋"帝王之道出万全"。绝无故实,遂问一老先生,答云:"只有一举空朔庭,三箭定天山好使,要在人斡旋尔。"或谓此事乃人臣,非帝王也,不可用,疑迍之。后于程文中见一举人使得最妙,其说题目甚透,有曰:"一举朔庭空,窦宪受成于汉室;三箭天山定,薛侯禀命于唐宗。"真所谓九转丹砂,点铁成金者也。萤雪丛说卷上赋善使事

休文"梦中不识路,何以慰相思"。宋人反其指而用之,曰:"重门不锁相思梦,随意绕天涯",各自佳。词苑丛谈卷四

古今人往往有诗句相同者:兴之所至,偶拉入前人诗一二句,不足为病。惟全用一联一首,略换数字,此则不免剽窃之诮。白香山有"醉貌如霜叶,虽红不是春"之句;而苏东坡"儿童误喜朱颜在,一笑那知是醉红",亦似之。又放翁诗:"西风吹散朝来酒,依旧衰颜似叶黄。"元人诗:"貌似叶红都被酒,头如雪白也簪花。"此又脱胎变化,另出炉锤,使人不觉其运用之妙。陔余丛考卷二十四古今人诗句相同

一代之亡,必有一误国者,为人所指目,见于吟咏;自唐以来,赋者多矣。虽机杼不免相同,然诛奸谀于既死,诚千古之一快,不可议其蹈袭也。……予叔长秋麓翁咏陈后主云:"晋王前殿贺平陈,从此江南雨露均。四百年间重混一,谁知江令是忠臣?"宋之失国,贾似道为之也。余窃尝为之诗云:"三百年余历数更,东南万里看升平。黄金台上麒麟阁,混一元勋是贾生。"隐居通议卷十一吟咏诛奸

贺黄公曰:词家多翻诗意入词,虽名流不免。李后主《一斛珠》末句云:"绣床斜凭娇无那,烂嚼红绒,笑向檀郎唾。"杨孟载《春绣绝句》云:"闲情正在停针处,笑嚼红绒唾碧窗",此却翻词入诗。弥子瑕竟效颦于南子。古今词论

按杨孟载名基,明初吴县人,诗与高启张羽徐贲齐名,世称四杰。著有《眉庵集》。

沈石田诗话载薛沂叔咏《新溪小泛》诗云:"柳断桥方出,云深寺欲浮。"石田称"浮"字古人不能道。余见僧泐季潭《屋舟》诗,有"四面水都绕,一身天若浮。"皆出老杜"乾坤日夜浮"之句;石田称之过矣。逸老堂诗话卷下

按"乾坤日夜浮",为杜甫咏洞庭湖五律之第四句。

石湖范文穆诗云:"谁言万事转头空,未转头时亦梦中。若向梦中寻梦觉,觉来还入大槐宫。"西涯李文正诗云:"举世空惊梦一场,功名无地不黄粱。凭君莫向痴人说,说向痴人梦转长。"二公之诗,同一梦也。山樵暇语卷二

曹以宁《谰言长语》记钓台诗云:"严陵台下大江横,千古英雄几战争。今日汉家无寸土,钓台依旧属先生。"惜遗作者姓氏。余近见丘琼台一绝云:"祚终四百已无汉,州历千年尚姓严。终古祠堂钓台侧,水光山色拥高檐。"二诗属意相类,故并识之。山樵暇语卷三

张以宁咏《白头翁》云:"蜀魄啼时吻血流,断云荒树不胜愁。山禽不管人间事,也向春风自白头。"徐天全诗云:"世人头易白,应只为多愁,何事花间鸟,无愁也白头?"语简而工。白乐天《白鹭诗》云:"人生四十未全衰,我为愁多白发垂。何故水边双白鹭,无愁头上亦垂丝?"乃知天全诗本此。山樵暇语卷三

群照王尚文《咏棉花》云:"采采西风雪满篮,御寒功已倍春蚕。世间多少闲花草,无补生民也自惭。"马秋官抑之《咏蚕豆》云:"蚕忙时节豆离离,烂煮堪充老肚皮。可笑牡丹如斗大,几曾生子济人饥。"二诗并可传也。山樵暇语卷三

秋官马清痴愈《题蚕豆》云:"蚕忙时节豆离离,烂煮堪充老肚皮。却笑牡丹如斗大,可能结实济人饥?"宋时王文康公诗云:"枣花至小能成实,桑叶虽柔能吐丝。堪笑牡丹如斗大,不成一事只空枝。"马作盖本于此。戒庵漫笔卷七桑蚕等诗

诗人志向,各自不同;如题渔父之作,有美其山水之乐者,有悯其风波之苦者。如陆龟蒙云:"一艇轻桦看晚涛,接䍦抛下漉春醪。相逢便倚蒹葭浦,更唱菱歌劈蟹螯。"郑谷云:"白头波上白头

翁,家逐船移浦浦风。一尺鲈鱼新钓得,呼儿吹火荻花中。"江阴卞户部华伯云:"天外闲云物外情,功名真似一丝轻;浪花深处船如舞,只为心安不受惊。"祝希哲云:"荻花风紧水生鳞,山色浮空淡抹银;总道江南好风景,从前都属打鱼人。"是皆羡其乐也。李西涯云:"渔家生事苦难胜,尽日江头未满罾。回首不知天已暮,晚风吹浪湿鬅鬙。"唐子畏云:"朱门公子馔鲜鳞,争诧金盘一尺银;谁信深溪狼虎里,满身风雨是渔人。"文徵明云:"小舟生长五湖滨,雨笠风蓑不去身;三尺银鯾数斤鲤,长年辛苦只供人。"是皆怜其苦也。属意虽不同,写景咏物,各极其妙。山樵暇语卷三

按上一则亦见明王兆云《挥麈诗话》中,惟无陆龟蒙郑谷二诗。

每见神庙中榜一联云:"为善不昌,祖宗必有余殃,殃尽则昌;为恶不灭,祖宗必有余烈,烈尽则灭。"其语实本刘向。盖即《说苑》所云:"贞良而亡,先人余殃;猖蹶而活,先人余烈"是也。柳南随笔卷二

周宫詹起渭西湖诗云:"天边明月光难并,人世西湖景不同。若把西湖比明月,湖心亭是广寒宫。"较东坡别是一格。莲坡诗话

按东坡《饮湖上初晴复雨》云:"水光潋滟晴方好,山色空濛雨亦奇。欲把西湖比西子,淡妆浓抹总相宜。"

三山郑汝昂工诗,贫甚,一相知令广东,郑寄诗云:"三尺儿童事未谙,饥来强扯我襕衫;老妻牵住轻轻语:'父正修书去岭南。'"其人得诗,因厚赠之。案《青琐集》载张球献诗于吕许公云:"近日厨中乏短供,儿童啼哭饭箩空;内人低语向儿道:'爷有新诗上相公。'"郑诗盖本于此。两般秋雨盦随笔因诗得赠

道光三十年,余中进士,……时诗题为"淡烟疏雨落花天"。余首句云:"花落春仍在。"湘乡(曾国藩)深赏之,曰:"此与'将飞

更作回风舞,已落犹成半面妆'相似。他日所至,未可量也。"春在堂随笔卷一

附录　近人梁启超《饮冰室诗话》一则

平子(狄葆贤之字)为觉顿书篦,录旧作一章云:"不相菲薄不相羡,入世皇皇出世闲。独立中流喧日夜,万山无语看焦山。"盖纯乎学道有得之言。余昔记曾重伯诗,有"万朵红莲礼白莲"之语,以为妙语,得未曾有。平子"万山无语看焦山"一句,警策相类,而意境似犹过之,可谓无独有偶。

四　摹拟之例之失者

扬子云作《法言》,以拟《论语》。孔子曰:"君子不器。"扬子便曰:"君子不械。"是何等语！……可发千载一笑。扪虱新话卷一司马迁浅陋

扬雄《法言》、王通《中说》,模拟《论语》,("《论语》"原作"此书",承上文"《论语》亦出于群弟子之所记"云云而言;今因上文别录于后《繁简篇》第二章中,故改之。)未免画虎类狗之讥。自注:《法言》曰:"如其智,如其智,虽有民,焉得而涂诸?""三年不目目,视必盲;三年不目月,精必矇。""鲁仲连伤而不剀;蔺相如剀而不伤。""请条? 曰:非正不视;非正不听;非正不行。""若张子房之智,陈平之无误,绛侯之果,霍将军之勇,终之以礼乐,则可谓社稷之臣矣。"《法言》之模拟《论语》,皆此类也。《中说》云:"可与共乐,未可与共忧;可与共忧,未可与共乐。""我未见勤者矣,盖有焉,我未之见也。""焉知来者之不如昔也。""是故恶夫异端者。""小不忍,致大灾。""知之者不如行之者,行之者不如安之者。"《中说》之模拟《论语》,皆此类也。文则上

秦缪公谓蹇叔曰:"中寿,尔墓之木拱矣",盖墓木也。山谷云:"待而成人吾木拱",此何木耶? 滹南遗老集诗话

《史记·陈涉世家》,称其子孙至今血食;《汉书》复有涉传,乃具载迁文。案迁之言今,实孝武之世也;固之言今,当孝明之世也。事出百年,语同一理。即如是,岂陈氏苗裔祚流东京者乎?斯必不然。《汉书》又云:严君平既卒,蜀人至今称之。皇甫谧全录斯语,载于《高士传》。夫孟坚士安,年代悬隔,至今之说,岂可同云?夫班之习马,其非既如彼;谧之承固,其失又如此。迷而不悟,奚其甚乎? 史通因习

按因习之习通袭。因袭陈文,亦摹拟之属。浦起龙曰:"因字该义不同,有在昔为是,而在后因之则非者",如此类是也。

张释之言:"盗长陵一抔土",抔,掬也,此本谓发冢,而云一抔者,盖不敢指斥耳。骆宾王《檄武后书》云:"一抔之土未干",世皆称工,而其语意实未安也;而唐彦谦诗复有"眼见愚民盗一抔"之句,岂不益谬哉! 滹南遗老集文辨

后汉陈容谓袁绍曰:"宁与臧洪同日死,不与将军同日生。"此指当时一日耳。而《魏书》载庄帝之语曰:"宁与高贵乡公同日死,不与长道乡公同日生。"《北史》亦然,此似不可,岂秉笔者润色之过欤?《通鉴》删之,云:"宁为高贵乡公死,不为长道乡公生",是矣。 滹南遗老集诸史辨惑

王籍:"鸟鸣山更幽",虽逊古质,亦是隽语。第合上句"蝉噪林逾静"读之,遂不成章耳。又有可笑者,"鸟鸣山更幽",本是反"不鸣山幽"之意。王介甫何缘复取其本意而反之,且"一鸟不鸣山更幽",有何趣味。宋人可笑,大概如此。 艺苑卮言卷三

李太白云:"白发三千丈,缘愁似个长。"王介甫袭之云:"缲成

白发三千丈",大缪,发岂可缲?卢仝云:"草石自情亲。"黄山谷沿之云:"小山作朋友,香草当姬妾。"读之令人绝倒,《韵语阳秋》以为得换骨法,我不信也。历代诗话考索

韦应物诗,拟陶渊明而作者甚多,然终不近也。《答长安丞裴税诗》云:"临流意已凄,采菊露未晞。举头见秋山,万事都若遗。"盖效渊明"采菊东篱下,悠然见南山,此中有真意,欲辨已忘言"之句也。然渊明遗落世纷,深入理窟,但见万象森罗,莫非真亲,故因见南山而真意具焉。应物乃因意凄而采菊,因见秋山而遗万事,其与陶所得异矣。诗话总龟后集卷二十五效法门引葛常之诗话

荆公有"两山排闼送青来"之句,虽用"排闼"字,读之不觉其诡异。山谷云:"青州从事斩关来";又云:"残暑已促装";此"排闼"等耳,便令人骇愕。漳南遗老集诗话

士人为文,或采已用语言,当深究其旨意,苟失之不考,则必诒论议。绍兴七年,赵忠简公重修《哲录》,书成,转特进,制词云:"惟宣仁之诬谤未明,致哲庙之忧勤不显。"此盖用范忠宣遗表中语,两句但易两字,而甚不然,范之辞云:"致保佑之忧勤不显。"专指母后以言,正得其实。今以保佑为哲庙,则了非本意矣。绍兴十九年,予为福州教授,为府作谢历日表颂德一联云:"神祇祖考,既安乐于太平;岁月日时,又明章于庶证。"至乾道中,有外郡亦上表谢历,蒙其采取用之,读者以为骈丽精切。予笑谓之曰:"此大有利害,今光尧在德寿,所谓考者,何哉?"坐客皆缩颈。信乎不可不审也。容斋三笔卷六用人文字之失

张芸叟父名盖,故表中改云:"此乃伏遇皇帝陛下",今人亦仿之,用"此乃",非也。藏一话腴

乐天《望瞿塘诗》云:"欲识愁多少,高于滟滪堆。"萧闲《送高子文词》云:"归兴高于滟滪堆"……乐天固望瞿塘,故即其所见而

言；泛用之，则不切矣。_{漳南遗老集诗话}

前人有"红尘三尺险，中有是非波"之句，此以意言耳。萧闲词曰："市朝冰炭里，满波澜。"又云："千丈堆冰炭"，便露痕迹。_{漳南遗老集诗话}

四十年前，余读钟伯敬慰人落第云："似子何须论富贵，旁人未免重科名。"以为佳绝。不料甲寅七月，偶翻唐诗，姚合送江陵从事云："才子何须藉富贵，男儿终竟要科名。"钟先生如此偷诗，伤事主矣。_{随园诗话补遗卷七}

文欲如其事，未闻事欲如其人者也。尝见名士为人撰志，其人盖有朋友气谊，志文乃仿韩昌黎之志柳州也。一步一趋，惟恐其或失也。中间感叹世情反复，已觉无病费呻吟矣。末叙丧费出于贵人，及内亲竭劳其事。询之其家，则贵人赠赙稍厚，非能任丧费也。而内亲则仅一临穴而已，亦并未任其事也。且其子俱长成，非若柳州之幼子孤露，必待人为经理者也。诘其何为失实至此，则曰："仿韩志柳墓终篇有云，'归葬费出观察使裴君行立'，又'舅弟卢遵，既葬子厚，又将经纪其家'。附纪二人，文情深厚。今志欲似之耳。"余尝举以语人，人多笑之。不知临文摹古，迁就重轻，又往往似之矣。是之谓"削趾适屦"。又文人之通弊也。_{文史通义古文十弊}

第六编　繁简之例

一　通论繁简之例

充书文重。或曰："文贵约而指通，言尚省而趋明。辩士之言要而达，文人之辞寡而章。今所作新书出万言，繁不省，则读者不能尽；篇非一，则传者不能领。被躁人之名，以多为不善。语约易言，文重难得。玉少石多，多者不为珍；龙少鱼众，少者固为神。"答曰："有是言也！盖寡言无多，而华文无寡。为世用者，百篇无害；不为用者，一章无补。如皆为用，则多者为上，少者为下。累积千金，比于一百，孰为富者？盖文多胜寡，财寡愈贫。世无一卷，吾有百篇；人无一字，吾有万言。孰者为贤？今不曰所言非，而云泰多；不曰世不好善，而云不能领。斯盖吾书所以不得省也。夫宅舍多，土地不得小；户口众，簿籍不得少。今失实之事多，华虚之语众，指实定宜，辩争之言，安得约径？"论衡自纪

附录　《孔丛子·居卫》一节

乐朔曰："凡书之作，欲以喻民也，简易为上。而乃故作难知之辞，不亦繁乎？"子思曰："书之意兼复深奥，训诂成义，古人所以为典雅也。"

要辞达而理举，故无取乎冗长。文选陆士衡文赋

属笔之家，亦各有病。其深者则患乎譬烦言冗，申诚广喻，欲弃而惜，不觉成烦也；其浅者则患乎妍而无据，证援不给，皮肤鲜

泽,而骨髓迥弱也。繁华昈晔,则并七曜以高丽;沈微沦妙,则侪玄渊之无测。人事靡细而不浃,王道无微而不备,故能身贱而言贵,千载弥彰焉。抱朴子外篇辞义

或简言以达旨,或博文以该情。……故《春秋》一字以褒贬,《丧服》举重以包轻,此简言以达旨也;邠诗联章以积句,《儒行》缛说以繁辞,此博文以该情也。文心雕龙征圣

按旧评云:繁简皆本乎经,后来文家,偏有所尚,互相排击,殆皆未寻其源。

精约者,核字省句,剖析毫厘者也。……繁缛者,博喻酿采,炜烨枝派者也。文心雕龙体性

房玄龄问文。子曰:"古之文也约以达,今之文也繁以塞。"中说事君

昔荀卿有云:"远略近详",则知史之详略不均,……其为辨者久矣。及干令升(宝)《史议》历诋诸家,而独归美《左传》;云:"邱明能以三十卷之约,括囊二百四十年之事,靡有孑遗;斯盖立言之高标,著作之良模也。"又张世伟(辅)著《马班优劣论》云:"迁叙三千年事,五十万言;固叙二百四十年事,八十万言。是班不如马也。"然则自古史之烦省者,咸以左氏为得,史公为次,孟坚为非。……余以为……古今不同,势使之然也。……夫论史之烦省者,但当要其事有妄载,苦于榛芜;言有阙书,伤于简略;斯则可矣。必量世事之厚薄,限篇第以多少,理则不然。……如蚩尤黄帝交战阪泉,施于《春秋》,则城濮鄢陵之事也;有穷篡夏,少康中兴,施于两汉,则王莽光武之事也;夫差既灭,句践霸世。施于东晋,则桓玄宋祖之事也;张仪马错为秦开蜀,施于三国,则邓艾钟会之事也。而往之所载,其简如彼;后之所作,其审如此。若使同后来于往世,限一概以成书,学者必将诟其疏遗,尤甚率略者矣。史通烦省

按浦起龙云:"篇意都从荀子悟来。荀言'久则论略,近则论详;略则举大,详则举小'。"又云:"此篇用意与《叙事》三章,大相径庭,非前后违反也;彼以用笔言,此以载事言,会向此中参悟,乃可与言事增文减之法。"

夫国史之美者,以叙事为工;而叙事之工者,以简要为主。简之时义大矣哉!历观自古,作者权舆,《尚书》发踪,所载务于寡事;《春秋》变体,其言贵于省文。……然则文约而事丰,此述作之尤美者也。史通叙事

夫记事之体,欲简而且详,疏而不漏。若烦则尽取,省则多捐,此乃忘折中之宜,失均平之理。惟夫博雅君子,知其利害者焉。史通书事

沈亚之送韩静略序曰:"文之病繁久矣。闻之韩祭酒之言曰:'善艺树者,必壅以美壤,以时灌溉。'"因学纪闻卷十七评文

妙论精言,不以多为贵。试笔六经简要说

修文字简略,止记大节,期于久远。……有意于传久,则须纪大而略小。居士外集卷十九与杜䜣论祁公墓志书

《新唐书》虽事增于前,辞省于旧,字愈奇而气愈索,不若《新五代史》一唱而三叹,有余音者也。玉堂嘉话卷二

《新唐书》进表,谓"其事则增于前,其文则省于旧"。夫为文纪事,主于辞达,繁简非所计也。《新唐书》之病,正坐此两语。前辈议之者多矣。晋张辅云:"司马迁叙三千年事,惟五十万言;班固叙二百年事,乃八十万言。"以此为迁固优劣。殊不思司马子长追述上世,故不可得而详;班孟坚纪录近事,有不容于略。《春秋》传所谓"所见异辞,所闻异辞,所传闻异辞",正谓是也。宾退录卷十

按《新唐书进表》,由曾公亮领衔,与纂修者有欧阳修、宋祁、范镇、王畴、宋敏求、吕夏卿、刘羲叟诸人。表文载《欧阳

文忠集·表奏书启四六集》卷二,当系文忠所作。

《国语》不如《左传》,《左传》不如《檀弓》,叙晋献公骊姬申生一事,繁简可见。_{文章精义}

按此文大旨贵简。《左传》《檀弓》叙晋献公等事,略见本编第三章《文则》下,《国语》叙晋献公等事,见原书《晋语》中。章学诚《丙辰札记》云:"李耆卿《文章精义》论文极佳;但亦有不尽然者,为摘辨之。李云:(略)按申生一事,诚如所言。然必从繁简立论,则尽有繁或胜简之处,不可一例拘也。且《左传》包涵富有,如武库甲兵,利钝杂陈,势自有所不免。《檀弓》短书小记,易为精洁,槃涧清泉,不可与洪河比涓净也。"言极允当,可以互参。

晋张辅论迁固史云:"迁记二千年事,而五十万言;固记二百年事,乃八十万言。繁简不同,优劣可知。"此说大谬,刘子元既辨其大节矣。抑予尝考之,迁记事疏略而剩语甚多,固记事详备而删削精当。然则迁似简而实繁,固似繁而实简也:安得以是为优劣哉。_{濂南遗老集史记辨惑}

作史与他文不同。宁失之质,不可至于芜靡而无实;宁失之繁,不可至于疏略而不尽。宋子京不识文章正理,而惟异之求,肆意雕镂,无所顾忌。以至字语诡僻,殆不可读。其事实则往往不明,或乖本意。自古史书之弊,未有如是之甚者。呜呼!笔力如韩退之,而《顺宗实录》不惬众论;或劝东坡重修《三国志》,而坡自谓非当行家,不敢当也。以祁辈奇偏之识,而付之斯事,非其宜矣。
_{濂南遗老集新唐书辨惑}

《湘山野录》云:谢希深、尹师鲁、欧阳永叔各为钱思公作《河南驿记》,希深仅七百字,欧公五百字,师鲁止三百余字。欧公不伏在师鲁之下,别撰一记,更减十二字,尤完粹有法。师鲁曰:"欧

九真一日千里也。"予谓此特少年豪俊一时争胜而然耳。若以文章正理论之，亦惟适其宜而已。岂专以是为贵哉？盖简而不已，其弊将至于俭陋，而不足观也已。_{滹南遗老集文辨}

东坡为张文定公作墓志铭，有答其子厚之(名恕)一书云："志文……书大事，略小节，已有六千余字；若纤悉尽书，万字不了，古无此例也。知之知之！"盖当时恕之意但欲务多耳。……予乡士作一列大夫小郡守行状九千言，衢州士人诣阙上书二万字，使读之者岂不厌倦？作文者宜戒之！_{容斋四笔卷二志文不可冗}

先生(原注：东莱先生。)尝为诸生节《唐书》云："字欲少而事欲多，乃节史之绳墨。"_{说郛卷十二宋巩丰后耳目记}

史恶繁而尚简，素矣。曷谓繁？丛脞冗阘之谓也；非文多之谓也。曷谓简？峻洁谨严之谓也；非文寡之谓也。故文之繁简，可以定史之优劣，而尚有不必然也。较卷轴之轻重，计年代之近远，纰乎缪哉！

子长叙事喜驰骋，故其词芜蔓者多，谓繁于孟坚可也；然而胜孟坚者，以其驰骋也。孟坚叙事尚剪裁，故其词芜蔓者寡，谓简于子长可也；然而逊子长者，以其剪裁也。执前说可与概诸史之是非，通后说可与较二史之优劣。

谓《后汉书》之文，不若《三国志》之质也，是不知质胜则野之说者也；谓《新唐书》之简，不若《旧唐书》之赡也，是不知赡而不秽之说者也。然《后汉》非真能文者，真能文者，《左氏》也；《新唐》非真能简者，真能简者，《檀弓》也。

简之胜繁，以简之得者论也；繁之逊简，以繁之失者论也。要各有攸当焉。繁之得者，遇简之得者，则简胜；简之失者，遇繁之得者，则繁胜。执是以论繁简，庶几乎！

合作则简者约而该，繁者赡而整；不合作则繁者猥而冗，简者涩而枯。《檀弓》、《左传》，繁与简俱得者也；故《左传》高而《檀弓》独胜也。《旧唐》、《新书》，繁与简俱失者也；故《新书》僻而《旧唐》弗如也。以上史书占毕一

古歌辞贵简远。《大风歌》止三句，《易水歌》止二句，其感激悲壮，语短而意益长。《弹铗歌》止一句，亦自有含悲饮恨之意。后世穷技极力，愈多而愈不及。予尝题柯敬仲墨竹曰："莫将画竹论难易，刚道繁难简更难。君看萧萧只数叶，满堂风雨不胜寒！"画法与诗法通者，盖此类也。怀麓堂诗话

辞主乎达，不论其繁与简也。繁简之论兴，而文亡矣。《史记》之繁处，必胜于《汉书》之简处。（原注：《容斋随笔》论《卫青传》封三校尉语，《史记》胜《汉书》处，正不独此。）《新唐书》之简也，不简于事，而简于文，其所以病也。

作书须注，此自秦汉以前可耳。若今日作书而非注不可解，则是求简而得繁，两失之矣。子曰："辞达而已矣。"（原注：胡缵宗修安庆府志，书正德中刘七事，大书曰："七年闰五月，贼七来寇江境。"分注于七之下曰："姓刘氏。"举以示人，无不笑之。不知近日之学秦汉文者，皆贼七之类也。）以上日知录卷十九文章繁简

秦延君说《尧典》篇目两字之说十余万言，但说"曰若稽古"三万言。（原注：桓谭《新论》。）此颜之推《家训》所谓邺下谚云："博士买驴，书券三纸，未有驴字"者也。（原注：陆游诗：文辞博士书驴券，职事参军判马曹。）日知录卷十九文不贵多

文章烦简，非因字句多寡，篇幅长短；若庸絮懈蔓，一句亦谓之烦；切到精详，连篇亦谓之简。魏伯子文集卷四与子弟论文

炼句须简而明，如《邶风》"泾以渭浊"四字，精简极矣，却不费解；《左传》多简劲语，而费解已甚者，不学可也。魏伯子文集卷四与子弟论文

陆清河告平原曰:"文欲多,体适不清。"又曰:"张公父子,惟以清省见长。"在六朝时人,犹识此义。故仆尝语人:汪钝翁得古人之简,用能俯视一切。魏叔子文集卷六又与汪户部书

文之真能简者,有汰句炼字,以短节胜者;而蒸蒸汩汩如霞起潮生,层出不穷,亦不害为简。盖能删余意支言,人人所能道,及不必言而意自见者,则虽篇长而无漫语,语多而无冗句,句长而无衍字也。日录卷二杂说

毛稚黄曰:详略者,题入手,裁之以识;洞见巨细,巨详细略,尤细者去之,无烦涉笔;又或略甚巨,详甚细,琐琐而不厌,恒情熟径,我其舍之,斯神化之境矣。

唐彪曰:文恐太繁,宜用省笔以行之。有省文省句之不同;如"其他昉此","余可类推"之类,乃省文法也;"舜亦以命禹","河东凶亦然"之类,省句法也。作文知省文省句两法,则文不至繁冗矣。以上读书作文谱卷七文章诸法

夫文未有繁而能工者;如煎金锡,粗矿去,然后黑浊之气竭而光润生。《史记》《汉书》长篇,乃事之体本大,非按节而分寸之不遗也。方望溪文集卷六与程若韩书

辞尚体要,……所尚者简明,而杂冗则愈晦。然简明非可强而能;必识之明,心之专,遍于奥赜之中,曲得其次序,而后辞可约焉。其博引而无所折衷,乃无识而畏难,苟且以自便之术耳。方望溪文集卷六与统一志馆诸翰林书

文贵简,凡文笔老则简,意真则简,辞切则简,理当则简,味淡则简,气蕴则简,品贵则简,神远而含蓄不尽则简。故简为文章尽境。论文偶记

晋张辅论《史》《汉》优劣,谓司马迁叙三千年事,惟五十余万言;班固叙二百年事,乃八十余万言;以此分两人高下,然有不可以

是为定评者。盖迁善叙事,至于经术之文,干济之策,多不收入,故其文简。固则于文字之有关学问,有系于政务者,一一必载之,此其所以卷帙多也。今以《汉书》各传与《史记》比对,多有《史记》所无,而《汉书》增载者,皆系经世有用之文,则不得以繁冗议之也。二十二史札记卷二汉书多载有用之文

文有繁有简,繁者不可减之使少,犹之简者不可增之使多。左氏之繁,胜于公谷之简;《史记》《汉书》互有繁简,谓文未有繁而工者,亦非通论也。潜研堂文集卷三十三与友人书

今考据家作文字,率喜繁征博引,以长篇炫人;然气不足以举之,每令阅者不终篇而倦。其意自谓源于《史》《汉》;然史公文字精采,虽长不厌,《汉书》则冗沓处实多,马班之高下即在于此。《史记》中长短亦不一律,如《项羽本纪》长八千八百余字,《赵世家》长一万一千一百余字,而《颜渊列传》仅二百四十字,《仲弓列传》仅六十三字,何尝必以长为贵乎?朱子尝言,凡人做文字,不可太长,多照管不到;宁可说不尽。韩欧文皆不欲说尽,东坡虽是一往滚将去,他里面自有法度。今人不理会他里面法度,只管学他一滚做将去,故无结构。退庵随笔卷十九学文

《左》《史》之风神跌宕,开阖抑扬,入神入妙,全在一二虚字中。即如《项羽本纪》,一篇之中,用乃字七十一,用于是字二十三,用当是时字五,又有多少遂字、因字、以故字、是时字,错杂其间。史公非不知辞尚简要也,筋节所关,有不嫌其繁复者。

《项羽本纪》是史公极得意文字,班掾采入《汉书》,节去二千六百八十三字。史公多处,有多处之妙;《汉书》少处,有少处之妙。多者逸,少者道。凡读古书,皆须两本对看,如《史记》采用《国语》、《左传》、《国策》,《汉书》采用《史记》,其增减易置处,非漫然下笔。即此可以增长见识。以上痴学卷五读文笔得

盖论其本,则循戒律之说,词愈简而道愈进;论其末,则抗吾气以与古人之气相禽,有欲求大简而不得者,兼营乎本末,斟酌乎繁简,此自昔志士之所为毕生矻矻,而吾辈所当勉旃者也。曾文正公书札卷三十二复陈右铭太守

附录　近人唐文治《论文之繁简》
(《高等国文读本》卷一)

为文繁简之异,即能者与劣者所由判也。如叙一事,劣者叙数千字而始明者,能者可以数百字括之;劣者叙数百字而始明者,能者可以数十字括之。即说理亦然。故后世文之复杂无剪裁者,若以司马迁、班固、韩文公为之,虽数万言,可删作一二千言。而左氏之文,其简洁者,尤妙绝千古。

或曰:然则文必以简为贵乎?曰:是不然,昔仲弓有言:"居敬行简,可以临民",故善为治者,必以疏节阔目为主;善为文者,亦必以疏节阔目为主,是理有固然矣。然善为治者,能执简御繁而不畏繁;善为文者,亦能执简御繁而更善用繁。即如左氏、司马迁、班固之书。何尝无繁文,特繁而使人不厌耳。且层峦复叠,伏波潆洄,有愈繁而愈使人喜者;故繁又譬如春之华,简又譬如秋之实,各有佳处。要而言之,善为文者,能繁而益使人喜;不善为文者,虽简而亦使人厌,其中阶级之分,殆不可以寻丈计矣。

或曰:然则繁简有序乎?曰:有之。文必由繁而进简,未有先简而后繁者也。诸生试细推之:凡才气之盛者,其文必繁;理想之富者,其文必繁;纪事之委蛇而曲折者,其文必繁;故诸生今日正求繁之时也。求繁而吾以两法并示之,毋乃躐等而陵节乎?曰:是又不然。凡文才气之盛者,节目必求其

晰;理想之富者,词句必求其工;纪事之委蛇而曲折者,叙述必求其有序而有条理;晰也,工也,有序而有条理也,皆非简不可。故鄙人以两法示诸生者,欲诸生之由繁以进简,非欲先简而后繁;若入手先求其简,则必至于局小、词涩、气窒、理障,而文且不可通。

苏秦说秦惠王,其文散漫特甚,此所谓繁而使人厌者也。厥后得太公《阴符》,伏而诵之,简炼以为揣摩。曰简炼,知简非炼不可。炼非特炼词之谓,凡炼气、炼局、炼意,皆有其简之之法。如气之散者,一简炼则遒;局之缓者,一简炼则整;意之晦者,一简炼则明。诸生多读古书,作文时自然心知其意也。

或谓文之繁简,视世之文质。然商质而周文,《商颂》繁而《周颂》简,文不可以一体观也。困学纪闻卷三诗

按此以下数则,皆以世代之远近文质论文辞之繁简,与前各则不同类,故并置于后。

上古纯庞之气,因时递开。其自简而之繁,质而之文,正而之变者,至两汉而极。日录卷二杂说

古人作书,漆文竹简,或著缣帛,或以刀削,繁重不胜,是以文辞简严,章无剩句,句无剩字。良由文字艰难,故不得已而作书,取足达意而止;非第不屑为冗长,且亦无暇为冗长也。自后世纸笔作书,其便易十倍于竹帛刀漆,而文之繁冗芜蔓,亦随其人所欲为。虽世风文质,固有转移;而人情于所轻便,则易于恣放,遇其繁重,则自出谨严,亦其常也。乙卯札记

附录　近人刘师培《论文杂记》一则

西汉之书,言辞简直,故句法贵短,以二字成一言;而形容事物,不爽锱铢。东汉之文,句法较长,即研炼之词,亦以四字

成一语。魏代之文,则合二语成一意,由简趋繁,昭然不爽。

二 繁简之例之互有得失者

文有以繁为贵者:若《檀弓》石祁子沐浴佩玉;《庄子》之大块噫气用"者"字;韩子送孟东野用"鸣"字,上宰相书"至今称周公之德",其下又有"不衰"二字;凡此类,则以繁为贵也。文有以简为贵者:若《舜典》"至于南岳如岱礼","西岳如初";"孟献子之友五人,其三人则予忘之";《史记》"事在某人传";凡此类,则又以简为贵也。但繁而不厌其多,简而不遗其意,乃为善也。修辞鉴衡

《论语》虽亦出于群弟子之所记,疑若已经圣人之手;今略考焉。子曰:"为命,裨谌草创之,世叔讨论之,行人子羽修饰之,东里子产润色之。"质之《左氏》,则此文简而整。(《左氏传》曰:"裨谌能谋,谋于野则获,谋于邑则否。郑国将有诸侯之事,子产乃问四国之为于子羽,且使多为辞令,与裨谌乘以适野,使谋可否,而告冯简子使断之,事成,乃授子太叔使行之以应对宾客。")子曰:"孟之反不伐,奔而殿,将入门,策其马曰:'非敢后也,马不进也。'"质之《左氏》,则此文缓而周。(《左氏传》曰:"孟之侧后入,以为殿,抽矢,策其马曰:'非敢后也,马不进也。'")"南容三复《白圭》",司马迁则曰:"三复《白圭》之玷",辞虽备而意竭矣;"在邦必达,在家必达",司马迁则曰:"在邦及家必达",辞虽约而其意疏矣。文则上

按就第一例与第三例言,则文之简者得;就第二例与第四例言,则文之简者失。是知得失固别有在,不论繁简也。章学诚《丙辰札记》云:"陈骙《文则》,其论文皆推本经传,篇章字句,甚有发明。学者不必泥其成说,但师仿其意,而遍观乎九经三史,以己意推而例之,自能神明变化,得其精要。"近人陈

曾则《古文比》凡例之一曰："宋陈骙著《文则》一书，取《公》、《谷》、《左氏》、《礼记》、《论语》同叙一事者，比论文词之工拙，最足以启发心智。"右录一则，即其一例。又按《古文比》书凡四卷，分渊源、比较、对偶三类。渊源类穷摹拟之得失，比较类识繁简之优劣。其纂录大旨，略本《文则》，亦可与本书合观互证；惟举例多属长篇耳。

"石骀仲卒，无适子，有庶子六人，卜所以为后者，曰：'沐浴佩玉则兆'，五人皆沐浴佩玉。石祈子曰：'孰有执亲之丧而沐浴佩玉者乎？'不沐浴佩玉。石祈子兆。""齐大饥，黔敖为食于路，以待饿者而食之。有饿者蒙袂辑屦，贸贸然来。黔敖左奉食，右执饮，曰：'嗟来食！'扬其目而视之，曰：'予惟不食嗟来之食，以至于斯也。'从而谢焉，终不食而死。"于此见古人仁孝之理。前一章叠四"沐浴佩玉"，而文不烦；后一章省二"饿者""黔敖"字，而文愈简；又见古人叙事之法。随隐漫录卷五

按"后一章省二'饿者''黔敖'"者，言"扬其目"及"终不食而死"上本皆可加"饿者"，"从而谢"上亦本可加"黔敖"也。

《檀弓》之"南宫縚之妻之姑之丧"，三"之"不能去其一；"进使者而问故"，夫子之所以问，使者所以答夫子，一"进"字足矣。丰不余一字，约不失一辞。童蒙训

附录　清章学诚《丙辰札记》一则

《檀弓》"南宫縚之妻之姑之丧"，评者谓叠用三"之"字，句法之妙；又石骀仲卒章，叠用四"沐浴佩玉"句，评者又谓文之妙于繁者。《檀弓》之文诚古，然佳处却不在此。如云"南宫縚妻有姑之丧"，句自简明无弊，何为必叠用"之"字见长？

石骀仲章,但云:"卜所以为后者,曰:'沐浴佩玉则兆。'五人从之;石祁子否,曰:'乌有执亲之丧而沐浴佩玉者乎?'"省去二重叠字,未尝不妙。夫经传成文,流传已久,岂可妄议增损字句;但必谓古人文辞佳处在此,则傅会之见矣。

"君安骊姬,是我伤公之心也",以约过而吞吐始悲;"使眇者御眇者,跛者御跛者",以详数而形容生色。文章薪火

秦穆公袭郑,晋纳邾捷菑,三传所书略相似。左氏书秦事曰:"杞子自郑使告于秦曰:'潜师以来,国可得也。'穆公访诸蹇叔,蹇叔曰:'劳师以袭远,非所闻也。且行千里,其谁不知?'公辞焉。召孟明出师。蹇叔哭之曰:'孟子!吾见师之出而不见其入也。'公曰:'尔何知!中寿,尔墓之木拱矣。'蹇叔之子与师,哭而送之曰:'晋人御师必于殽,殽有二陵焉,必死是间。余收尔骨焉。'秦师遂东。"(僖三十二年)公羊曰:"秦伯将袭郑,百里子与蹇叔子谏曰:'千里而袭人,未有不亡者也。'秦伯怒曰:'若尔之年者,冢上之木拱矣。尔曷知!'师出,百里子与蹇叔子送其子而哭之曰:'尔即死,必于殽之嵚岩,吾将尸尔焉。'子揖师而行。百里子与蹇叔子从其子而哭之。秦伯怒曰:'尔曷为哭吾师?'对曰:'臣非敢哭君师,哭臣之子也。'"(僖三十三年)谷梁曰:"秦伯将袭郑,百里子与蹇叔子谏曰:'千里而袭人,未有不亡者也。'秦伯曰:'子之冢木已拱矣。何知!'师行。百里子与蹇叔子送其子而戒之曰:'女死,必于殽之岩唫之下。我将尸女于是。'师行。百里子与蹇叔子随其子而哭之。秦伯怒曰:'何为哭吾师也?'二子曰:'非敢哭师也,哭吾子也。我老矣,彼不死,则我死矣。'"(僖三十三年)其书邾事,左氏曰:"邾文公元妃齐姜生定公,二妃晋姬生捷菑。文公卒,邾人立定公;捷菑奔晋。晋赵盾以诸侯之师八百乘纳之。邾人辞曰:'齐出,貜且长。'宣子曰:'辞顺而弗从,不祥。'乃还。"(文十

四年）公羊曰："晋郤缺帅师，革车八百乘，以纳接菑于邾娄，力沛然若有余，而纳之。邾娄人辞曰：'接菑，晋出也；貜且，齐出也。子以其指，则接菑也四，貜且也六；子以大国压之，则未知齐晋孰有之也。贵则皆贵矣，虽然，貜且也长。'郤缺曰：'非吾力不能纳也，义实不尔克也。'引师而去之。"（文十四年）谷梁曰："长毂五百乘，绵地千里，过宋郑滕薛，敻入千乘之国，欲变人之主，至城下，然后知，何知之晚也！捷菑，晋出也；貜且，齐出也。貜且，正也；捷菑，不正也。"（文十四年）予谓秦之事，谷梁纡余有味；邾之事，左氏语简而切。欲为记事者，当以是观之。容斋随笔卷三三传纪事

按容斋所引三传之文，与今本稍有不同。

文章有宜简者，《孟子》"河东凶亦然"是也。有不宜简者，"今王鼓乐于此"，"先生以利说秦楚之王"是也。鼓乐者，忧喜不同情；说秦楚者，义利不同效。情相比而苦乐著，效相较而利害明。两军相遇，将卒各斗也。移民移粟，述事而已，事止语毕，复则无味也。又有宜简而不得不详者，如《舜典》二月东巡狩，五月南，八月西，十有一月朔，典例所存，四时四方，不可偏废也。礼制皆同，不烦重叙，而约之曰："如岱礼"；变之曰："如初"；又变之曰："如西礼"；委宛屈轶，斐然成章也。文有自然之情，有当然之理。情著为状，理著为法。是断然而不容穿凿者也。魏伯子文集卷四与子弟论文

洪迈《容斋随笔》云："'石骀仲卒，（此下《檀弓》原文有"无适子"三字。）有庶子六人，卜所以为后者，曰：沐浴佩玉则兆。五人者皆沐浴佩玉。石祁子曰：孰有执亲之丧而沐浴佩玉者乎？不沐浴佩玉。'此《檀弓》之文也。今之为文者不然，必曰：'沐浴佩玉则兆，五人者如之，祁子独不可，曰：孰有执亲之丧而若此者乎？'似亦足以尽其事；然古意衰矣。"慵夫曰：迈论固高，学者不可不知；然古今互有短长，亦当参取，使繁省轻重得其中，不必尽如此说也。

"沐浴佩玉"字,实多两处。夫文章惟求真是而已,须存古意何为哉？濠南遗老集文辨

按洪说见《容斋随笔》卷八,赵与时《宾退录》卷十亦引其语,而评之曰:"此论得之。"

洪迈云:"文之繁省各有当。《史记·卫青传》云:'校尉李朔、校尉赵不虞、校尉公孙戎奴各三从大将军获王,以千三百户封朔为涉轵侯,以千三百户封不虞为随成侯,以千三百户封戎奴为从平侯。'《前汉书》但云:'校尉李朔、赵不虞、公孙戎奴各三从大将军,封朔为涉轵侯,不虞为随成侯,戎奴为从平侯。'减《史记》二十三字,然不若《史记》为朴赡可喜。"予谓此本不足论,若欲较之,则封户之实当从《史记》;而校尉之称,《汉书》为胜也。濠南遗老集文辨

按洪说见其所撰《容斋随笔》卷一,其前尚有数语云:"欧阳公《进新唐书表》曰:'其事则增于前,其文则省于旧。'夫文贵于达而已,繁与省各有当也。"又"文中减《史记》二十三字",原文作"比于《史记》五十八字中省二十三字"。

往岁士人多尚对偶为文,穆修张景辈始为平文,当时谓之古文。穆张尝同造朝,待旦于东华门外,方论文次,适见有奔马,践死一犬,二人各记其事,以较工拙。穆修曰:"马逸,有黄犬遇蹄而毙。"张景曰:"有犬死奔马之下。"时文体新变,二人之语皆拙涩,当时已谓之工,传之至今。梦溪笔谈卷十四艺文一

按陈善《扪虱新话》云:"文字意同,而立语自有工拙。沈存中记穆修张景二人同造朝,方论文次,适有奔马践死一犬,遂相与各记其事,以较工拙。穆修曰:'马逸,有黄犬遇蹄而毙。'张景曰:'有犬死奔马之下。'今较此二语,张当为优。然存中但云:'适有奔马,践死一犬',则又浑成矣。"(卷一文字意同语有工拙)陈说甚是。以张与穆较,是简胜;以张与沈

较,是繁胜;可见文无繁简,适宜为善。又陈此下续云:"予观鸠摩罗什及竺法护所译经,护曰:'大众围团坐,弩目看世尊。'罗什即云:'瞻仰尊颜,目不暂舍。'不惟语工,亦自省力。"其意盖谓简胜;然陈前云沈优于张,则是繁胜。因知繁简本无常胜也。

文章叙事为难,叙事须文简意足,语快而事详,所以难也。宋人记三人论史法,会马走过践死一犬,云当作如何书?甲云:"马逸,有犬死于其下";乙云:"有犬死奔马之下";丙云:"适有奔马践死一犬。"议者以丙差优。考沈存中记此,穆修张景暨存中语也。或又以为欧阳公事,公在翰林日,与同院出游,有奔马毙犬于前;公曰:"试书其事!"同院曰:"有犬卧通衢,逸马蹄而杀之。"公曰:"使子修史,万卷未已也。"曰:"内翰以为何如?"曰:"逸马杀犬于道。"_{余冬叙录卷之闰三诗文}

范蜀公记狄青面具事,止云"带铜面具"而已。《渑水燕谈》则曰:"面铜具。"《闻见录》又曰:"带铜铸人面。"予谓邵氏语颇重浊,《燕谈》似简而文,然安知其为何具,俱不若蜀公之真。盖面具二字自有成言也。_{滹南遗老集文辨}

三　繁简之例之简得繁失者

《左传》蔡声子谓楚子木曰:"善为国者,赏不僭而刑不滥。赏僭则惧及淫人,刑滥则惧及善人。若不幸而过,宁僭无滥;与其失善,宁其利淫。"其语本于《大禹谟》"罪疑惟轻,功疑为重,与其杀不辜,宁失不经"也。……旨意则同,而经传烦简为不侔矣。_{容斋续笔卷十经传烦简}

事以简为上,言以简为当。言以载事,文以著言,则文贵其简也。文简而理周,斯得其简也。读之疑有阙焉,非简也,疏也。

《春秋》书曰:"陨石于宋五";《公羊传》曰:"闻其磌然,视之则石,察之则五。"《公羊》之义,经以五字尽之,是简之难者也。刘向载泄冶之言曰:"夫上之化下,犹风靡草。东风则草靡而西,西风则草靡而东;在风所由,而草为之靡。"此用三十有二言,而意方显。及观《论语》曰:"君子之德风,小人之德草;草上之风必偃。"此减泄冶之言半,而意亦显。又观《书》曰:"尔惟风,下民惟草。"此复减《论语》九言。而意愈显。吾故曰:是简之难者也。《书》曰:"能自得师者王,谓人莫己若者亡。"刘向载楚庄王之言曰:"其君贤者也,而又有师者王;其君下君也,而群臣又莫若君者亡。"语意烦简殊迥,不如是,何以别经传之文? 文则上

　文之繁简系乎人,亦系乎代。如《春秋》"陨石于宋五",《公羊》虽因经作传,而曰:"闻其磌然,视之则石,察之则五。"多经七字,而义犹有未尽。《论语》:"君子之德风,小人之德草;草上之风必偃。"至孟子答滕文公,已多二"也"字。而刘向载泄冶之书曰:"夫上之化下,犹风靡草:东风则草靡而西;西风则草靡而东。在风所由,而草为之靡。"多《论语》之半,而意始显。及观《书》有曰:"尔惟风,下民惟草。"复减《论语》九言,而意亦显。刘向载楚庄王之言曰:"其君贤君也,而又有师者王;其君下君也,而群臣又莫君若者亡。"而《书》曰:"能自得师者王,谓人莫己若者亡。"语意烦简,不如是。何以别圣经贤传。湛渊静语卷一

　　按《墨子·公孟》篇云:"政者,口言之,身必行之;今子口言之,而身不行,是子之身乱也。子不能治子之身,恶能治国政?"共用三十六字而意始尽。其在《论语·子路》篇云:"其身正,不令而行;其身不正,虽令不从。"《论语·颜渊》篇云:"子帅以正,孰敢不正!"前者仅用十五字,后者仅用八字,而其意亦尽,且语意益觉显明而有力,此又经传文简胜于诸子之

例也。

观《檀弓》之载事，言简而不疏，旨深而不晦，虽左氏之富艳，敢奋飞于前乎？略举一事（按陈氏原举二事，今删其一，故改二为一。）可见：世子申生为骊姬所谮，或令辩之，左氏载其事，则曰："或谓太子：'子辞，君必辩焉。'太子曰：'君非姬氏，居不安，食不饱。我辞，姬必有罪。君老矣，吾又不乐。'"《檀弓》则曰："'子盍言子之志于公乎？'太子曰：'不可，君安骊姬，是我伤公之心也。'"考此，则《檀弓》为优。（《谷梁传》载其事曰："世子之傅里克谓世子曰：'入自明。入自明，则可以生；不入自明，则不可以生。'世子曰：'吾君已老矣，已昏矣，吾若此而入自明，则骊姬必死；骊姬死，则吾君不安。'"若此文非惟不及《檀弓》，亦不及左氏矣。）凫胫虽短，续之则忧；鹤胫虽长，断之则悲。《檀弓》文句，长短有法，不可增损，其类是哉！文则下

按《吕氏童蒙训》曰："《檀弓》与《左氏》纪太子申生事，详略不同；读《左氏》然后知《檀弓》之高远也。"陈曾则《古文比》曰："《檀弓》用一安字，已括得《左传》数语；伤公之心，其言尤悲。"又曰："《左氏》太子申生之言，委曲忠厚，则《谷梁》已老已昏之辞，似粗鄙矣。且辞太繁则觉累。"

又按《说苑》卷四《立节篇》有一节述申生事，与《檀弓》所记之文笔相上下，而论文者多遗之，今录于此，以资比较。其文云：晋骊姬谮太子申生于献公，献公将杀之，公子重耳谓申生曰："为此者，非子之罪也。子胡不进辞？辞之，必免于罪。"申生曰："不可。我辞之，骊姬必有罪矣。吾君老矣，微骊姬，寝不安席，食不甘味。如何使吾君以恨终哉？"重耳曰："不辞，则不若速去矣。"申生曰："不可，去而免于死，是恶吾君也。夫彰父之过，而取美诸侯，孰肯纳之？入困于宗，出困

于逃,是重吾恶也。吾闻之,忠不暴君,智不重恶,勇不逃死;如是者,吾以身当之。"遂伏剑死。君子闻之曰:"天命矣夫世子!《诗》曰:'萋兮斐兮,成是贝锦。彼谮人兮,亦已太甚。'"

尝论古人文法之简,须在极明白处方见其妙。简莫尚于《左传》,然如"宋公靳之"(句见庄公十一年。杜预注:"戏而相愧曰靳。"按"之"指宋大夫万,初万与鲁战,为所获,后归宋,故宋公戏而愧之云。)等句须解注者,不足为简也。门人问如何方是简之妙? 曰:如"秦伯犹用孟明",突然六字起句,格法既高,只一"犹"字,读过便见五种义味。孟明之再败;孟明之终可用;秦伯之知人,不以再败而见弃;时俗人之惊疑,君子之叹服,皆一一如见,不待注释解说而后明。如此,乃谓真简;真化工之笔矣。日录卷二杂说

叙事之省,其流有二焉:一曰省句,二曰省字。如《左传》宋华耦来盟,称其先人得罪于宋,鲁人以为敏。夫以钝者称敏,(原注:鲁人,谓钝人也。《礼记》中已有注解。)则明贤达所嗤。此为省句也。《春秋·经》曰:"陨石于宋五。"(僖十六年)夫闻之陨,视之石,数之五,加以一字太详,减其一字太略,求诸折中,简要合理,此为省字也。史通叙事

　　按浦起龙曰:"高、赤、檀弓,复调取致,原非史部家言;刘公特拈句示的耳,勿以不知文诟之。"又此条略见前《删节之例篇》,可参阅。

《国语》载齐姜语晋公子重耳,凡数百言;而《春秋传》以两言代之。盖一国之语可详也,《春秋传》总重耳出亡之迹,而独详于此,则义无取。今试以姜语备入传中,其前后尚能自运掉乎? 世传《国语》,亦邱明所述,观此,可得其营度为文之意也。方望溪文集卷六答乔介夫书

　　按文章繁简,各有所适。此云《左传》以简胜,正非漫然

为简也。今将《国语》、《左传》所载齐姜语原文并录于左,以资比较。

《国语·晋语》曰:"姜氏……言于公子曰:'从者将以子行,其闻之者,吾已除之矣。子必从之,不可以贰;贰无成命。《诗》云:上帝临女,无贰尔心,先王其知之矣。贰将可乎?子去晋难而极于此。自子之行,晋无宁岁,民无成君;天未丧晋,无异公子;有晋国者,非子而谁?子其勉之!上帝临子,贰必有咎。'公子曰:'吾不动矣,必死于此。'姜曰:'不然。周诗曰:莘莘征夫,每怀靡及。夙夜征行,不遑启处,犹惧无及,况敢顺身纵欲怀安,将何及矣?人不求及,其能及乎?日月不处,人谁获安?西方之书有之曰:怀与安,实疚大事。郑诗曰:仲可怀也。人之多言,亦可畏也。昔管敬仲有言,小妾闻之,曰:畏威如疾,民之上也;从怀如流,民之下也;见怀思威,民之中也。畏威如疾,乃能威民;威在民上,弗畏有刑。从怀如流,去威远矣,故谓之下。其在辟也,吾从中也。郑诗之言,吾其从之。此大夫管仲之所以纪纲齐国,裨辅先君而成霸者也。子而弃之,不亦难乎?齐国之政败矣,晋之无道久矣,从者之谋忠矣,时日及矣,公子几矣。君国可以济百姓而释之者,非人也。败不可处,时不可失,忠不可弃,怀不可从;子必速行。吾闻晋之始封也,岁在大火,阏伯之星也,实纪商人。商之飨国,三十一王。瞽史之纪曰:唐叔之世,将如商数。今未半也,乱不长世,公子唯子;子必有晋,若何怀安?'公子弗听。"

《左传》僖公二十三年云:"姜氏……谓公子曰:'子有四方之志,其闻之者,吾杀之矣。'公子曰:'无之。'姜曰:'行也!怀与安,实败名。'公子不可。"

长勺之战,《鲁语》曹刿与庄公论战数百言,《左传》但以"小惠未遍,小信未孚"数句括之。鄢陵之役,范文子不欲战,《晋语》述其词累幅不尽,至分作三四章,《左传》但以"外宁必有内忧,盍释楚以为外惧"数语括之。正可见左氏以此为底本,而别出垆锤,笔夺天巧。陔余丛考卷二国语非左丘明所撰

按观以上二则,可悟化烦为简之法。

附录　近人陈曾则《古文比》卷三比较类六一则

《国语·鞌笄之役》云:鞌笄之役,郤献子见,公曰:"子之力也夫!"对曰:"克也,以君命命三军之士,三军之士用命,克也何力之有焉!"范文子见,公曰:"子之力也夫!"对曰:"燮也,受命于中军,以命上军之士,上军之士用命,燮也何力之有焉!"栾武子见,公曰:"子之力也夫!"对曰:"书也受命于上军,以命下军之士,下军之士用命,书也何力之有焉!"《左传·鞌笄之役》云:郤克见,公曰:"子之力也夫!"对曰:"君之训也,二三子之力也,臣何力之有焉!"范叔见,劳之如郤伯,对曰:"庚所命也,克之制也,燮何力之有焉!"栾伯见,公亦如之,对曰:"燮之诏也,士用命也,书何力之有焉!"左氏先作《国语》,后作《左传》,比而观之,可知其删改之迹。如此二段,《左传》删改一二字,便包括数语之意;且用笔变换而不相袭。《左传》《国语》同叙一事者颇多,不能尽录。合读二书,可悟叙事之法。

章句之言,有显有晦。显也者,繁词缛说,理尽于篇中。晦也者,省字约文,事溢于句外。然则晦之将显,优劣不同,较可知矣。夫能略小存大,举重明轻,一言而巨细咸该,片语而洪纤靡漏,此皆用晦之道也。昔古文义,务却浮词。《虞书》云:"帝乃殂落,百姓如丧考妣";(德盛民戴皆见)《夏书》云:"启呱呱而泣,予不子";

(忧国忘家皆见)《周书》称"前徒倒戈,血流漂杵";(纣虐民愤皆见)《虞书》云:"四罪而天下咸服";(凶德公心皆见)此皆文如阔略,而语实周赡,故览之者初疑其易,而为之者方觉其难。……既而邱明受经,师范尼父。夫经以数字包义,而传以一句成言,虽繁约有殊,而隐晦无异;故其纲纪而言邦俗也,则有"士会为政,晋国之盗奔秦",(政善可知)"邢迁如归,卫国忘亡"。(安集可知)其款曲而言人事也,则有"犀革裹之,比及宋,手足皆见",(勇闷可知)"三军之士,皆如挟纩"。(感悦可知)斯皆言近而旨远,辞浅而义深;虽发语已殚,而含意未尽,使夫读者望表而知里,扪毛而辨骨,睹一事于句中,反三隅于字外,晦之时义,不亦大哉?洎班马二史,虽多谢五经,必求其长,亦时值斯语;至若"高祖亡萧何,如失左右手";(倚任可知)"汉兵败绩,睢水为之不流";(败形可知)"董生乘马,三年不知牝牡";(专业可知)"翟公之门,可张雀罗";(凉态可知)则其例也。自兹已降,史道陵夷,作者芜音累句,云蒸泉涌;其为文也,大抵编字不只,捶句皆双;修短取匀,奇偶相配,故应以一言之者,辄足为二言;应以三句成文者,必分为四句;弥漫重沓,不知所裁。是以处道受责以少期,(原注:《魏书·邓哀王传》曰:"容貌姿美,有殊于众,故特见宠异。"裴松之曰:"一类之言,而分以为三,亦叙属之一病也。")子升取讥于君懋,(原注:王邵《齐志》曰:"时议恨邢子才不得掌兴魏之书怅怏,温子升亦若此;而撰《永安记》,率是支言。")非不幸也。史通叙事

按浦起龙曰:"简者,词约事丰;晦者,神余象表。词约者,犹有词在;神余者,惟以神行;几几无言可说矣。"

《战国策》陈轸言:"楚人有两妻,挑其长者,长者詈之;挑其少者,少者许之。居无几何,有两妻者死。客谓挑者曰:'女取长者乎?少者乎?''取长者。'客曰:'长者詈汝,少者和汝。汝何为取

长者?'曰:'居彼人之所,则欲其许我也;今为我妻,则欲其詈人。'"《后汉书·冯衍传》记"有挑其邻人之妻者,挑其长者,长者骂之;挑其少者,少者报之。后其夫死,而取其长者。或谓之曰:'非骂尔者邪?'曰:'在人,欲其报我;在我,欲其骂人。'"范晔所记,比《战国策》语简而意足。大抵班范善删裁前人之文,得体要法。猗觉寮杂记卷上

《宋世家》初云:"襄公嗣立",后仍谓为"宋襄公",不去"宋襄"二字。《吴世家》云"阖闾",《越世家》云"句践",每于其号上加"吴王""越王"字,句句未尝舍之。《孟尝君传》曰:"冯公形容状貌甚辨,案'形容状貌'同是一说,而敷演重出,分为四言。凡如此流,不可胜载。其《十二诸侯表》曰:"孔子次《春秋》,约其文辞,去其烦重";又《屈原传》曰:"其文约,其辞微";观子长此言,实有深鉴;及自撰《史记》,榛芜若此,岂所谓非言之难而行之难乎!史通点烦

按《湾南遗老集·史记辨惑》尝引《史通》此文,而称其论甚当,且曰:"然此乃迁全体之病也。凡称某王,类加国号;分举人名,每连姓氏。冗复芜秽,最是不满人意处。班范而下,乃始净尽焉。"

自昔史氏所书两人一事,必曰语在某人传。《晋书》载王隐谏祖约弈棋一段几二百字,两传俱出,此为文烦矣。珩璜新论

杜牧云:"南山与秋色,气势两相高",最为警绝,而子美才用一句,语益工,云:"千崖秋气高。"后山诗话

《复斋漫录》云:乐天以诗谒顾况,况喜其《咸阳原上草》云:"野火烧不尽,春风吹又生";予以为不若刘长卿"春入燃痕青"之句,语简而意尽?渔隐丛话后集卷十三醉吟先生

王直方诗话云:或有称咏松句云:"影摇千尺龙蛇动,声撼半

天风雨寒。"一僧在座曰:"未若'云影乱铺地,涛声寒在空'。"或以语圣俞,圣俞曰:"言简而意不遗,当以僧语为优。"诗话总龟后集卷二十八咏物门又渔隐丛话前集卷三十二石曼卿

苕溪渔隐曰:卢仝山中绝句云:"阳坡草软厚如织,因与鹿麛相伴眠";王介甫止用五字道尽此两句,诗云:"眠分黄犊草";岂不简而妙乎?渔隐丛话后集卷十一玉川子

《道古堂集》,(杭世骏撰,世骏号堇浦。)……序事之文,过于繁冗,全无提挈剪裁。要知良史之才,不是醯酱油盐照帐誊录也。集中如梁少师齐侍郎两墓志,此是何等题目,乃铺述一鹿肉一苹果,如市贾列单,令人齿冷。岂不知君恩所系,有赐必书;然果属卑官寒士,则尚方之一缕一蹄,自当详载,而三品以上大臣,则宜取其大者远者而书之;琐碎事端,概从删节。此文章一定之体也。不然,如韩欧集中所作诸名臣碑版,岂当时天子不赏赐一物者乎?何以绝不记载乎?近日考据家为古文,往往不晓此义,十人九病。堇浦谢山(全祖望)皆所不免。小仓山房尺牍卷四答姚小坡尚书

四 繁简之例之繁得简失者

《檀弓》云:"子路有姊之丧,可以除之矣而弗除。孔子问之。子路曰:'吾寡兄弟而弗忍也。'孔子曰:'先王制礼,行道之人皆弗忍也。'"予尝怪其文不顺。《家语》则云:"行道之人皆弗忍,先王制礼,过之者俯而就之,不及者企而及之。"文乃顺焉。《檀弓》又云:"南宫敬叔反,必载宝而朝。夫子曰:'若是其货也,丧不如速贫之愈也。'"常病其事不详。《家语》则云"敬叔以富得罪于定公,奔卫。卫侯请复之。载其宝以朝。夫子闻之曰:'若是其货也,不如速贫之愈。富而不好礼,殃也。敬叔以富丧矣,而又弗改,吾惧其有后患也。'"事乃详焉。经传之间,可以互相发明者多矣。是

故闻见贵乎博也。濡南遗老集五经辨惑

"时子因陈子而以告孟子,陈子以时子之言告孟子",此不须重见而意已明。"齐人有一妻一妾而处室者,其良人出,则必餍酒肉而后反。其妻问所与饮食者,则尽富贵也。其妻告其妾曰:'良人出,则必餍酒肉而后反,问其与饮食者,尽富贵也;而未尝有显者来。吾将瞷良人之所之也。'""有馈生鱼于郑子产,子产使校人畜之池。校人烹之,反命曰:'始舍之,圉圉焉;少则洋洋焉;悠然而逝。'子产曰:'得其所哉!得其所哉!'校人出,曰:'孰谓子产智,予既烹而食之,曰:得其所哉!得其所哉!'"此必须重叠而情事乃尽。此孟子文章之妙。使入《新唐书》,于齐人,则必曰:"其妻疑而瞷之";于子产,则必曰:"校人出而笑之。"两言而已矣。是故辞主乎达,不主乎简。日知录卷十九文章繁简

按杨氏曰:"大凡意见最害事,子京立意尚简,遂有不当简而简者。要之,《新唐书》体例自佳。"

《留侯世家》:"有一老父衣褐至良所,直堕其履圯下,顾谓良曰:'孺子下取履',良愕然,欲殴之;为其老,强忍,下取履。父曰:'履我!'良业为取履,因长跪履之。笑而去。良殊大惊,随目之。父去里所,复还,曰:'孺子可教矣。后五日平明,与我会此!'良因怪之,跪曰:'诺!'五日平明,良往,父已先在,怒曰:'与老人期,后,何也?'去,曰:'后五日早会!'五日鸡鸣,良往,父又先在,复怒,曰:'后,何也?'去,曰:'后五日复早来!'五日,良夜未半往,有顷,父亦来,喜,曰:'当如是。'出一编书,曰:'读此,则为王者师矣。后十年兴,十三年孺子见我济北谷城山下黄石,即我矣。'遂去,无他言,不复见。旦日,视其书,乃太公兵法也。"钝吟(冯班别号。班,清初常熟人,著有《钝吟杂录》。)曰:"使欧阳公叙此,直云:'遇一老父,授以太公兵法'二句,便完矣。安能如此娓娓?"义

门读书记史记

新城三老董公遮说汉王,以为兵出无名,故不成;明其为贼,敌乃可服者。此殊切于义理,故孟坚全载其说。而迁但云"说以义帝死故",太简而不备矣。且止于义帝死故,则谓之告可也,何必云说哉?溽南遗老集史记辨惑

班固《汉书》,删润迁史,往往胜之。然亦有反不及者。如《史记》高祖闻田横死,曰:"嗟乎,有以也夫!起自布衣,兄弟三人更王,岂非贤乎哉!"《汉书》但云"嗟乎,有以!起布衣"。其语太简,读之殆不可晓也。溽南遗老集诸史辨惑

《史记·文帝纪》云:"张武受赂金钱事觉,上发御府金钱赐之,以愧其心。"彼受金钱而复以金钱赐之,可以为愧。《汉书》但云"更加赏赐",则泛而不明矣。溽南遗老集诸史辨惑

《史记·卫青传》曰:"封青子伉为宜春侯,青子不疑为阴安侯,青子登为发干侯。"叠三用"青子"字,不以为赘。《汉书》则一用"青子"字,而其余则曰"子"而已。曰:"封青子伉为宜春侯,子不疑为阴安侯,子登为发干侯",视《史记》之文已省两"青"字矣。使今人作墓志等文,则一用"子"字,其余曰:"某某"而已。后世作文,益务简于古;然字则省矣,不知古人纯实之气已亏。野客丛书卷五后世务省文

按此则与前洪迈论《卫青传》"校尉李朔"云云之命意略同;然不可泥,须参以溽南遗老评文之旨。

《史记·外戚世家》云:"武帝居甘泉宫,召画工图画周公负成王,于是左右群臣,知武帝意欲立少子。后数日,谴责钩弋夫人,送掖庭狱;夫人死云阳宫。后帝闲居,问左右曰:'人言云何?'左右对曰:'人言且立其子,何去其母乎!'帝曰:'然,是非儿曹愚人所知。往古国家所以乱,由主少母壮,女主独居,骄蹇淫乱自恣,莫能

禁也。汝不闻吕后邪！故诸为武帝生子者，无论男女，母无不谴死。'"《汉书·钩弋传》云："钩弋子年五六岁，壮大多智，上甚奇爱之，心欲立焉。以其年稚母少，恐女主颛恣乱国家，犹豫久之。钩弋从幸甘泉，有过，见谴，以忧死。上疾病，乃立钩弋子为皇太子。"全略每去武帝问左右一节，只言恐女主颛恣数言而已，殊失其本意，不若《史记》所载为实录，可以见武帝识见远到处。故司马温公作《通鉴》，全用《史记》语。云谷杂记卷一

班固序上官桀持盖事，故意分风雨为二，错落之以为古。范史书阴兴持盖，则云"障翳风雨"，词非不达也，而已不古矣。昌黎志房君云："声名益彰彻大行"，故意重累之以为古。欧公志江邻几则云："内行修饬"，辞非不简也，而反不古矣。小仓山房文集卷三十五与孙俌之秀才书

左氏书晋败于邲，军士争舟，舟中之指可掬。《献帝纪》云："帝渡河，不得渡者皆争攀船，船上人以刃拣断其指，舟中之指可掬。"刘子玄称邱明之体，文虽缺略，理甚昭著，不言攀舟以刃断指，而读者自见其事。予谓此亦太简，意终不完，未若《献帝纪》之为是也。漳南遗老集文辨

温公自节《通鉴》，以为更加精择，削其繁芜，斯固可矣。然亦时有太过处。如《汉书·郭林宗传》云："茅容耕于野，与等辈避雨树下，众皆夷踞相对，容独危坐愈恭。林宗见而奇之，遂与共言，因请寓宿。旦日，容杀鸡为馔。林宗谓为己设，既而以供其母，自以草蔬与客同饭。林宗起拜，因劝令学。"《通鉴》载之略同，而节本直云"茅容耕者，危坐愈恭，杀鸡为馔。泰谓为己设，容分半食母。"其疏已甚，不尽事情矣。漳南遗老集诸史辨惑

《南史》有过求简净之失者。《王镇恶传》：武帝谋讨刘毅，镇恶以百舸前趋，扬声刘兖州上。毅以为信然，不知见袭云云。所谓

刘兖州者何人耶？是时毅有疾，求遣其从弟兖州刺史刘藩为副，故武帝伪许之，而镇恶假其号以袭之也。《宋书》所载明甚；《南史》不先叙明，遂觉兖州句突无来历。二十二史札记卷十南史过求简净之失

周齐诸书，……下笔不苟，其有琐言碎事，稍近于亵者，类从删削。史体固应如此也。然亦有过于简严，而不足以传其人之真者。《北史·高乾传》："河阴之战，高昂轻敌，以麾盖自随，西人尽锐攻之，一军皆没；昂单骑逃至河阳，太守高永洛与昂有隙，闭门不纳；求绳，又不得；以刀穿阆，未彻；而追者至，乃伏于桥下。追骑迫之，昂奋头曰：'来！与尔开国公。'遂斩以去。神武闻昂死，如丧肝胆，杖永洛二百。周师购昂首者，布绢万段，岁岁与之；及周亡，犹未竟。"此段文字，千载下犹有生气，而《齐书》但云："昂奔河阳，城不得入，遂为西军所害。"真乃索然无味。陔余丛考卷八北史较北齐书繁简互有得失处

寇洛本贺拔岳偏将，及岳为侯莫陈悦所害，众共推洛统兵。洛自以非才，乃与赵贵等议迎周文主军事。《北史》不书其迎奉周文之由，但云"推洛为盟主，统岳之众，周文至，以洛为右都督"。洛既为盟主矣，周文至，何以遽出其上，而以洛为都督耶？于谨从广阳王破斛律野谷禄等，时群盗蜂起，谨请于广阳，愿驰往谕之。于是铁勒酋长皆来附。是破野谷禄后，别谕群盗也。《北史》删"群盗蜂起"句，但云"从广阳王破斛律野谷禄等，谨请驰往谕之"。则似再谕野谷禄矣。既破矣，何必再谕耶？此皆《北史》好简之失也。陔余丛考卷九北史与周书繁简各有失当处

《隋书》最为简炼，……据事直书，以一语括十数语。……惟……《北史》源师以孟夏龙见当雩，高阿那肱闻之，以为真龙出，惊起，问龙所在。师曰："此龙星见，非别有真龙也！"阿那肱怒曰："汉儿多事，强知星宿！"《隋书》则述阿那肱语曰："何乃干知星

宿！"此语殊不及《北史》之明爽。《通鉴》：来护儿奉命由海道征高丽，猝闻杨元感反，回兵击之，诸将以非诏旨为疑。护儿曰："高丽之事小，元感之患大；如以违命见责，我自任之。"遂回，破元感。《隋书》但云："元感作逆，护儿勒兵与宇文述等击破之。"此语似不如《通鉴》之有生气。陔余丛考卷七隋书

太宗怒宇文士及曰："魏征常劝我远佞人，意疑是汝，今果然。"《通鉴》记如此。《新史》无"意疑是汝"字，则义不完矣。潭南遗老集新唐书辨

刘元城与仆论作史之法，先生曰："《新唐书》叙事好简略其辞，故其事多郁而不明，此作史之弊也。且文章岂有繁简哉？意必欲其多，则冗长而不喜读，假令《新唐书》载卓文君事，不过止曰，少尝窃卓氏以逃，如此而已。班固载此事乃近五百字，读之不觉有繁也。且文君之事亦何补于天下后世哉？然作史之法，不得不如是，故可谓之文；如风行水上，出于自然也。若不出于自然，而有意于繁简，则失之矣。《唐书》进表云：'其事则增于前，其文则省于旧。'且《新唐书》所以不及两汉文章者，其病正在此两句也。又反以为工，何哉？"然新旧唐史，各有长短，未易优劣也。元城语录

刘器之尝曰："《新唐书》好简略其辞，故其事多郁而不明。迁固载相如文君事几五百字，而读之不觉其繁。使子京记之，必曰'少尝窃卓氏以逃'而已。文章岂有繁简；要当如风行水上，出于自然。不出于自然而有意于繁简，则失之矣。《唐书》进表曰：'其事则增于前，其文则省于旧。'《新唐》所以不及两汉文章者正在此两句，而反以为工，何哉？"可谓切中其病。潭南遗老集新唐书辨

《新唐书》志，欧阳永叔所作，颇有裁断，文亦简明；而列传出宋子京之手，则简而不明，二手高下，迥为不侔矣。如太宗长孙后传："安业（原注：后异母兄）之罪，万死无赦；然不慈于妾，天下知

之。"（原注：旧书。）改曰："安业罪死无赦，然向遇妾不以慈，户知之。"意虽不异，而"户知之"三字，殊不成文。又如德宗王后传："诏曰：'祭筵不可用假花果，欲祭者，从之。'"改曰："有诏，祭物无用寓，欲祭，听之。"不过省旧书四字，然非注不可解也。日知录卷二十六新唐书

　　史家叙事，类以减少字句为洁，所以有"文损于前，事增于旧"之说。惟太史公往往于愈繁复处，愈见其洁，所以独绝千古。其故何也？叙事不详曲，当时情景，不能宛在目前；且无一二虚字贯于其中，文义虽明，味止于此，全无开阖抑扬，风神跌宕之致矣。此法不自史公创之，《左传》、《檀弓》，类皆如此；而公、谷二氏，用之最精。《左传》叙申生偏衣金玦，历述五臣之论；《檀弓》叙石祁子事，四用"沐浴佩玉"句；《公羊传》叙齐侯唁公于野井，曰："寡人有不腆先君之服，未之敢服；有不腆先君之器，未之敢用。"此四句，一篇之中，凡三见焉。皆于愈繁复处见其妙。刘子元谓《谷梁传》齐使秃者御秃者四句，当云"各以类逆"，夫齐国之祸，起于闺中一笑。谷梁子故为繁复其辞，使千百载后，读是书者，犹当发笑，所以立兴戎之案也。其佳正在此处，若改为各以类逆，便索然寡味。以此论文，其犹有蓬之心也夫！痴学卷五读文笔得

　　《木兰词》云："问女何所思？问女何所忆？女亦无所思，女亦无所忆。""东市买骏马，西市买鞍荐；南市买辔头，北市买长鞭。"此乃信口道出，似不经意者；其古朴自然，繁而不乱。若一言了问答，一市买鞍马，则简而无味，殆非乐府家数。四溟诗话卷三

附录　采用书目及撰述人名氏

周易
仪礼
礼记
左传 又晋杜预注清阮元校勘记
公羊传
论语 又清阮元校勘记
韩诗外传 汉韩婴
　　以上经传类
史记 汉司马迁
后汉书 南北朝宋范晔又唐李贤注
三国志 晋陈寿又南北朝宋裴松之注
晋书 唐房玄龄等
北齐书 唐李百药
南史 唐李延寿
新唐书纠谬 宋吴缜
五代史纂误 同上
二十二史札记 清赵翼
宋元学案 清黄宗羲全祖望等
国朝先正事略 清李元度
史通 唐刘知几又清浦起龙通释

文史通义 清章学诚
　　以上史籍类
孔丛子 秦孔鲋
说苑 汉刘向
法言 汉扬雄
论衡 汉王充
抱朴子 晋葛洪
颜氏家训 隋颜之推
中说 隋王通
诸子平议 清俞樾
　　以上诸子类
梁简文帝集 南北朝梁萧绎
韩昌黎集 唐韩愈
柳河东集 唐柳宗元
白氏长庆集 唐白居易
李文公集 唐李翱
樊川集 唐杜牧
居士集又居士外集 宋欧阳修
周濂溪集 宋周敦颐
元丰类稿 宋曾巩

王临川集宋王安石
苏东坡集宋苏轼
黄山谷集宋黄庭坚
文山全集宋文天祥
滹南遗老集金王若虚
王阳明全书明王守仁
白苏斋类稿明袁宗道
瓶花斋集又锦帆集明袁宏道
亭林文集清顾炎武
壮悔堂集清侯方域
魏伯子文集清魏际瑞
魏叔子文集清魏禧
尧峰文钞清汪琬
方望溪文集清方苞
板桥全集清郑燮
小仓山房文集又诗集又尺牍清袁枚
潜研堂文集清钱大昕
惜抱轩集又尺牍清姚鼐
述学清汪中
揅经室集清阮元
曾文正公书札又家训清曾国藩
濂亭文集清张裕钊
　　以上别集类
文选南北朝梁萧统
文章轨范宋谢枋得

古文约选清方苞
古文辞类纂清姚鼐
绝妙好词续钞宋周密
赖古堂名贤尺牍新钞清周亮工
　　以上总集类
文心雕龙南北朝梁刘勰
六一诗话宋欧阳修
续诗话宋司马光
后山诗话宋陈师道
临汉隐居诗话宋魏泰
彦周诗话宋许顗
石林诗话宋叶梦得
四六话宋王铚
珊瑚钩诗话宋张表臣
藏海诗话宋吴可
庚溪诗话宋陈岩肖
碧溪诗话宋黄彻
唐诗纪事宋计有功
竹坡诗话宋周紫芝
诚斋诗话宋杨万里
诗话总龟前集又后集宋阮一阅
　　（四库全书作阮阅）
苕溪渔隐丛话前集又后集宋胡仔（书中因钞写时省苕溪二字，未及校补，附识于此）
文则宋陈骙

娱书堂诗话 宋赵与虤
诗人玉屑 宋魏庆之
后村诗话前集又后集又续集 宋
　　刘克庄
浩然斋雅谈 宋周密
文章精义 宋李耆卿
对床夜语 宋范晞文
词源 宋张炎
修辞鉴衡 元王构
怀麓堂诗话 明李东阳
逸老堂诗话 明俞弁
夷白斋诗话 明顾元庆
四溟诗话 明谢榛
艺苑卮言 明王世贞
诗薮内编 明胡应麟
文章薪火 清方以智
金石要例 清黄宗羲
词苑丛谈 清徐釚
秋星阁诗话 清李沂
而庵诗话 清徐增
蝨斋诗话 清施闰章
寒厅诗话 清顾嗣立
一瓢诗话 清薛雪
静志居诗话 清朱彝尊
带经堂诗话 清王士禛
原诗 清叶燮

野鸿诗的 清黄子云
莲坡诗话 清查为仁
古今词论 清王又华
古今词话 清沈雄
论文偶记 清刘大櫆
随园诗话又补遗 清袁枚
续诗品 同上
柳亭诗话 清宋长白
北江诗话 清洪亮吉
全唐文纪事 清陈鸿墀
文概 清刘熙载
历代诗话考索 清何文焕
论文集要 清薛福成
　　　以上诗文词评话类
世说新语 南北朝宋刘义庆
安禄山事迹 唐姚汝能
鉴戒录 五代蜀何光远
洛阳搢绅旧闻录 宋张齐贤
太平广记 宋李昉等
归田录 宋欧阳修
集古录跋尾 同上
试笔 同上
宋景文笔记 宋宋祁
珩璜新论 宋孔平仲
东坡志林 宋苏轼
明道杂志 宋张耒

梦溪笔谈又补笔谈又续笔谈宋沈括
晁氏客语宋晁说之
唐子西文录宋强行父
冷斋夜话宋释惠洪
元城语录宋马永卿
师友杂志宋吕本中
童蒙训同上
铁围山丛谈宋蔡绦
枫窗小牍宋袁褧
容斋随笔又续笔又三笔又四笔又五笔宋洪迈
老学庵笔记宋陆游
淳熙玉堂杂纪宋周必大
益公题跋同上
闻见后录宋邵博
扪虱新话宋陈善
学斋占毕宋史绳祖
示儿编宋孙奕
曲洧旧闻宋朱弁
高斋漫录宋曾慥
却扫编宋徐度
独醒杂志宋曾敏行
葆光录宋陈京
南窗纪录宋佚名
春渚纪闻宋何薳
猗觉寮杂记宋朱翌
鸡肋编宋庄季裕
野客丛书宋王楙
萤雪丛说宋俞成
随隐漫录宋陈世崇
学林宋王观国
鹤林玉露宋罗大经
云谷杂记宋张淏
藏一话腴宋陈郁
梁溪漫志宋费衮
默记宋王铚
芥隐笔记宋龚颐正
密斋笔记宋谢采伯
道山清话宋佚名
宾退录宋赵与时
步里客谈宋陈长方
朱子语类宋黎靖德
黄氏日抄宋黄震
困学纪闻宋王应麟又清翁元圻注
后村题跋宋刘克庄
齐东野语宋周密
玉堂嘉话元王恽
隐居通议元刘壎
日损斋笔记元黄溍
庶斋老学丛谈元盛如梓
湛渊静语元白珽

说郛 明陶宗仪	援鹑堂笔记 清姚范
震泽长语 明王鏊	颜习斋先生言行录 清钟錂
山樵暇语 明俞弁	秋窗随笔 清马位
戏瑕 明钱希言	随园随笔 清袁枚
余冬叙录 明何孟春	陔余丛考 清赵翼
丹铅总录 明杨慎	乙卯札记又丙辰札记 清章学诚
笔乘又续集 明焦竑	读书杂志 清王念孙
史书占毕 明胡应麟	晓读书斋初录 清洪亮吉
千百年眼 明张燧	柳南随笔又续笔 清王应奎
戒庵漫笔 明李诩	退庵随笔 清梁章钜
涌幢小品 明朱国桢	归田琐记 同上
日知录 清顾炎武	过庭录 清宋翔凤
日录 清魏禧	痴学 清黄本骥
钝吟杂录 清冯班	两般秋雨盦随笔 清梁绍壬
香祖笔记 清王士禛	重论文斋笔录 清王端履
读书作文谱 清唐彪	春在堂随笔 清俞樾
坚瓠集 清褚人获	俞楼杂纂 同上
广阳杂记 清刘献廷	郎潜纪闻 清陈康祺
渌水亭杂识 清纳兰性德	读书法汇 清杜贵墀
义门读书记 清何焯	以上杂著随笔类
宋稗类钞 清潘永固	

重 印 后 记

中华书局近决定重印先君张文治公所编之《古书修辞例》。兄弟四人中,余年居长,适躬与钞胥之事,往事历历,不能无言。忆先君此书,作于抗日战争前一年,时在中华书局编辑所任职,以业余为之。辑录资料,皆用自印之小稿纸,略如卡片。分六大类,二三年间,积稿数尺。余时读书于沪西之大夏大学,每来复一归。入夜,父子对坐一案,青灯相伴。时见先君口吟手披,丹黄涂乙,乐此而不疲。盖先君时在中年,精力尚旺,工作每至夜深。当时情景,仿佛如昨,不觉已半世纪矣。

先君治学勤谨,不好作泛论,即掌握充分之论据,亦不愿遽下结论。尝引孔子"述而不作,信而好古"之句以自解。即以修辞学而论,当时杨树达先生之《中国修辞学》,陈望道先生之《修辞学发凡》,销行较广。均能独树一帜,沾溉后学。先君此书,似倾向于杨著,虽取径不广,但能向纵深发展,取材之广博翔实,亦能别有所长。诗文推敲之韵事隽语,采撷极富。当时广搜文评诗话笔记数百种,如《笔记小说大观》《丛书集成初编》所收说部,浏览殆尽。按语尤有分寸。有时众说并举,客观叙述;有时略寓褒贬,择善而从;有时钞录有关原文,读者易窥真面;有时比较议论,相互启发,更能启迪文思。实具有评论注释二者之长。忆此稿付梓时,定名一事,尚与中华编辑所张献之(相)、金子敦(兆梓)两先生反复磋商,初名修辞撷实,后始用今名。

惜此书一出，即遭抗日战火，存书多散毁，不易购得，今日更是鲜见。今者祖国振兴有望，出版业亦欣欣向荣。故此书得以重印问世，以饷读者。用敢将亲见此书编纂经过，略述颠末。并匆匆通读一过，略校订少数错字，有时亦将引用原书检出对勘，颇难发现有原则性之讹误。其中间有征引典实，未采最早材料，如重加补订，实非浅陋如余者所能胜任。闻先君言，此书由施平阳先生所校对，施与先君在中华书局共事二十年，工作认真不苟。惟学海无涯，批评订正，实有待于后之读者。余耄老无成，亦何足以雌黄甲乙。惟念此书联系重印，三舍弟明礼奔走最勤，使此书早日梓行，以慰先君之灵，欣慰之余，不禁泫然有风木之痛矣。

戊辰春分常德张明仁识于沪西紫阳里之南楼，时年七十有一。